新编大学体育与健康

主编 贾明涛 刘 凯 李 翎

重庆大学出版社

图书在版编目（CIP）数据

新编大学体育与健康 / 贾明涛，刘凯，李翎主编
. -- 重庆：重庆大学出版社，2020.6
ISBN 978-7-5689-2141-1

Ⅰ. ①新… Ⅱ. ①贾… ②刘… ③李… Ⅲ. ①体育－高等学校－教材 ②健康教育－高等学校－教材 Ⅳ. ①G807.4 ②G647.9

中国版本图书馆 CIP 数据核字（2020）第082612号

新编大学体育与健康
XINBIAN DAXUE TIYU YU JIANKANG

主编 贾明涛 刘 凯 李 翎
策划编辑：范 琪 鲁 黎
责任编辑：杨育彪 版式设计：范 琪 鲁 黎
责任校对：关德强 责任印制：张 策
*
重庆大学出版社出版发行
出版人：饶帮华
社址：重庆市沙坪坝区大学城西路 21 号
邮编：401331
电话：（023）88617190 88617185（中小学）
传真：（023）88617186 88617166
网址：http://www.cqup.com.cn
邮箱：fxk@cqup.com.cn（营销中心）
全国新华书店经销
POD：重庆新生代彩印技术有限公司
*
开本：787mm × 1092mm 1/16 印张：13 字数：311 千
2020 年 6 月第 1 版 2020 年 6 月第 1 次印刷
ISBN 978-7-5689-2141-1 定价：39.80 元

前　言

大学体育作为高等教育的重要组成部分，是培养学生全面发展的重要内容。大学体育教育是大学教育不可或缺的环节，为增强学生体质、促进学生身心健康、帮助学生掌握1～2门运动技能、学会科学的体育卫生保健常识、培养良好的运动锻炼习惯提供了坚实的平台。为此，我们根据教育部、国家体育总局联合下发的《国家学生体质健康标准》，贯彻教育部颁布的《全国普通高等学校体育课程教学指导纲要》的精神，结合近年来大学生身心素质健康发展需求，编写了这本《新编大学体育与健康》。

本书分为理论知识、运动技能和健身休闲三大部分，努力遵循科学、精简、规范、专业、实用的编写原则，注重学生感兴趣的运动项目基本技能的学习。

本书具有以下特点：

（1）体现最新指导思想。本书以国家体育文件为编写依据，充分反映新时期国家对高校体育教学的要求。牢牢把握健康第一、终身体育的指导思想，准确把握学校体育的目标，面对全体学生，紧扣素质教育主线和学生身心健康的全面发展，将丰富的理论知识和多种健身方法措施贯穿本书始终，使之形成一个完整的教材体系。

（2）内容设置科学。体育理论部分以高等院校体育教学目标为基本点，以体育健身理论与方法为框架，以常见的运动征象为基本内容，介绍了高等教育体育的教学的地位与目标和功能，科学健身的原则和方法；运动技能部分系统介绍了健身效果好的常规体育项目，也精选了学生喜闻乐见的运动项目；健身休闲部分既有时尚休闲类项目，也有民族传统项目。

（3）编写体例有新意。在编写体例上力求创新，根据从理论到实践的逻辑将全书分为十九章，同时每章后附有思考题，便于教学。

本书由贾明诗、刘凯、李翎主编，在编写过程中汲取和借鉴了国内外一些专家和学者的研究成果，在此表示最诚挚的感谢！

尽管编者在编写过程中做了不懈努力，但由于能力所限，书中疏漏之处在所难免，恳请广大同人和读者批评指正。

编　者

2020年2月

目 录

第一章

绪 论

第一节　体育与健康概述

一、体育的来源和含义

（一）体育的来源

体育虽然有悠久的历史，但是“体育”一词却出现得较晚。因为在“体育”一词出现前，世界各国对体育这一活动过程的称谓都不相同。

在古希腊，游戏、角力、体操等曾被列为教育内容。在17—18世纪，西方的教育中也加入了打猎、游泳、爬山、赛跑、跳跃等项活动，只是尚无统一的名称。1762年，让·雅克·卢梭在法国出版了《爱弥儿》一书。他使用“体育”一词来描述对爱弥儿的身体进行的养护、培养和训练等教育过程。由于这本书激烈地批判了当时的社会教育，在世界上引起了很大反响，因此，“体育”一词也在世界各国流传开来。从这里我们可以清楚地看到，“体育”一词的最初产生是源于“教育”一词，它最早是指教育体系中的一个专门领域。18世纪末，德国的J.C.F.古兹姆斯曾把这些活动分类、综合，统称为“体操”。进入19世纪，一方面，德国形成了新的体操体系，并广泛传播于欧美各国；另一方面，相继出现了多种新的运动项目，学校也逐渐开展了超出原来体操范围的更多的运动项目，建立起“体育是以身体活动为手段的教育”这一新概念。到19世纪，教育发达国家都普遍使用了“体育”一词。于是，“体操”和“体育”两个词在经历了很长一段时间的并存后，到20世纪初逐渐在世界范围内统一称为“体育”。

我国体育历史悠久，但“体育”却是一个外来词，它最早见于20世纪初的清末，当时，我国有大批学生东渡日本求学，仅1901—1906年，就有13 000多人，其中，学体育的就有很多。1902 年左右，一些在日本留学的中国学生从日本引入了“体育”这一术语。随着西方文化不断涌入我国，学校体育的内容也从单一的体操向多元化发展，课堂上出现了篮球、田径、足球等。许多有识之士提出不能把学校体育课称为体操科了，必须厘清概念层次。1923 年，《中小学课程纲要草案》正式把“体操科”改为“体育课”。从此“体育”一词便成了标记学校中身体教育的专门术语。

（二）体育的含义

整个古代社会，虽然可以找到我们称为“体育活动”的影子，但并没有出现“体育”这一概念。古希腊的哲学家，如苏格拉底、柏拉图、亚里士多德等，他们的著作中都有很多关于体育的论述。古希腊时期关于体育的基本术语有“竞技”“训练”“体操”等。中国古代与体育有关的术语主要有“养生”“尚武”“游息”“角力”“讲武”等。中国现代所用的“体育”一词，也经历了从“体操”到“体育”的演进过程。目前普遍认为：体育（或称为体育运动）是通过有规则的身体运动改造人的“自身自然”的社会实践活动。体育的基本表现形式是人的有规则的身体运动，其基本任务是对人自身的改造，其作用对象是参与者的“自身自然”。

体育的含义有狭义和广义的区分。狭义的体育即有计划的身体教育过程，是通过身体活动，达到增强体质，传授锻炼身体的知识、技能、技术，培养道德和意志品质的目的。它是教育的组成部分，是培养全面发展的人的一个重要方面。广义的体育即社会文化活动，是指以身体练习为基本手段，以增强体质、促进人的全面发展、丰富社会文化生活和促进精神文明建设为目的的一种有意识、有组织的社会活动。它是社会总文化的一部分。

二、体育的本质特点和功能

（一）体育的本质特点

体育的本质特点指体育所固有的根本特性，是人类社会的一种身体教育活动和社会文化活动。体育的本质特点，就是以身体练习为手段，发展身体，增强体质，促进人的全面发展，为社会发展服务。它在社会发展过程中，受一定的政治、经济制约，并为一定的政治、经济服务。体育具有自然的和社会的两重属性。自然属性如体育的方法、手段等；社会属性如体育的思想、制度等。

（二）体育的个体功能

1. 体育的强身健体功能

体育的强身健体功能主要体现在：体育可以通过促进人体八大系统，即运动系统、神经系统、循环系统、呼吸系统、消化系统、内分泌系统、免疫系统及泌尿系统的健康发展来促进个体的健康。

2. 健康心理功能

体育运动通过发展人的认知能力，完善人的性格、气质及增强人的意志品质来发挥健康心理的作用。体育锻炼是开发大脑右半球的重要手段，研究发现，大脑的右半球对形象知觉、空间知觉、音乐知觉起主要作用。人的身体协调、形象记忆、空间感都属于右脑管辖。体育锻炼可以直接使右脑的相应部位兴奋。体育活动多是整个身体的运动，通过活动我们的左侧身体，可以使右脑得到充分的锻炼。体育运动可以完善人的性格、气质。人格是构成一个人的思想、情感及行为的特有模式，是一个人区别于他人的稳定而统一的心理品质。人格是一个复杂的结构体系，由性格和气质等要素组成。相关研究发现，人格对体育参与、体育项目的选择都起着决定作用，通过相应的体育锻炼，人格也会随之发生改变。体育运动可以增强人的意志品质。坚持体育锻炼，要不断地克服各种主客观困难，这个过程既是锻炼身体的过程，又是培养出良好意志品质的过程。

3. 人际交往功能

参加体育活动，特别是一些必须通过合作才能完成的集体性体育活动，能够增加人与人之间的交流，打破自我封闭，使人获得自信，从而改变参与者的个性、行为方式和对生活的看法。体育活动有利于培养参与者的群体观念、责任意识、助人为乐等精神品质，有利于培养参与者尊重裁判、尊重对手、遵纪守法、文明礼貌、公平竞争的品德行为；有利于培养参与者保持积极进取、奋发向上、持之以恒的精神风貌。体育活动在人际关系方面具有促进人际交往、培养合作精神、形成竞争意识的作用。体育运动可以促进健康人际关系的养成。人们在体育活动中形成的合作、竞争、遵守规则的意识和行为，通常会迁移到日常社会生活、学习和工作中，有利于人们理解和遵守社会规范的意义及重要性，有利于形成尊重他人的行为习惯，从而能促进人际关系的和谐发展。

4. 休闲娱乐功能

休闲娱乐是人们在闲暇时间里进行的自由的、自愿的、愉悦身心的活动。体育作为发展人的“自身自然”的身体活动，其在休闲娱乐中所发挥的个体和社会功能是其他休闲娱乐活动所不可取代的。体育具有休闲娱乐功能的主要原因在于：体育活动始终关注人的“自身自然”的发展，体育活动存在大量的人与人的交往。体育休闲娱乐功能的实现主要有两种基本途径：一是亲身参与体育活动，二是欣赏体育比赛。

5. 生命美学功能

美是人的生命活力的表现。体育对人的生命之美有极大的激发促成作用。“生命美”的核心是“关怀自身”，强调重视自我、重视处理与他者的关系以及重视身体体验。体育通过各种运动形式对人的生物生命之美和人的精神生命之美进行激发和磨炼，增强了人的生命力。

（三）体育的社会功能

1. 教育功能

体育的教育功能是通过体育对人的身心的促进与发展，来促进教育目的的实现而体现出来的。体育的教育功能主要体现在：体育运动可以促进良好生活习惯的形成；通过提供社会规范教育、社会角色尝试来促进人的社会化；具有促成个性形成、约束个性发展和养成进取精神的作用。

2. 政治功能

体育作为一项在全世界具有广泛影响的社会文化和教育活动，在当今社会中与政治有着密切的关系，在维护统治阶级的利益，处理国际关系和民族关系方面，具有独特的功能。体育的政治功能主要体现在：体育运动可以提高国家和民族的威望；体育运动可以服务国家外交；体育运动还可以增强民族团结。

3. 经济功能

体育对经济发展具有促进作用。体育与经济相联系是随着现代市场经济的发展而开始的。体育的经济功能主要体现在：体育运动可以提高劳动者素质，促进生产力的发展；体育运动可以促进消费，拓展经济增长点。

4. 文化功能

以奥运会为代表的体育运动作为一种实践活动的文化价值就在于人自身的价值，即人的全面、自由、和谐的发展，是个体人格和社会人格的和谐统一。

三、体育锻炼对健康的影响

（一）体育锻炼对生理健康的影响

体育锻炼是通过科学的身体活动给予人体各器官、各系统一种良性刺激，促使身体的形态结构、生理机能等方面发生一系列适应性反应和变化，从而增强体质、增进健康。实践证明，科学的体育锻炼不仅有利于人体骨骼、肌肉的生长，还能改善血液循环系统、呼吸系统、消化系统、排泄系统的机能状况，有利于人体的生长发育，提高抗病能力，增强有机体的适应能力。体质的强弱受多种因素影响，体育锻炼是增强体质的最积极、有效的手段之一。科学的体育锻炼能改善神经系统的调节功能，提高神经系统对人体活动时错综复杂的变化的判断能力，并及时作出协调、准确、迅速的反应，使人体适应内外环境的变化，保持机体生命活动的正常进行。

随着科技的不断发展，从事脑力劳动的人不断增多。用脑过度会使脑细胞转入抵制状态。如不做调整，则会导致记忆力减退甚至神经症而严重影响健康。科学研究证明，体育锻炼对大脑中枢神经系统有良好的刺激作用。改善大脑的供氧状况可消除大脑疲劳，提高大脑的工作能力。体育锻炼还能使大脑皮质及时、准确地调动植物性神经系统，使其尽早地进入工作状态，使大脑反应加快、自动化程度提高、功能加强。

（二）体育锻炼对心理健康的影响

体育锻炼有助于智力的发展和提高。经常参加体育锻炼，可以促进大脑的开发，使神经系统的兴奋和抑制过程更加集中，对外界刺激的反应更加迅速、准确，还可以提高人的视觉、听觉、感觉、神经传导速度、神经过程的均衡性和灵活性，促进神经系统功能的增强。

体育锻炼有助于情感与情绪的调节和改善。体育锻炼不但可以转移不愉快的情绪，使人从烦恼和痛苦中摆脱出来，而且可以及时地宣泄不良情绪。

体育锻炼有助于培养和形成坚强的意志品质。在体育锻炼中，要不断地克服客观困难和主观困难，在战胜自我的前提下，越是努力克服主客观方面的困难，就越能培养良好的意志品质。

体育锻炼有助于自我正确观念的确立和人际关系的改善。通过体育锻炼结识更多的朋友，使每个人都融入集体中，为自己成为集体中的一员而心情舒畅、精神振奋。

体育锻炼有助于减轻疲劳，消除心理障碍。体育锻炼使自身的心理机能、身体素质得到改善，身心感到舒适，减轻疲劳，并产生积极的成就感，从而增强自信心，摆脱压抑、悲观等消极情绪，消除心理障碍。

第二节 健康的概念及标准

一、健康的概念

（一）健康概念的演变

健康的英文是 Wellness，健康状况（或健康状态）的英文是 Health。在一些词典中，“健康”通常被简单扼要地定义为“机体处于正常运作状态，没有疾病”，这是传统的健康概念。通常我们认为疾病是机体受到干扰的表现，会导致功能下降、生活质量受到损害（主要由肉体疼痛引起）或早亡。在《辞海》中健康的概念是：“人体各器官系统发育良好、功能正常、体质健壮、精力充沛并具有良好劳动效能的状态。通常用人体测量、体格检查和各种生理指标来衡量。”这种提法要比“健康就是没有病”完整些，在生物医学模式时代被公认是正确的。但这种对健康的认识仍然是单纯地把人作为生物有机体来对待，它虽然提出了“劳动效能”这一概念，但仍未把人当作社会人来对待。

关于健康和疾病的概念，《简明不列颠百科全书》1987 年中文版的定义是：“健康，是个体能长时期地适应环境的身体、情绪、精神及社交方面的能力”，“健康可用可测量的数值（如身高、体重、体温、脉搏、血压、视力等）来衡量，但其标准很难掌握”；“疾病，是以产生症状或体征的异常生理或心理状态”，是“人体在致病因素的影响下，器官组织的形态、功能偏离正常标准的状态”。这一概念虽然在定义中提到心理因素，但在测量和疾病分类方面没有具体内容。可以说这是生物医学模式向生物、心理、社会医学模式过渡过程中的产物。一方面，这种转化尚缺乏足够的临床实践资料提供理论的概括；另一方面，撰写者虽然接受了新的医学模式的思想，但难以作进一步的理论探讨。因此，它还没有达到世界卫生组织（WHO）成立时在《宪章》中所提到的健康概念："健康乃是一种在身体上、心理上和社会上的完好状态，而不仅仅是没有疾病或虚弱的状态。"事实上，要对此作出确切的定义很难。因为，即使没有明显的疾病，人对健康或不健康的感觉也具有很大的主观性。毫无疑问，觉得身体健康，不等于身体没有病。世界卫生组织关于健康的这一定义，把人的健康从生物学的意义，扩展到了精神和社会关系两个方面的健康状态，把人的身心、家庭和社会生活的健康状态均包括在内。

（二）健康的含义

现代健康的含义是多元的、广泛的，包括生理、心理和社会适应性三个方面，其中社会适应性归根结底取决于生理和心理的素质状况。心理健康是生理健康的精神支柱，生理健康又是心理健康的物质基础。良好的情绪状态可以使生理功能处于最佳状态，反之则会降低或破坏某种功能而引起疾病。生理状况的改变可能带来相应的心理问题，生理上的缺陷、疾病，特别是痼疾，往往会使人产生烦恼、焦躁、忧虑、抑郁等不良情绪，导致各种不正常的心理状态。作为身心统一体的人，生理和心理是紧密依存的两个方面。

二、健康的标准

世界卫生组织衡量是否健康的 10 项标准是：

①精力充沛，能从容不迫地应付日常生活和工作；

②处事乐观，态度积极，乐于承担任务，不挑剔；

③善于休息，睡眠良好；

④应变能力强，能适应各种环境变化；

⑤对一般感冒和传染病有一定的抵抗力；

⑥体重适当，体态均匀，身体各部位比例协调；

⑦眼睛明亮，反应敏锐，眼睑不发炎；

⑧牙齿洁白，无缺损，无疼痛感，牙龈正常，无蛀牙；

⑨头发光洁，无头屑；

⑩肌肤有光泽，有弹性，走路轻松，有活力。

此外，为激发公民参加体育锻炼的积极性和主动性，提高身体素质，根据《中华人民共和国体育法》和《全民健身条例》，我国制定了《国家体育锻炼标准施行办法》。该办法规定的《国家体育锻炼标准》（以下简称《锻炼标准》）是以检验公民体育锻炼效果、评价身体素质为目的，以测验达标为手段的评价体系。《锻炼标准》包括年龄分组、测验项目、评级标准、评分标准和测验细则五部分。实施《锻炼标准》是一项基本体育制度，由有关部门负责，在国家机关、企业事业单位、学校、社区、乡村和有关组织中全面开展。

国家鼓励和提倡公民在积极参加体育锻炼的基础上定期参加《锻炼标准》测验，争取达到标准并不断提高。《国家体育锻炼标准施行办法》为广大人民参与体育锻炼提供了法律依据和执行标准。

第三节　健康的影响因素

经世界卫生组织研究表明，有四大因素影响个人健康和寿命：生物学因素占15%、环境因素占17%、卫生保健服务因素占8%和行为与生活方式因素占60%。

一、生物学因素

生物学因素是指遗传和心理。人体是由分子、细胞、组织、器官和系统构成的，婴儿的出生是一个奇迹。这万物之灵有思想、会沟通，机体自身完成一系列生命现象：新陈代谢、生长发育、防御侵袭、免疫反应、修复愈合、再生代偿等，按照亲体的遗传模式进行世代繁殖。遗传是不可改变的因素，但心理因素可以修改，保持积极的心理状态是保持和增进健康的必要条件。在社区人群中，特定的人群特征如年龄、民族、婚姻、对某些疾病的易感性、遗传危险性等，是影响该社区健康水平的生物学因素。

二、环境因素

环境因素是指以人为主体的外部世界，或围绕人的客观事物的总和，包括自然环境和社会环境。自然环境包括阳光、空气、水、气候、地理等，是人类赖以生存的物质基础，是人类健康的根本。保持自然环境与人类的和谐对健康十分重要，污染的环境必然对人体健康造成危害，其危害机制比较复杂，一般具有浓度低、效应慢、周期长、范围大、人数多、后果严重，以及多因素协同作用等特点。社会环境又称文化—社会环境，包括社会制度、法律、经济、文化、教育、人口、民族、职业等，也包括工作环境、家庭环境、人际关系等。疾病的发生和转化直接或间接地受社会因素的影响和制约。

三、卫生保健服务因素

卫生保健服务因素是指社会卫生医疗设施和制度的完善状况。卫生服务的范围、内容与质量直接关系到人的生、老、病、死及由此产生的一系列健康问题。初级卫生保健是世界卫生组织于1978年9月在阿拉木图召开的国际初级卫生保健大会上提出的概念,《阿拉木图宣言》给出的定义是：初级卫生保健是依靠切实可行、学术上可靠又受社会欢迎的方法和技术，通过社区的个人和家庭的积极参与普遍能享受的，并本着自力更生及自决精神在发展的各个阶段上群众及国家能够负担得起的一种基本的卫生保健。初级卫生保健包含以下8项要素：

①对当前主要卫生问题及其预防和控制方法的健康教育；

②改善食品供应和合理营养；

③供应足够的安全卫生的水和基本环境卫生设施；

④妇幼保健和计划生育；

⑤主要传染病的预防接种；

⑥预防及控制地方病；

⑦常见病和外伤的合理治疗；

⑧提供基本药物。

四、行为与生活方式因素

行为与生活方式因素是指人们受文化、民族、经济、社会、风俗、家庭和同辈影响的生活习惯和行为。生活方式是指在一定环境条件下所形成的生活意识和生活行为习惯的统称。健康相关行为是指个体或团体的与健康和疾病有关的行为，一般可分为两大类：促进健康的行为和危害健康的行为。不良生活方式和有害健康的行为已成为当今社会危害人们健康，导致疾病及死亡的主因。

（一）促进健康的行为

促进健康的行为是个人或群体表现出的客观上有利自身和他人健康的一组行为，主要有以下几类：

（1）日常健康行为，如合理营养、平衡膳食、适量睡眠、积极锻炼、有规律作息等。

（2）保健行为，如定期体检、预防接种等合理应用医疗保健服务。

（3）避免有害环境行为，“环境”既指自然环境（环境污染），也指紧张的生活环境。

（4）戒除不良嗜好，如戒烟、不酗酒、不滥用药物。

（5）求医行为，觉察自己有某种病患时寻求科学、可靠的医疗帮助的行为，如主动求医，真实提供病史和症状，积极配合医疗护理，保持乐观向上的情绪。

（6）尊医行为，在已知自己确有病患后，积极配合医生、服从治疗的行为。

（二）危害健康的行为

危害健康的行为是个人或群体在偏离个人、他人、社会的期望方向上表现的一组行为，主要有以下两类：

①日常危害健康的行为，如吸烟、酗酒、滥用药物（吸毒）、不洁性行为等。

②不良生活习惯，如饮食过度、高脂、高糖、高盐、低纤维素饮食、偏食、挑食和过多吃零食、嗜好含致癌物的食品（烟熏火烤的食品、长时间高温加热的食品、腌制品）、不良进食习惯（喜欢吃过热、过硬、过酸的食品）。

现代生活方式的改变，使疾病谱产生变化，许多现代病、富贵病由此产生，如糖尿病、高血压、肿瘤等都是由生活方式的改变造成的。大量流行病学研究表明，人类的行为和生活方式与大多数慢性非传染性疾病关系极为密切，改善行为可有效控制这些疾病的发生发展；感染性疾病、意外伤害和职业危害也与行为密切相关。1992 年国际心脏保健会议提出的《维多利亚宣言》指出：健康的四大基石是合理膳食、适量运动、戒烟限酒、心理平衡。这说明行为与生活方式对健康的影响具有举足轻重的意义。

第二章

体育锻炼的原理与方法

第一节 体育锻炼的生理学基础

一、新陈代谢

新陈代谢是指生物体不断地与周围环境进行物质与能量交换，实现自我更新的过程，是物质代谢和能量代谢的总和，包括同化作用和异化作用两个相互联系的过程。同化作用是指生物体从周围环境中摄取营养物质，合成自身成分并储存能量的过程；异化作用是指生物体分解自身营养成分，同时释放能量，并排出代谢产物的过程。

机体内环境的稳定性受到破坏，会导致代谢失调，从而出现疾病。有效的体育锻炼能使组织细胞内的酶系统产生适应性变化，提高酶的活性，加速物质代谢和能量代谢，从而增强体质。同化作用与异化作用是相互依存、同时进行的，它在人体生长发育的不同时期及身体锻炼过程中，具有不同的特点。儿童和少年时期，同化作用占优势，体内物质的合成速度大于分解速度，人体不断地生长发育；中年时期，同化作用和异化作用基本上处于平衡状态，使得中年人精力充沛，新陈代谢旺盛；老年时期，异化作用占优势，身体渐趋衰退，使得老年人体质不断下降。锻炼身体时，体内能量消耗增加，异化作用占优势，而在锻炼后的恢复阶段，被消耗的能量物质得到恢复，同化作用则占优势，从而加快了人体的物质能量代谢。

二、人体运动中肌肉的工作过程

（一）人体肌肉的结构

组成人体肌肉的基本单位是肌纤维，许多肌纤维排列成肌束，表面有肌束膜包绕，许多肌束聚集在一起构成一块肌肉。肌肉的化学组成中，大约3/4是水，1/4是固体物质（包括蛋白质、能量物质、酶等）。同时，肌肉中有着丰富的毛细血管网及神经纤维，以保障肌肉的氧气和养料供应及神经协调。

（二）人体肌肉的成分和收缩形式

人体肌肉由多种组织构成，其中肌组织和结缔组织分别构成肌肉的收缩成分和弹性成分。肌纤维是肌肉的收缩成分，肌肉通过肌纤维的主动收缩和放松，实现各种运动；结缔组织是肌肉的弹性成分，它与肌肉的收缩成分并联或串联着，称并联（或平行）弹性成分或串联弹性成分。当收缩成分缩短时，弹性成分被拉长，并将前者释放的能量部分吸收、储存起来，再以弹性反作用力的形式发挥出来，以促使肌肉产生更强大的力量和更快的运动速度。根据肌肉在完成各种动作时整块肌肉长度的变化，可将肌肉的收缩分为多种形式。这里仅简单介绍向心收缩、等长收缩和超等长收缩三种形式。

1. 向心收缩

向心收缩是肌肉长度发生缩短的收缩形式，是力量练习中最普通的一种。例如，利用哑铃、沙袋、杠铃、拉力器等锻炼肌肉均属此类。目前已有多种运动练习器，增加力量的效果比一般向心练习方法要好。

2. 等长收缩

当肌肉收缩产生的张力与外力相等，或者维持身体某一种姿势时，肌纤维虽积极收缩，但肌肉的总长度没有改变，这种收缩称为等长收缩。肌肉处于等长收缩时，从整块肌肉外观看，肌肉长度不变，但实际上肌肉的收缩成分（肌纤维）处在收缩中，使弹性成分拉长，从而整块肌肉的长度保持不变。

3. 超等长收缩

超等长收缩是肌肉先进行离心收缩，紧接着进行向心收缩的形式。例如，跳起落地后紧接着再向上跳，此时股四头肌先在落地时离心收缩（被拉长），紧接着又立刻猛烈向上跳起。这种练习方法对肌肉的锻炼价值较大，又称离心向心收缩或弹性离心练习。

三、能量代谢

机体在物质代谢过程中伴随的能量释放、储存、转移和利用的过程称为能量代谢。机体的一切活动均需消耗能量。体内的糖、脂肪、蛋白质通过生物氧化而释放能量，所释放的总能量大部分以热的形式释放于体外。运动强度越大、运动时间越长，能量消耗就越多，所需要的营养物质也就越多。

（一）磷酸原系统

磷酸原系统（简称ATP-CP系统）是由细胞内的ATP（三磷酸腺苷）和CP（磷酸肌酸）这两种高能磷化物构成的，它的特点是供能绝对值不大，持续时间很短，但是供能迅速。ATP可以被人体直接利用，其能量输出的功率也最高。在体育运动中，短跑、跳投、旋转、冲刺等爆发性的动作，全部依靠磷酸原系统的储备来供能。

（二）乳酸能系统

乳酸能系统（也叫无氧糖酵解系统）的能量产生是靠肌糖原的无氧酵解，最后产生乳酸，而放出的能量被 ADP（二磷酸腺苷）接收，再合成 ATP，它是机体在缺氧情况下的主要能量来源。乳酸能系统对人体进行能量供应，它的作用与磷酸原系统一样，能在暂时缺氧的情况下迅速供能。田径运动中的 400 m 和 800 m 跑，运动员主要靠乳酸能系统来供能。

（三）有氧氧化系统

有氧氧化系统供能是指糖和脂肪在供氧充分的情况下，分解成二氧化碳和水，同时产生大量的能量，使 ADP 再合成 ATP。有氧氧化系统生成丰富的 ATP，且不生成乳酸这类导致疲劳的副产品。它是人进行长时间耐力活动的主要供能系统，如田径运动中的长跑项目等，运动员主要靠有氧氧化系统供能。一般的健身跑，如 10 ~ 15 min 或 30 min 慢跑也是靠有氧氧化系统来供能。

四、人体运动中的氧运输

（一）氧运输系统

氧运输系统对人的健康及生命活动有十分重要的作用，它把氧气从体外吸入体内并运送到各器官组织，供人体生命活动的需要。氧运输系统由呼吸系统、血液系统及心血管系统组成。呼吸系统把氧气从体外吸入体内，氧气进入血液，与血液中的血红蛋白结合，由心脏这个血液循环的动力站不停推动，使血液流遍全身，将氧运送到各组织器官。人体从外界环境摄取氧的能力受氧运输系统各个环节能力的制约。氧运输系统工作的第一个环节是肺的呼吸运动，实现肺与外界环境的气体交换、肺泡与肺毛细血管血液间的气体交换。

按照健康的标准，每 100 mL 血液中血红蛋白的含量，我国男性为 12 ~ 15 g，女性为 11 ~ 14 g。在整个氧运输系统中，心血管系统的功能处在最重要的地位，心脏是推动血液不断向前流动的动力来源，血管则是血液流动的管道，起着运输血液与物质交换的重要作用。健康成年人每分钟心跳约 75 次，心脏每搏动一次大约向血管射血 70 mL（称每搏量），心脏每分钟大约向血管射血 5 L（称心排血量）。心脏射出的血液在血管内流动时对血管壁有一定的侧压力，这就是血压。我国健康成年人安静时收缩压为 12.0 ~ 18.6 kPa（90 ~ 140 mmHg），舒张压为 8.0 ~ 12.0 kPa（60 ~ 90 mmHg），脉压为 4.0 ~ 5.3 kPa（30 ~ 40 mmHg）。血压可随年龄、性别和体内生理状况的变化而有所变动。正是上述呼吸系统、血液系统及心血管系统共同组成了人体氧运输系统，从而保证了生命活动对氧的需要。

（二）氧运输系统功能的重要标志——最大吸氧量

衡量人体氧运输系统功能的强弱，除了可用呼吸系统和心血管系统的一些指标外，常用的衡量氧运输系统整体功能的综合性指标就是最大吸氧量。

1. 最大吸氧量的概念及正常值

最大吸氧量是指人体在剧烈运动时，呼吸和循环系统功能达到最大能力时，人体每分钟所能摄取的氧量。简单地说，就是运动时每分钟能够吸入并被身体利用的氧的最大量。最大吸氧量直接反映个体的最大有氧代谢能力，标志着一个人氧运输系统功能的强弱。最大吸氧量受年龄、性别、健康状况、训练水平、疾病及遗传等多方面因素的影响。普通人的最大吸氧量为 2 ～ 3 L/min，经常锻炼的人或运动员可达到 4 ～ 5 L/min，而优秀的耐力运动员甚至可达到 6 ～ 7 L/min。

2. 最大吸氧量与运动能力

运动时，肌肉的剧烈活动使机体对氧的需要量大大增加。因此，人体最大摄氧能力的高低直接影响运动能力，尤其是以有氧代谢为主的耐力性运动与最大吸氧量关系更密切。因此，经常锻炼的人比不经常运动的人的最大吸氧量要大。而在不同的运动项目中，耐力性要求越高，运动员的最大吸氧量就越高。

五、运动时能源物质的消耗与补充

人体运动时利用 ATP，但最终是消耗糖、脂肪和蛋白质（主要是糖和脂肪）。

（一）糖和脂肪的功能特点及比例

糖和脂肪是运动中合成 ATP 的主要来源，但不同持续时间和强度的运动，两者供能的特点和比例并不相同。糖能进行无氧酵解和有氧代谢，而脂肪能进行有氧代谢，这一特点使不同运动中两者的供能比例不同。影响供能比例的主要因素有以下两个。

1. 运动持续时间和运动强度

时间短、强度大的运动（如短跑等），主要消耗糖，因为这类运动主要是无氧代谢过程；而持续时间长、强度较小的运动（如长跑、步行等），则消耗脂肪的比例较大。

2. 膳食的类型

从营养学观点来看，合理的饮食能保证身体进行有效的机体活动。经常食用牛奶、肉、鱼、蔬菜、水果和粮食制品，都能满足从事力量或耐力锻炼的需要。当进行力量项目锻炼时，蛋白质和无机盐类的需要量可以略微增加。比赛前，如食用一些含糖量高的食物（或称高糖膳食），运动能力会比食用普通膳食有所提高。

（二）运动竞赛前的糖充填

在运动竞赛开始前若干天，通过调整膳食结构，使肌糖原含量增加，称糖充填（或肌糖原充填）。这对提高运动能力、取得良好成绩有重要作用。

（三）赛前饮食原则

有些人在参加各类运动竞赛前不知如何安排饮食，有时会因饮食不当而使比赛成绩受影响。下面介绍赛前饮食的 6 项原则，供参考：

①赛前宜吃易消化吸收的食物，少吃肉类食物；

②赛前饮食中的液体摄入量应适宜，一般和平常摄入量相当即可；

③勿食刺激性食物；

④赛前食物的种类最好和平常相同，要为参赛者所熟悉，以符合心理因素的要求；

⑤比赛当天的用餐应在临赛前 2 ~ 3 h 进行；

⑥适当饮用咖啡和茶，有助于运动时脂肪能源的利用。

六、运动后能量物质的恢复

运动时体内代谢过程加强，以不断满足运动时能量的消耗；运动中及运动停止后，能量物质需要不断进行补充与恢复。能量物质的恢复过程大致可分为三个阶段：第一阶段是运动进行中恢复过程就已开始，这时机体进行运动消耗的同时也进行能量物质的恢复补充，但由于运动中消耗多，此时恢复的量达不到消耗的量，因此能量物质储备逐渐下降。第二阶段是运动结束后，此时体内能量物质消耗逐渐减少，而恢复过程却不断加强，运动中消耗的能量物质不断得到补充，直至达到运动前的水平。第三阶段是超量恢复阶段，能量物质恢复到原水平时并未停止，而是继续恢复补充，在一段时间内能量物质的恢复可超过运动前的水平，体内能量物质不断积累，达到更高程度，体质也就不断增强。

七、人体的超量恢复

如前所述，人体在运动中承受了超量负荷，身体内各种能量物质逐渐消耗，在运动后不仅可以恢复到原有水平，而且还会超过原有水平，这种现象称为“超量恢复”。超量恢复的程度与运动负荷的大小有关。研究表明：在一定范围内，运动负荷越大，能量物质消耗越多，超量恢复就越明显。超量恢复原理是人体功能在体育运动中不断得到提高的理论依据。如果锻炼的时间很短，而运动强度又不大，对身体的刺激很小，就不会引起人体的反应或者反应很小。这种运动负荷极小的身体锻炼，不能起到有效增强体质、促进健康的作用。只有人体运动达到一定程度的负荷，即承受了超量负荷，并经过足够的休息和营养补充后，超量恢复才会产生。超量恢复出现的早晚，与运动量大小、疲劳程度及营养供给有关。在身体锻炼中，运用人体超量恢复的规律来指导身体锻炼应注意以下三种情况：

①一次身体锻炼时间较短且运动强度不大，不会引起机体较大的反应，超量恢复不显著。

②重复进行身体锻炼的间歇时间要掌握好。如果间歇时间过短，而身体又长期处在疲劳状态，对健康是不利的。另外，应正确确定两次锻炼的间歇，一般采用测心率的方法来控制。例如，锻炼后的心率为 140 ~ 170 次 /min，间歇时待心率恢复到 100 ~ 120 次 /min，再进行下一次锻炼较为合适。

③要根据各自的身体条件、年龄和锻炼基础，合理地安排运动量和锻炼持续时间，既

要能引起机体超量恢复，又不要超过机体适应的界限。

八、生长发育与遗传变异

在人体生长发育期间，有两个生长发育的高峰：第一次高峰期是在 1 周岁以内，从出生到 1 周岁，身高增长约 25 cm，是原有身高的 1.5 倍，体重增加 2 倍；第二次高峰期是青春期，男子是 12 ~ 14 岁，女子是 10 ~ 12 岁，平均每年的身高增加值分别是 6.6 cm 和 5.9 cm。

根据人体的生长发育规律，一般到 25 岁时，人体各器官系统均已发育成熟，一直到 40 岁，这个阶段称为成熟期，这个时期是人的生命最旺盛的时期，人体处于较稳定的状态。青壮年骨骼的成分中，水分与有机物较多，无机盐（钙）也较多，青年人骨骼中的无机盐约占 50%，中年人约占 66%，骨化过程已经完成，这个时期是人体生命过程中的“黄金时代”。随着年龄的增长，一般情况下，衰退速度在逐步加快，表现为机体组织和器官的改变，以及机体的功能适应能力和抵抗力的衰退。

体育锻炼过程中，各种身体运动都是对机体的一种刺激，对身体的发展起到强化作用。首先是使机体处于异化作用大于同化作用的状态，造成体内能量物质的消耗，进而在逐渐减少运动量和运动强度的过程中，使机体进入恢复过程，最终达到同化作用大于异化作用的状态，形成超过机体原有的能量储备水平，进入新的平衡状态。在这种新的平衡状态下，周而复始地增加刺激，使机体形态结构发生质的变化，机体功能水平不断提高，促进健康，延缓衰老。

遗传和变异也是生命的基本特征，是生物演变过程中的一对矛盾，是生物变化发展的内在依据，形成了有机体的适应性和多种多样的生物类型。体育锻炼的过程主要体现在人体遗传基础上，通过体育方式，产生对有机体的某些形态结构、生理功能和心理素质的变化，向适应社会需要的人的方向发展。在人类社会发展中，社会环境的改变引起了人的需要的变化，从而导致人的行为发生变化。对体育锻炼需要的长期性和体育行为的长期化，以及运动刺激的不断强化，必然使得身体某些组织器官的功能不断加强，使人的体质逐渐增强。

第二节 体育锻炼的原则与方法

一、体育锻炼的原则

所谓体育锻炼的原则，是在体育锻炼中客观规律的反映，是人们长期从事体育锻炼实践的经验总结，是达到理想锻炼效果所必须遵循的基本准则和原理。

体育锻炼的原则主要包括自觉性原则、全面性原则、经常性原则、渐进性原则、针对性原则和适量性原则。

（一）自觉性原则

自觉性原则是指体育锻炼的参加者必须有明确的健身目的，自觉主动地从事体育锻炼。必须明确“生命在于运动”的科学原理，认识体育锻炼对人生事业的重要价值，树立“健康第一”的思想，把体育锻炼作为生存的需要，全身心地投入其中。

（二）全面性原则

全面性原则是指体育锻炼者在身体活动中，使身体各器官、系统、心理等都得到全面和谐的发展。人体是由各器官、各系统构成的一个有机整体，进行体育锻炼时，必须采取多种形式和手段，使整个有机体得到全面、均衡的发展：既要促进身体形态的发展，使体型匀称健美，又要提高和改善各器官、各系统的工作效能；既要全面发展力量、速度、耐力、灵敏度、柔韧性、平衡能力等素质，又要提高跑、跳、投、攀、爬、游等基本活动能力；同时还要注意培养心理素质，在体育锻炼过程中保持愉悦的心情。

（三）经常性原则

经常性原则是指体育锻炼必须持之以恒，养成习惯，成为日常生活中的重要内容。体育锻炼所取得的效果是日积月累的，要取得良好的锻炼效果，必须保持体育锻炼的时间、强度、次数的衔接性和连续性。要持久锻炼，反复练习，不断积累锻炼的效果，不能“三天打鱼，两天晒网”。

（四）渐进性原则

渐进性原则是指体育锻炼者必须按照人体自然发展和机体适应性规律，逐步积累，增强体质。体育锻炼不能急于求成，运动负荷的安排必须在个体所能承受的范围之内。一般情况下，运动的时间、次数、强度应由小到大，逐步上升，使机体逐步适应，要按照人体接受刺激—适应—再刺激—再适应的规律，不能使机体一开始就超负荷运转，否则会引起过度疲劳，甚至损伤身体。

（五）针对性原则

针对性原则是指体育锻炼者应根据个人的实际情况，有针对性地进行锻炼。由于个体差异的存在，同样的方法，对甲适宜，对乙就不一定适宜，达到的效果也不一定相同。要根据年龄、性别、健康状况、兴趣爱好、生活水平等因素来决定选择的项目、内容、方法和运动负荷，特别要注意改善和提高自己的薄弱环节。

（六）适量性原则

适量性原则是指体育锻炼时要有适宜的生理负荷。锻炼效果的大小，很大程度上取决于运动刺激的强度。太弱的刺激不能引起机体功能的变化，过强的刺激则会损伤机体，只有适宜的强度，才有利于能量消耗的恢复和超量补偿。体育锻炼必须量力而行，注意自我感觉并结合生理指标测定。如果锻炼后出现头晕恶心、四肢无力、精神萎靡、食欲不振、睡眠不好等症状，则说明强度过大，需要调整。

二、体育锻炼的方法

体育锻炼的方法是根据人体发展规律，运用各种身体练习，以提高人体的身体素质和基本活动能力的途径和方式。锻炼的方法主要有重复锻炼法、间歇锻炼法、循环锻炼法、综合锻炼法和处方锻炼法。

（一）重复锻炼法

重复锻炼法是指按一定负荷标准，反复多次进行某一动作或某一项目练习的方法。运用时，要掌握好负荷的有效程度，一般依据心率来调整重复的次数和休息时间。通常心率为 120 ~ 180 次 /min，心排血量能保持在最佳范围内。若心率超过 180 次 /min，则心舒张充盈时间过短，回心血量少，心脏充盈不足，因而输出量下降，这时就应减少次数，安排足够的时间休息。若心率低于 120 次 /min，由于心率过低，也不能达到最大的输出量，影响锻炼效果，此时应增加重复次数。

（二）间歇锻炼法

间歇锻炼法是指严格规定重复锻炼各次的负荷强度和其间的休息时间的锻炼方法。运用间歇锻炼法，要根据个人的具体情况，科学、合理地安排每次锻炼的负荷强度及间歇时间。一般情况下，当心率为 160 ~ 180 次 /min 时，进行间歇；而当心率恢复到 120 ~ 130 次 /min 时，就应进行下一次锻炼。

（三）循环锻炼法

循环锻炼法是指将具有不同锻炼效果的各种类型的动作编成固定的程序，锻炼者按一定的顺序循环反复地进行锻炼的方法。锻炼者应按要求在各个练习点完成规定练习，当一个练习点结束时，迅速移到下一个练习点。完成各个练习点上的练习后，就算完成了一次循环。运用循环锻炼法时，各个练习点锻炼内容的搭配要全面，应选用已经掌握的、简便易行的动作，同时规定好练习的次数、规格和要求，以得到全面的锻炼。

（四）综合锻炼法

综合锻炼法是指根据锻炼的目的、任务，综合运用上述各种锻炼方法，以便更灵活地调节运动负荷，取得更好锻炼效果的方法。运用综合锻炼法时，各锻炼法的组合运用要根据个人的实际情况和锻炼任务而定。综合锻炼法变化多，组合多样，能适应不同性别、年龄、身体状况、锻炼水平的人的需求。

（五）处方锻炼法

处方锻炼法是指根据锻炼者体质测试结果，由体育专家制订锻炼身体的方案进行锻炼的方法。运用这种方法时，锻炼者应先进行体质测试，并根据测试结果，由体育专家来制订锻炼的处方。锻炼者根据锻炼处方的具体安排进行锻炼，并定期进行体质测试，以便根据体质变化情况修改锻炼处方。

第三节　运动损伤的防治与康复

体育锻炼可以增进健康，防治疾病，延年益寿，但体育锻炼中也常会发生运动损伤。运动过程中受到的机械性和物理性因素造成的伤害，称为运动损伤。损伤直接影响个人的身体健康、学习和工作，因此需要了解运动损伤的起因、预防、急救与保健知识，以科学的方法进行身体锻炼。

一、运动损伤的原因

了解运动损伤发生的原因是预防运动损伤的前提。发生运动损伤的原因是多方面的，既与锻炼者的运动基础、身体素质有关，也与运动项目的特点、技术难度及运动环境等因素有关。综合起来，运动损伤的原因可概括为主观和客观两个方面。

（一）主观原因

主观上的原因主要有如下几个方面：

①思想上重视不够、麻痹大意，在体育锻炼时违背了人体运动的规律。

②青年学生好胜心强、经验不足，意识里没有防伤的观念，不顾主客观条件的限制，盲目或冒失地进行运动。

③一些人在体育锻炼中情绪急躁、急于求成，忽视了循序渐进、量力而行的原则。

（二）客观原因

1. 身体素质差

不经常参加体育锻炼的人，由于身体素质差，技术动作又掌握不好，在练习动作时缩手缩脚、瞻前顾后，往往容易造成损伤。

2. 运动技术不正确

动作上有错误，违反了人体结构功能特点和运动时的力学原理，也易导致损伤。这是训练水平不高，或者学习新动作和具有一定难度的动作时发生损伤的主要原因。

3. 身体机能状态不好

若睡眠不足或身体疲劳，或在受伤和患病的恢复阶段，身体的生理机能下降，力量减弱，动作的准确性、协调性下降，反应迟钝，在这些情况下参加锻炼或比赛，很容易引起运动损伤。精神不集中或因学习中的问题而忧心忡忡，勉强参加锻炼或比赛，也会引起运动损伤。

4. 缺乏科学的准备活动

运动前不做准备活动或准备活动不充分，在神经系统和其他器官系统的功能活动没有充分动员起来的情况下就参加紧张的运动，由于此时肌肉的力量、弹性、伸展性较差，身体缺乏必要的协调性，容易造成损伤。尤其是在冬季，末梢血管循环不旺盛，肌肉、韧带黏滞性大，此时若进行激烈运动，稍有不慎，极易受伤。另外，准备活动的内容与运动的内容结合得不好，或缺乏专项准备活动，运动中负担较重部位的功能没能得到充分的改善，或准备活动安排不当，开始做准备活动时速度过快、用力过猛，违反循序渐进的原则和功能活动的规律，也易导致损伤。

5. 组织工作、方法不当

组织工作不当常会导致运动损伤，常见的有以下情况：体育锻炼时，缺乏必要的帮助和保护，或保护方法不当；体育器材分布不当，场地上活动人数过多过挤，组织纪律性差，互相打闹、干扰；投掷场地缺乏安全防范措施；竞赛秩序安排不当或时间临时变更，参赛者缺乏必要的心理和生理准备，赛场秩序混乱；允许有病、身体不合格的学生参加比赛等。方法不当造成的运动损伤，常见的有以下情况：缺乏明确的指导，动作概念模糊，要领不明确，不懂练习方法，盲目地进行练习；没有遵守循序渐进、由易到难的原则，勉强做力不能及的难度较高的练习；集体活动时不区别对待，统一标准，缺乏基础锻炼，搞突击测验；练习时注意力不集中，打闹或恶作剧等。

6. 运动量过大

在体育运动中，没有充分考虑个人的生理特点而使运动量超过个人可以承受的生理负担，尤其是局部负荷过大，引起微细损伤的反复积累而发生损伤。

7. 场地、器材设备不合乎要求

以下各种场地、器材设备不合乎要求的情况也容易引发损伤事故：场地、器材设备没有定时检查和维护；活动场地狭窄，凹凸不平，周围空间过小；场地内有碎石杂物，地面过滑过硬；沙坑缺沙或板结过硬，坑沿过高；器材的大小、重量与学生的性别、年龄等不适应；器械的安装不牢固或安放不妥当；运动时，服装和鞋不适；锻炼的人多或几个项目在相近处同时进行。

8. 天气或光线不好

气温过高易产生疲劳和中暑，气温过低易发生冻伤，或因肌肉僵硬使身体的协调性降低而引起肌肉、韧带损伤。潮湿的天气易使人出汗，影响体内水盐代谢，易发生抽筋和虚脱。光线不良，如风沙太大、能见度差，影响视力，使人体兴奋性降低、反应迟钝而导致受伤。

二、运动损伤的预防

针对以上原因，预防运动损伤应从以下几个方面进行：

①加强运动安全教育，消除麻痹思想，提高预防损伤意识；

②认真做好准备活动；

③改进技术动作，合理安排运动负荷；

④加强保护与帮助，特别是提高自我保护能力；

⑤做好医务监督工作，掌握运动损伤的预防与处置方法。

三、常见运动损伤及其处理

（一）擦伤

1. 原因与症状

运动时皮肤受挫致伤，如跑步时摔倒，做体操运动时身体因摩擦器械而受伤。症状为擦伤后皮肤出血或组织液渗出。

2. 处理

小面积擦伤，用药水涂抹伤口即可。大面积擦伤，先用生理盐水洗净，后涂抹药水，再用消毒布覆盖，最后用纱布包扎。

（二）撕裂伤

1. 原因与症状

进行剧烈、紧张运动，或受到突然强烈撞击，易造成肌肉撕裂。撕裂伤包括开放伤和闭合伤两种，常见的有眉弓撕裂、跟腱撕裂等。开放伤顿时出血，周围肿胀；闭合伤触及时有凹陷感和剧烈疼痛。

2. 处理

轻度开放伤，用红药水涂抹伤口即可；裂口大时，则需止血和缝合伤口，必要时注射破伤风抗毒血清，以防破伤风症；若肌腱撕裂，则需手术缝合。

（三）挫伤

1. 原因与症状

撞击器械或练习者互相碰撞易造成挫伤。单纯挫伤，在损伤处出现红肿，皮下出血，并有疼痛感；内脏器官损伤，会出现头晕、脸色苍白、心慌气短、出虚汗、四肢发凉、烦躁不安等症状，甚至休克。

2. 处理

在 24 h 内冷敷或加压包扎，抬高患者肢体或外敷药物。24 h 后，可按摩或理疗。进入恢复期后，可进行一些功能性锻炼。如果怀疑内脏损伤，则做临时性处理后，送医院检查和治疗。

（四）肌肉拉伤

1. 原因与症状

通常在外力直接或间接作用下，肌肉过度主动收缩或被动拉长会引起肌肉拉伤。特别是准备活动不充分、动作不协调，以及肌肉弹性、伸展性、肌力差者更易拉伤。损伤后伤处肿胀、压痛、肌肉痉挛，触诊时可摸到硬块。严重的肌肉拉伤是肌肉撕裂。

2. 处理

轻者可即刻冷敷，局部加压包扎，抬高患肢。24 h 后可进行按摩或理疗。如肌肉已大部分或完全撕裂，在加压包扎急救后，应立即送医院手术治疗。

（五）肩关节扭伤

1. 原因与症状

肩关节扭伤一般是肩关节用力过猛或者反复劳损所致，也有的是技术错误、违反解剖学特点而造成的，投掷、排球扣球、大力发球时常出现这类损伤。其症状有压痛、疼痛，急性期有肿胀，慢性期三角肌可能出现萎缩，肩关节活动受限等。

2. 处理

单纯韧带扭伤，可采用冷敷、加压包扎。24 h 后可采用理疗、按摩或针灸治疗。出现韧带断裂时，应立即送医院缝合和进行固定处理。当肩关节肿胀和疼痛减轻后，可适当进行功能性锻炼，但不宜过早活动，以防止转为慢性病症。

（六）踝关节扭伤

1. 原因与症状

踝关节扭伤一般是运动中跳起落地时失去平衡，踝关节过度内翻或外翻致伤。在准备活动不充分、场地不平坦的情况下，更易造成这类损伤。其主要症状为伤处疼痛、肿胀，韧带损伤处有明显压痛、皮下瘀血。

2. 处理

受伤后，应立即冷敷，用绷带固定包扎，并抬高伤肢。24 h 后，根据伤情采取综合治疗，如外敷药物、理疗、按摩等，必要时采用封闭疗法。待病情好转后，进行功能性练习，对严重患者可用石膏固定。

（七）急性腰扭伤

1. 原因与症状

运动时，重心不稳定或肌肉收缩不协调，易引起腰部扭伤。多数情况是腰部受力过重，或脊柱运动时超过了正常生理范围所致。

2. 处理

腰部急性扭伤后，让患者平卧，一般不应立即扶动。如果剧烈疼痛，则应用担架抬送医院治疗。处理后，应卧硬板床或腰后垫一个枕头，使肌肉韧带处于放松状态，也可针灸、外敷药物或按摩。

（八）关节脱位

1. 原因与症状

因受外力作用，关节面失去正常的连接关系，称为关节脱位，又称脱臼。关节脱位可分为完全脱位和半脱位（或称错位）两种。严重的关节脱位，伴有关节囊撕裂甚至损伤神经。运动中发生的关节脱位，大多是间接外力撞击所致。关节脱位后，常出现畸形，与健肢相比不对称，因软组织损伤而出现炎症反应，局部疼痛、压痛和关节肿胀，并失去正常活动功能，甚至发生肌肉痉挛等现象。

2. 处理

关节脱位后，应用长度和宽度相称的夹板固定伤肢。如果没有夹板，可将伤肢固定在躯干或健肢上，防止震动，随后及时送医院治疗。必须指出，如果没有把握做整复处理，切不可随意进行整复，以免增加病情。

（九）脑震荡

1. 原因与症状

脑震荡是指头部受到了外力打击或碰撞后，脑组织发生一时性功能障碍。脑震荡发生时，患者会出现神志不清昏迷、意识丧失，脉搏、呼吸较弱，以及不同程度的头痛、恶心、呕吐等症状。

2. 处理

脑震荡发生后，应立即让受伤者平卧，保持绝对安静，严禁摇晃、牵扯、移动。同时，用毛巾冷敷头部，身体盖些衣物以保暖。对神志不清者可用手指压按人中、合谷穴，严重者应立即平稳送往医院救治。

（十）骨折

1. 原因与症状

运动中，身体某部位受到直接或间接的暴力撞击时，易造成骨折。例如，在踢足球时，小腿被踢易造成胫骨骨折；摔倒时，手臂直接撑地可能引起尺骨或桡骨骨折；跪倒时，可能造成髌骨骨折等。

骨折是比较严重的损伤，但发生的概率较低。骨折分不完全性骨折和完全性骨折两种。常见的骨折有肱骨骨折、小腿骨折、肋骨骨折、脊柱骨折和头部骨折等。

骨折发生后，患处立即出现肿胀，皮下瘀血，有剧烈疼痛（活动时加剧），肢体失去正常功能，肌肉产生痉挛，有时骨折部位发生变形，移动时可听到骨摩擦声。严重骨折时，伴有出血和神经损伤，以及发热、口渴甚至休克等全身症状。

2. 处理

若伴有休克出现，应先进行处理，即点按人中穴，并进行口对口人工呼吸或心脏胸外按压；若伴有伤口出血，应及时实施止血和包扎。骨折后暂勿移动患肢，应用夹板或其他代用品固定伤肢，及时送往医院检查和治疗。

（十一）肌肉痉挛

肌肉痉挛俗称抽筋，表现为肌肉发生不自主的强直收缩。其症状为肌肉僵硬，疼痛难忍，痉挛肌肉所涉及的关节伸屈功能有一定的障碍。运动中最容易发生痉挛的肌肉为小腿腓肠肌，其次是足底的屈踝和屈趾肌。

1. 原因

①寒冷刺激。肌肉受到低温的刺激，兴奋性增高，易使肌肉产生强直性收缩。如游泳时未事先用冷水淋湿身体，突然受到冷水刺激；冬季户外锻炼时受到冷空气刺激，也可能引起肌肉痉挛。

②电解质丢失过多。长时间剧烈运动或夏天运动时大量排汗，电解质从汗液中大量丢失，使神经、肌肉的兴奋性增高，容易引起肌肉痉挛。

③肌肉连续收缩过快，放松时间太短，使肌肉的收缩与放松不能协调交替，因而引起肌肉痉挛。这在自行车和短跑运动中较多见。

④疲劳。运动会使肌肉产生大量乳酸，而乳酸会不断地对肌肉的收缩物质起抑制作用，久而久之肌肉便开始疲劳致使痉挛产生。身体疲劳时，特别是局部疲劳状态下再进行剧烈运动或做些突然紧张用力的动作，就容易产生肌肉痉挛。

2. 处理

不太严重的肌肉痉挛，只要向相反的方向牵引痉挛的肌肉，一般都可使其缓解。例如腓肠肌痉挛，可伸直膝关节，用力将踝关节背伸；屈踝和屈趾肌痉挛时，可用力将足和趾背伸。牵引时切忌暴力，用力宜均匀、缓慢，以避免造成肌肉拉伤，采用揉捏、点穴（委中、承山、涌泉）等手法，使症状缓解。游泳中发生肌肉痉挛时，不要慌张，可先深吸一口气，仰浮水面，用抽筋肢体异侧的手握住抽筋肢体的足趾，用力向身体方向拉，同时用同侧的手掌压在抽筋肢体膝盖上，帮助膝伸直。待缓解后，慢慢地游向岸边。此法如事先未能掌握，应立即呼救。发生抽筋后一般不要再继续游泳，应上岸休息、保暖，按摩局部。

3. 预防

加强身体锻炼，提高机体的耐寒能力和耐久力。运动前必须做好准备活动，对容易发生抽筋的肌肉可事先做适当的按摩。冬季锻炼时，要注意保暖；夏季进行剧烈运动或长时间运动时，要注意电解质的补充和维生素 B_1 的摄入；疲劳或饥饿时不宜进行剧烈运动；游泳下水前应先用冷水冲淋全身，使身体对冷水有所适应；水温低时游泳时间不宜太长；在降体重或控制体重时，要讲究科学性。

（十二）网球肘

1. 原因与症状

网球肘，又称肱骨外上髁炎，表现为肱骨外上髁疼痛，见于网球、乒乓球等项目。本伤多因慢性劳损引起外上髁腱止末端病变、腱退行性改变及其下的软组织炎、肱桡关节局限性滑膜炎、环状韧带等退行性改变所致，少数人是直接撞击致伤。

其症状如下：

①肘关节外侧痛，并向上下放射；

②手不能提重物，有失力症状；

③肱骨外上髁压痛，前臂屈肌痉挛僵硬，抗阻力伸腕痛。

2. 处理

网球肘的处理方法如下：

①早期停止局部运动；

②前臂近端用弹性绷带缠绕，减少肌肉收缩牵拉刺激；

③采用推拿按摩等手法治疗。当伤势比较严重时，应请专科医生治疗。

四、运动损伤的康复训练

康复训练是指伤者通过适当的、有目的的身体练习和功能锻炼，使损伤快速愈合及促进功能恢复的过程。

（一）康复训练的意义

①合理安排康复训练，可保持锻炼者已获得的良好训练状态，一旦伤愈后就能立即投入正常的体育活动中，缩短伤后重新开始锻炼的时间。

②伤后康复训练可以改善伤部组织的营养和代谢，促进组织修复，防止肌肉萎缩，加强关节的稳定性与适应性。

③康复训练可以防止因伤后停止锻炼而引起身体疾病，这是因为一旦突然停止锻炼，个体在长期的体育锻炼中建立起来的各种条件反射性联系便可能被破坏，从而产生机能紊乱，如神经衰弱、胃扩张、胃肠道机能紊乱等。

（二）康复训练的原则

①尽量保持全身和未伤部位的训练，注意负荷量要适当，不能以加大未伤部位的训练量来代替已伤部位的负荷。

②对已伤部位要合理安排锻炼的内容和负荷量，做到循序渐进、个别对待和分期进行。急性损伤的前期，伤区可暂不活动，以免肿胀和疼痛加重；急性症状减轻后，在不引起疼痛或疼痛明显减轻的情况下，应及早开始活动，进行功能锻炼。一般情况下，轻伤无明显肿胀者可提早开始功能锻炼，损伤较重、肿胀显著者可稍晚些，基本痊愈后才能参加正常锻炼。对慢性损伤和劳损，在安排康复训练时必须先了解损伤的性质、损伤的程度、

受伤机理及局部组织的生理特点，然后决定康复训练的形式、内容和局部负荷量，从对伤情影响较轻的动作开始，循序渐进，个别对待。负荷量的大小，以练习后无明显疼痛、次日原有症状未见加重为宜，一般一周左右无不良反应，可考虑适当增加负荷量。

③功能锻炼主要是加强伤部肌肉力量和关节功能的练习，要把原动肌与对抗肌、大肌群与小肌群的锻炼、静力性练习与动力性练习、力量性练习与柔韧性练习密切结合。一般先以静力性练习开始，逐渐结合动力性练习；由不负重练习，逐渐增加负重练习。

④要加强伤后康复训练的医务监督，每次训练都要做好准备活动。练习前、后进行按摩，密切观察伤部反应，及时调整负荷量和练习内容。

（三）康复训练的方法

①适量的耐力运动，建议每次 15 ～ 60 min，每周 3 ～ 5 次。可用健康肢体进行，如上肢伤者可做跑步、阻力自行车、登楼梯等运动，下肢伤者可做拉力器、举哑铃运动或徒手体操。

②恢复关节活动的方法主要是进行关节练习。除恢复关节活动度外，还要求恢复各肌肉包括多关节肌肉的伸展度，以恢复整个肢体的柔韧性。为此须做相邻关节的联合运动，以牵伸多关节肌肉。关节活动范围越大越好，可以使肌肉在全关节活动范围内拉长，这是防止再受伤的较好方法。

③恢复肌肉的训练方法包括自主运动和辅助运动两类：

a. 自主运动。这是伤者主动完成的一种训练，包括静力练习、动力练习和等动练习。

静力练习的肌肉收缩方式属于等长收缩，肌肉保持在一个固定的长度上，关节不活动。

动力练习，关节要产生活动，收缩时肌肉缩短，产生的活动属于等张运动。

等动练习是利用“等动练习器”进行的一种肌肉练习方法。练习时肌肉以最大力量做全幅度收缩运动。这种练习依靠器械的作用，将运动的速度限制在适宜的水平上，使肌肉在运动的过程中保持高度的张力，从而获得更好的锻炼效果，具备等长与等张收缩两者的优点。

b. 辅助运动。通过各种被动活动，痉挛的肌肉得到放松，挛缩的肌肉、韧带和关节囊受到牵拉从而伸展，增加关节活动幅度，恢复关节功能。

④抗阻运动。它是肌肉在克服外来阻力时进行的运动，如俯卧撑、举重等，可以增进肌肉的肌力。

第三章

体育锻炼的营养、卫生与环境

第一节　体育锻炼与营养

体育锻炼与营养都是促进身体健康的重要因素。体育运动可以改善、发展与提高人体各组织器官的功能，而人们从食物中摄取的营养素，是构成和修补组织器官的原料，是调节器官功能的主要物质。营养不仅与发病率及身体发育有关，而且影响运动的能力，所以体育锻炼与营养两者不可偏废。

一、营养与营养素

生命的存在、有机体的生长发育、各种生理活动及体力活动的进行，都有赖于体内的物质代谢过程，体内进行的物质代谢必须不断地从外界摄取一定数量的新物质。获得和利用食物的综合过程，即称为营养。

营养素是指能在人体内消化吸收供给热能，构成机体组织，调节生理机能，为人体进行正常物质代谢所必需的物质。人体所需要的营养素分为六大类。

（一）糖

糖供能占人体每日总发热量的 50% ~ 70%，且经济、方便、来源广、供能快。糖能构成体内细胞中的核糖核酸、糖蛋白、糖原等。糖能维持心肌和骨骼肌的功能，当心肌缺糖原时表现为心绞痛，骨骼肌缺糖原时表现为耐力不足，糖是大脑的唯一能源，血糖水平正常才能保证大脑的功能，糖可增加肝糖原的贮存，加强肝功能，参与肝脏的解毒功能。此外，糖能减少脂肪的分解，减少酸中毒的可能。

（二）蛋白质

蛋白质占人体成分的 18%，如肌红蛋白、血红蛋白等，在调节生理机能方面可维持胶体渗透压、维持酸碱平衡、承担氧气运输、形成抗体等。此外，蛋白质也可供能，但耗氧较糖多。

（三）脂肪

脂肪构成机体组织，有保护作用和保温作用，供脂溶维生素的溶解，能增加食物的美味，产生饱腹感。

（四）维生素

维生素按其溶解性质可分为水溶维生素（如维生素 B_1、B_2、B_6、B_{12}、C、PP）和脂溶维生素（如维生素 A、D、E、K）。各种维生素在体内有其特殊功用，缺乏时易患营养缺乏病。维生素共同的功用是调节物质代谢，保证生理功能。

（五）无机盐

无机盐又称矿物质，是构成机体组织和调节生理机能的重要物质。其中含量较多的有钾、钠、钙、磷、硫、氯、镁 7 种；其他含量较少的称“微量元素”，如铁、碘、锌、氟等。无机盐在食物中分布很广，一般都能满足机体需要，其中较易发生缺乏的为铁和钙。缺铁易导致缺铁性贫血；缺钙则影响骨骼、牙齿的生长发育，同时骨骼肌兴奋性增高出现抽筋，而心肌则表现为收缩无力。

（六）水

水占体重的 55% ~ 67%。水参与体内物质代谢（如消化、吸收、生物氧化、排泄）。水可调节体温（如出汗），水还可维持正常的血容量。

二、体育运动与营养的关系

体育运动和营养两者都是维持身体健康的主要因素。营养素是构成机体组织的物质基础，体育运动可以增强机体活动的功能，但营养对运动有更重要的意义。运动参加者体内代谢加剧，能量消耗较大，所以必须供给充足的能量才能满足机体的需要。科学的锻炼同合理的营养相结合，才能更有效地增强体质和提高运动水平，并加速运动后体力的恢复。

三、营养缺乏症

营养缺乏到一定程度时，机体就会表现出营养缺乏的症状。常见的症状有以下 7 种。

（一）热能缺乏症

热能缺乏症指膳食中热能长期供给不足，主要表现为体重明显减轻、头晕、全身无力、怕冷、嗜睡、水肿、贫血、皮肤苍白等。

（二）蛋白质缺乏症

蛋白质缺乏症在早期时仅下肢出现凹陷性水肿，严重者可出现全身性水肿、贫血、疲乏等。

（三）铁缺乏症

铁缺乏症主要引起缺铁性贫血，表现出心慌、气喘，皮肤、黏膜、指甲苍白及匙状指。严重者可导致贫血性心脏病。

（四）维生素 A 缺乏症

维生素 A 缺乏症主要引起“夜盲症”，即眼睛的暗适应机能障碍。此外，初期时表现皮肤干燥，脱屑及眼干燥，泪腺分泌减少。

（五）维生素 B_1 缺乏症

维生素 B_1 缺乏症主要引起“脚气病”（“脚气病”不同于“脚癣”）。其表现为消化不良，食欲减退，精神欠佳，疲乏无力。长期缺乏维生素 B_1（如长期食用精白米、精白面粉）会引起肌肉萎缩、水肿、失眠、心慌、气促、胸闷等。

（六）维生素 B_2 缺乏症

维生素 B_2 缺乏症主要引起眼结膜炎、眼角膜炎、口角炎、舌炎、唇炎及脂溢性皮炎及阴囊脱屑、干痒甚至糜烂等（脂溢性皮炎指在皮脂分泌较多的皱襞处，如鼻唇沟、眉间、耳后、头皮边缘等部位，油脂分泌增加，并呈现轻度红斑及皮脂积留现象）。

（七）维生素 C 缺乏症

维生素 C 缺乏症主要引起“坏血病”。其表现为齿龈松肿、出血、血管壁脆性增加（如皮下出血点及紫斑，毛囊周围瘀血点等），抵抗力降低，肌肉关节酸痛等。

第二节　体育锻炼与卫生

“生命在于运动”，而运动必须有一定的规律性，只有掌握体育锻炼的一般生理卫生知识，科学地进行体育锻炼，才能起到健身强体、防病治病的作用。

一、体育锻炼的准备

体育锻炼可以增强体质、提高人体的健康水平，已被大量科学实验所证实。随着现代生活水平的提高，闲暇时间的增多，人们越来越意识到参加体育锻炼的必要性和重要性。对于一般人来说，在开始参加体育锻炼前，除了进行一般的身体检查和必要的咨询外，首先要做好以下准备。

（一）培养锻炼兴趣

在从事体育锻炼前，应首先培养锻炼者对体育活动的兴趣，这是长期进行体育锻炼的前提。培养体育锻炼兴趣的方式有很多，如观看体育比赛、与亲朋好友进行体育活动等。有了浓厚的体育锻炼兴趣，就能自觉地投入体育锻炼之中，从而取得理想的体育锻炼效果。

（二）选择活动项目

在进行体育活动时，除根据自己的兴趣选择活动项目外，还要考虑体育锻炼者自身的条件。青少年活泼好动，可以选择一些强度较大、带有游戏性质的活动项目，如打篮球、踢足球、爬山、游泳、健美操等；老年人身体机能较差，应选择一些活动量相对较小而且不容易出现运动损伤的活动项目，如太极拳、跑步等；对于一些为预防或治疗某些疾病而进行的康复性体育活动，则应根据锻炼者的身体状况选择锻炼项目，并且应在医生或运动医学工作者的指导下进行。同时，锻炼者还应根据不同的季节、气候条件确定体育锻炼项目，如冬季可进行长跑、足球、滑冰等运动，夏季可进行游泳、篮球、排球等运动。总之，运动项目可多样化，选择的运动项目要对整体机能产生良好影响。

（三）确定运动强度

为增强体质而进行的体育锻炼主要是为了提高人体的健康水平，而不是为了创造运动成绩，所以体育锻炼的运动强度不宜过大，特别是中老年人和体育康复者更应如此。体育锻炼中控制运动强度最简单的办法是测定体育锻炼时的脉搏。虽然不同年龄和机能状况的人在体育锻炼时的最佳脉搏有所不同，但对一般体育锻炼者来说，体育锻炼时的脉搏控制在 140 次 /min 左右较为合适。由于体育锻炼时运动强度相对较小，因而运动的持续时间相对较长，每天至少应在半小时以上。对于刚参加体育锻炼的人来说，一开始锻炼的时间宜短不宜长，以后随身体机能的适应，锻炼时间可逐渐加长。

二、体育锻炼中的要求

（一）体育锻炼前要做好准备活动

体育锻炼前进行充分的准备活动对于体育锻炼者来说是非常重要的，由于不重视锻炼前的准备活动而导致各种运动损伤，不仅影响锻炼效果，而且影响锻炼兴趣，对体育活动产生畏惧感。因此，每个体育活动爱好者在每次锻炼前都必须做好充分的准备活动。

1. 准备活动的主要作用

（1）提高肌肉温度，预防运动损伤

体育锻炼前进行一定强度的准备活动，可使肌肉的代谢过程加强，肌肉温度增高。一方面可使肌肉的黏滞性下降，提高肌肉的收缩和舒张速度，增强肌力；另一方面还可以增加肌肉、韧带的弹性和伸展性，减少由于肌肉剧烈收缩造成的运动损伤。

（2）提高内脏器官的机能水平

内脏器官的机能特点之一为生理惰性较大，即当活动开始，肌肉发挥最大功能水平时，内脏器官并不能立即进入最佳活动状态。在正式开始体育锻炼前进行适当的准备活动，可以在一定程度上预先动员内脏器官的机能，使内脏器官的活动一开始就达到较高水平。另外，还可以减轻开始运动时由于内脏器官的不适应所造成的不舒服感。

（3）调节心理状态

体育锻炼不仅是身体活动，而且也是心理活动。体育锻炼前的准备活动可以起到心理调节作用，同时可与各运动中枢间的神经联系，使大脑皮层处于最佳的兴奋状态。

2. 如何进行准备活动

一般来说，准备活动时主要应考虑准备活动的内容、时间和量，以及时间间隔。

（1）内容

准备活动可分为一般准备活动和专项准备活动。一般准备活动主要是一些全身性身体练习，主要包括跑步、踢腿、弯腰等。专项准备活动是指与所从事的体育锻炼内容相适应的运动练习，如打篮球前先投篮、运球，跑步前先慢跑等。除非进行一些专门性的运动和比赛，一般人体育锻炼时只需进行一般准备活动，即可进行正式的体育活动内容。

（2）时间和量

准备活动的时间和量随体育锻炼的内容和量而定，由于以健身为目的的体育锻炼量较小，所以准备活动的量也相对较小，时间不宜过长。半小时的体育锻炼，其准备活动的时间一般为 10 min 左右。气温较低时，准备活动的时间也应适当长一些，量可大一些。气温较高时，时间可短一些，量可小一些。

（3）时间间隔

与运动员正式参加比赛不同，一般人进行准备活动后就可马上从事体育锻炼，而运动员准备活动后适当的休息是为了使身体机能有所恢复，以便在比赛中创造优异成绩。

（二）怎样选择体育锻炼的时间

参加体育锻炼的时间主要根据个人的生活习惯、身体状况或工作性质而定，一般很难统一。但就多数体育锻炼者来说，体育锻炼的时间多安排在清晨、下午或傍晚。不同的锻炼时间有不同的特点，练习者可根据自己的实际情况选择。

1. 清晨锻炼

许多人喜欢在清晨进行体育锻炼，这首先是由于清晨的空气新鲜，清晨锻炼有助于体内的二氧化碳排出，吸入较多的氧气，有利于体内的新陈代谢加强，提高锻炼的效果；其次，清晨起床后大脑皮质处于抑制状态，通过一定时间的体育锻炼，可适度提高大脑皮质的兴奋性，从而有利于一天的学习与工作。

但是，由于清晨锻炼多在空腹情况下进行，所以运动量不要太大，时间也不宜太长。否则，长时间地运动会造成低血糖，不仅影响锻炼效果，而且会使身体产生不适。另外，对工作学习紧张、习惯于晚起床的人来说，没有必要每天强迫自己进行清晨锻炼。

2. 下午锻炼

下午锻炼主要适合有一定空余时间的人，特别适合大、中、小学的师生。下午进行体育锻炼时，运动强度可大一些，青年学生可打球、做游戏；老年人可打门球、跑步。对心血管病人来说，下午运动最安全。医学研究表明，心血管的发病率和心肌劳损的发生率均在上午 6—12 时最高，所以，为了避免这一危险时辰，运动医学工作者认为，心血管病人的适宜锻炼时间应是下午。

3. 傍晚锻炼

傍晚也是进行体育锻炼的大好时光，特别是对那些白天工作、学习十分忙的人来说尤为如此。傍晚进行适当的体育锻炼，既可以健身强体，又可以帮助机体消化吸收。傍晚锻炼的主要形式为散步，北方一些地区在傍晚集体扭大秧歌，也适合中老年人的活动特点。傍晚进行体育锻炼的时间一般不要超过 1 h，运动强度也不可过大，心率应控制在 120 次 /min。强度过大的运动会影响胃肠道的消化吸收，同时，傍晚锻炼结束与睡觉的间隔时间要在 1 h 以上，否则会影响夜间的休息。

（三）体育锻炼时如何控制运动量

体育锻炼时，合理控制运动量是影响运动效果的重要因素之一。活动量太小，达不到锻炼身体的目的；运动量过大，又会引起过度疲劳，影响身体健康。所以，体育运动爱好者在开始体育锻炼前就应学会监测运动量的方法。体育锻炼中常见的监测运动量的方法有以下几种。

1. 测运动时脉搏

在体育锻炼时或体育锻炼后，立即测 10 s 的心率和脉搏，就一般体育锻炼者来说，运动后即刻的心率最好不要超过 25 次 /10 s。即使是特殊需要，体育锻炼者运动时的心率也不要超过 30 次 /10 s。

2. 根据年龄控制运动量

年龄与体育锻炼中的运动量有密切的关系，随着年龄的增加，人体的运动能力逐渐下降，体育活动量也应随着减小。现在，体育活动中经常用“180 – 年龄”的值作为体育锻炼者的最高心率数，即 30 岁的人在进行体育锻炼时的心率数不要超过 150 次 /min，70 岁的人参加体育锻炼时的最高心率不要超过 110 次 /min，这一公式已广泛应用到以健身为目的的体育锻炼之中。

3. 根据第二天“晨脉”调节运动量

“晨脉”是指每天早晨清醒后（不起床）的脉搏数，一般无特殊情况，每个人的晨脉是相对稳定的。如果体育锻炼后，第二天晨脉不变，说明身体状况良好或运动量合适；如果体育锻炼后，第二天的晨脉较以前增加 5 次 /min 以上，说明前一天的活动量偏大，应适当调整运动量；如果长期晨脉增加，则表示近期运动量过大，应该减少运动量，或暂时停止体育锻炼，待晨脉恢复正常后，再进行体育锻炼。

4. 主观感觉

体育锻炼与运动员的运动训练不同，其基本原则是锻炼时要轻松自如，并有一种满足感，这也是锻炼者进行运动量监测的一项主观指标。体育锻炼对身体机能是综合刺激，身体机能的反应也是多方面的，锻炼者可根据自身条件对身体机能进行综合评价，必要时，应在医务工作者的监督下进行。

（四）体育锻炼时要注意合理的呼吸方法

体育锻炼时掌握了合理的呼吸方法，可以有效地提高锻炼效果。对于体育爱好者来说，掌握合理的呼吸方法应注意以下几方面的问题。

1. 采用口鼻呼吸法，减小呼吸道阻力

人体在进行体育锻炼时，氧气的需要量明显增加，所以仅靠鼻实现通气已不能满足机体的需要。因此，人们常常采用口鼻同用的呼吸方法，即用鼻吸气，用口呼气。活动量较大时，可同时用口鼻吸气，口鼻呼气，一方面可以减小肺通气阻力，增加通气，另一方面，通过口腔可加快体内散热。有研究证实，采用口鼻呼吸方式可使人体的肺通气量较单纯用鼻呼吸增加一倍以上。在严冬进行体育锻炼时，张口不要过大，以免冷空气直接刺激口腔黏膜和呼吸道而产生各种疾病。

2. 加大呼吸深度，提高换气效率

人体在刚开始进行体育活动时往往有这种体会，即运动中虽然呼吸频率很快，但仍有一种呼不出、吸不足、胸闷、呼吸困难的感觉。所以，体育锻炼时要有意识地控制呼吸频率，呼吸频率最好不要超过 25 ~ 30 次 /min，加大呼吸深度，使进入肺内进行有效气体交换的量增加。过快的呼吸频率还会因呼吸肌的疲劳造成全身性的疲劳反应，影响锻炼效果。

3. 呼吸方式与特殊运动形式相结合

不同的体育锻炼方式对人体的呼吸形式有不同的要求，人体的呼吸形式可分为胸式呼吸、腹式呼吸和混合呼吸。在运动中，呼吸的形式、时相、速率、深度以及节奏等，必须随技术运动进行自如的调整，这不仅能保证动作质量，同时还能推迟疲劳的出现。

（五）体育锻炼时出现不舒适感觉的措施

人体在体育锻炼过程中有时会出现一些不舒适感觉，这主要是活动时安排不当造成的，但在个别情况下也可能是某些疾病引起的。所以，锻炼者要能够及时判断运动中出现的各种情况，以便科学地进行体育锻炼，防止意外事故的发生。体育锻炼中的不舒适感觉及其一般处理大概有以下几种情况。

1. 呼吸困难、胸闷

运动量过大，机体短时间不能适应突然增大的运动量，而出现呼吸困难、胸闷、动作迟缓、肌肉酸痛等症状，甚至不想继续运动，这种现象在运动生理学中被称为“极点”。当出现上述症状后，一般不用停止体育锻炼，可适当降低运动强度，一般几分钟后，不适感即可消失。

2. 运动中腹痛

运动中腹痛主要有两种情况：一是胃痉挛。如果运动中出现这种情况，可暂时停止运动，做一些深呼吸运动，严重者可作热敷，喝少量温开水，以使症状得到缓解，在以后的运动中，改掉不良的锻炼习惯。二是肝脏充血。出现这种情况，轻者可降低运动强度，休息后再继续锻炼；如果连续几天体育锻炼均出现右上腹疼痛，则应去医院检查。

3. 肌肉疼痛

体育锻炼中肌肉疼痛有以下几种情况：

①运动时肌肉突然疼痛，且肌肉僵硬。这种现象称为肌肉痉挛，多出现在骤冷天气和天气炎热大量排汗时。肌肉痉挛多发生在小腿肌肉或足底。出现肌肉痉挛后，只需缓慢用手牵拉痉挛的肌肉，即可使症状缓解，轻者继续运动，重者可放弃当天的运动，第二天仍可继续参加锻炼。

②肌肉突然疼痛，而且有明显的压痛点。这主要是肌肉用力不当造成肌肉拉伤。肌肉拉伤后应立即停止体育锻炼，并进行冷敷、包扎等应急性措施，然后到就近医院治疗。

③肌肉酸痛。一般在刚开始体育锻炼后几天，连续出现的广泛性肌肉酸痛，无明显的压痛点。这种疼痛是体育锻炼过程中的一个生理反应过程，一般在第一次运动后的第 2 ~ 3 天疼痛最明显，一周左右消失。对于这种情况，没有必要停止体育锻炼，其处理办法可见本节（九）小点。

④慢性肌肉劳损，长时间出现局部性肌肉酸痛，而且连续锻炼不减轻。慢性肌肉劳损的主要特征是肌肉不活动时局部疼痛，而当身体进入活动状态后，疼痛症状减轻或消失。慢性肌肉劳损的恢复时间较长，一旦发现，就应彻底改变错误动作，形成正确的动力定型，以防劳损的发展。同时，应及时去医院治疗。

（六）体育锻炼后不要暴饮暴食

经常从事体育锻炼，可促进胃肠道的蠕动和消化液的分泌，对消化吸收机能可产生良好影响。但是，如果在体育锻炼后不注意饮食卫生，暴饮暴食，则会严重影响锻炼者的身体健康。

合理的饮食习惯应包括以下几点：

①体育锻炼后，不要急于进食，要使心肺功能稳定下来，胃肠道机能逐渐恢复后再用餐。这段时间一般为半小时，如果是下午的较剧烈体育锻炼，间隔的时间应相对更长。

②与体育锻炼后进食不同，体育锻炼后的补水是可行的，只要口渴，在运动后即刻补水，甚至可在运动中补水。在天气较热的情况下，大量排汗引起体内缺水，如不及时补水，可能会造成机体脱水、休克等症状。因此，运动后或运动中的补水是可行的。马拉松

比赛途中设有饮水站，也说明运动中补水是非常必要的。

③补水要注意科学性，不可暴饮。体育锻炼后的补水原则是少量多次，可以在运动后每 20 ~ 30 min 补水一次，每次饮水量 250 mL 左右，夏季时水温 10 ℃左右，其他季节最好补充温水。另外，运动中排汗的同时也伴随着无机盐的流失，因此，运动后最好饮用 0.2% ~ 0.3% 的盐水，也可选用橙汁、桃汁等原汁稀释饮料，不要饮含糖量过高（大于 6%）的饮料，尽可能不饮用汽水。

（七）剧烈运动后切勿立即坐下休息

在进行体育锻炼后，特别是剧烈运动后，有些人习惯坐在地上，或是直接躺下来休息，认为这样可以加速疲劳的消除，其实，这样不仅不能尽快地恢复身体机能，反而会对身体产生不良影响。体育锻炼后应做一些整理活动，这样可以避免头晕等症状的发生，还可以通过改善血液循环，尽快消除疲劳，提高锻炼效果。

在进行整理活动时应注意以下几方面的问题：

①在任何形式运动后都可以做一些放松跑、放松走等形式的下肢运动，促进下肢静脉血的回流，防止体育锻炼后心排血量的过度下降。

②通过“转移性活动”，加速疲劳的消除。所谓转移性活动是指在下肢活动后，进行上肢性整理活动，右臂活动后做左臂的整理活动，通过这种积极性休息使身体机能尽快恢复，大量研究已经证实转移性活动确实可起到加速疲劳消除的作用。

③整理活动的量不要过大，否则，整理活动又会引起新的疲劳。在进行整理活动时，应当有一种心情舒畅、精神愉快的感觉。如果体育锻炼本身的运动量不大，如散步等，就没有必要进行整理活动。

④大强度体育锻炼后，如长距离跑、球类比赛后，应当进行全身性整理活动，必要时，锻炼者可进行相互间的整理活动和放松活动。

（八）体育锻炼后的营养补充

人体在体育锻炼后，除采用休息和积极性体育手段加速身体机能的恢复外，还可以根据不同形式的体育锻炼特点，补充不同的营养物质，以加速疲劳的消除。以营养因素作为身体机能的恢复手段时，应根据不同的运动形式补充不同的营养物质。

在进行力量性练习时，如举重、健美、俯卧撑等，运动中消耗的主要是蛋白质，而肌纤维的增粗、肌肉力量的增加也需要体内蛋白质的合成。所以，在进行力量练习后，应多补充蛋白质类物质。除要补充猪肉、牛肉、鱼、牛奶等动物性蛋白外，还要补充豆类等植物性蛋白，以保证机体丰富而又多品种的蛋白质供给。

在耐力性练习过程中，如长跑、游泳、滑雪等，机体主要进行的是糖类物质的有氧代谢，消耗的主要是淀粉类物质，因此，在运动后可适当多补充些米、面等淀粉类物质。国外有些优秀的长跑运动员在进行耐力训练和正式比赛的前，有意识地多补充含糖较多的淀粉类物质，以增加体内糖的储备，提高训练的效果，在比赛中创造优异成绩。

在进行较剧烈体育锻炼时，如球类比赛、快速跑、健美操等，机体主要靠糖的无氧代谢提供能量，糖在体内进行无氧代谢时，会产生一种叫作乳酸的酸性物质，这种物质在体内的积累，会造成机体的疲劳，并使恢复时间增加。所以，进行较剧烈的运动后多补充一些碱性食物，如蔬菜、水果等，而动物性蛋白等肉类物质则偏“酸”，在运动后的当天可适当减少补充。

无论机体进行什么形式的运动，运动后都要补充维生素类物质，多吃些维生素含量丰富的食物，如绿叶蔬菜、水果、豆类及粗粮等。对于体育活动者来说，运动后一般只需补充天然维生素，没有必要补充维生素制剂。

（九）运动后肌肉酸痛的处理

刚开始进行体育锻炼的人，运动后的第二天甚至以后几天，常常有肌肉酸痛的感觉。有些经常参加体育锻炼的人，在突然增加运动量时，也会有同样的感觉，有些人担心自己受伤了而不敢继续进行体育锻炼，其实，这种担心是多余的。

1. 肌肉酸痛的原因

运动后出现肌肉酸痛多属于生理现象，是机体对训练的正常反应。目前对运动后的肌肉疼痛有多种解释，虽然目前有关运动后肌肉疼痛的准确原因尚不清楚，但比较一致的观点认为，这种疼痛不是病理性的，仍可继续进行体育锻炼。

2. 肌肉出现疼痛后可主要采取的措施

①运动后可采用积极性恢复手段，如做一些压腿、展体等被动性牵拉活动，以使紧张的肌肉充分伸展、放松，改善肌肉组织的血液循环，以缓解肌肉疼痛，使肌肉尽快恢复。在肌肉疼痛完全消失之前，可重复这些牵拉动作，直到不适感完全消失。

②出现肌肉疼痛症状后，不要停止体育锻炼，而应当继续坚持锻炼，这样有助于尽快消除肌肉疼痛。只是运动的强度可以小一些，时间可稍微短一些，多做一些伸展性练习，坚持几天，疼痛症状就会消失。如果停止锻炼，即使疼痛消失，再进行锻炼可能还会出现同样的症状，而且恢复的时间也相对较长。

③可配合使用按摩、热敷或冲热水澡等恢复手段，加快肌肉不适感的消除。

第三节　体育锻炼与环境

一、运动环境对人体健康与运动能力的影响

（一）冷环境的影响

寒冷环境中运动时会带来不利因素，如机体散热快，周围血管收缩，皮肤血流量少，

肌肉黏滞性增加，从而影响运动技能的发挥，且易导致运动损伤和运动性疾病。

（二）热环境的影响

热环境中剧烈运动时，大量排汗，体液丢失较大，循环血量减少，运动能力下降，甚至诱发热痉挛、热衰竭、中暑等。

（三）高原环境的影响

高原低氧环境中运动，对呼吸循环功能影响较大。刚进入其环境不久，常有胸闷、气喘、头昏、口干等不适感觉。长时间后，机体产生适应性变化，血液中 HB 上升、RBC 携氧能力加强、对缺氧的耐受力增强。

二、运动建筑设备的基本要求

（一）运动建筑设备的一般要求

1. 位置选择

要避开污染区，交通方便，利于群众开展体育活动，靠近水源。

2. 坐落方向

室外运动场的长轴最好与子午线平行，即南北方向或长轴与主导风向垂直，室内场馆利用自然采光时，宜坐北朝南，若用人工照明的，可不考虑坐落方向。

3. 采光与照明

自然采光的采光系数标准为 1 ∶ 5 ~ 1 ∶ 3。人工照明的要求是光线必须充足，室内照明度不能小于 5 lx，光线要均匀，不闪烁，不眩目刺眼，不产生浓影，接近日光谱。

应按当地自然条件采取一定的取暖与降温措施，保证室内气温在 23 ~ 25 ℃。

4. 通风

室内通风可采用人工通风和自然通风两种方式来更新室内空气。

（二）室外运动场地与设备的要求

1. 田径场

田径场应合理布局，合乎规格，方便使用，跑道应平整，富有弹性，无浮土，无积水，应有 100 m 以上的直线跑道。跳跃场地的助跑道方向应避开阳光的直接照射。踏跳板应与地面平齐，沙坑的边缘宜用木质做成且与地面平齐，坑内应填满 30% 的锯末与 70% 的沙子，应掘松耙平。跳高、撑竿跳高的沙坑应放置海绵包，并高出地面 1 ~ 1.5 m。投掷区必须明确划分，投掷时严禁他人穿行。铁饼和链球场地应设护笼，即铁丝挡网，以免伤人，投掷器械应当符合年龄、性别及技术要求。室外单双杠、高低杠、抓举、吊环等固定器械要经常检查有无损坏、螺丝松动、锈蚀等问题，发现问题要及时修理。

2. 球场

篮球、排球场地应平坦结实，无碎石、浮土，不滑，最好是三合土地面。足球场最好有草皮，球场周围 2.5 m 内不应有任何障碍物。

（三）室内运动建筑设备要求

1. 体操馆

体操馆使用面积应人均占地 4 m^2，木地板应平坦坚固，无裂缝，墙壁应平坦，馆内光线应充足，符合采光系数标准和人工照明要求。室内最好用吸尘器或湿式抹扫，不能用滑石粉代替镁粉。器械安装应牢固，必要处（如助跑板、弹跳板）应钉防滑皮。器械下方应放海绵垫，两垫之间不要有间隙。

2. 球类馆

球类馆地面应平整结实不滑，无浮土，安装木质地板，光线应充足，符合采光系数标准和人工照明要求。室内灯光安装距地面的高度：篮球馆最少不应低于 7.5 m；排球馆不低于 8.5 m。室内要通风透气，保持空气新鲜，球场边线至墙壁距离不小于 2 m。

3. 游泳馆（池）

游泳馆（池）的顺序应是更衣室→存衣室→厕所→准备活动室→淋浴室→涉水室→游泳池。深浅水池应严格分开，池水应清洁，水质透明，无臭无异味，不允许有藻类繁殖或肉眼可见的浮游生物，池水的理化指标应符合卫生要求，即 pH 为 7.2 ~ 8.0。余氯量小于等于 0.4 mg/L，细菌总数少于 100 个 /mL，大肠杆菌少于 3 个 /L，水温 23 ~ 30 ℃，室温 25 ℃。池壁、池底应平滑，馆内应有准备活动的场地。池底应有一定倾斜度，但不宜太陡，池水要定期净化和消毒。馆内水面水平照度不能低于 200 lx，应有急救设备和救生员。

第四章

田径运动

第一节　田径运动概述

田径运动的发展和演变是一个非常漫长的过程。远在上古时代，人们在和大自然及禽兽的斗争中，为了获得生活资料和保护自身安全而快速奔跑、越过障碍、投掷石块和使用各种捕猎工具。在劳动中不断重复这些动作，便形成了走、跑、跳跃和投掷的生存技能。人们不断地把这些技能传授给下一代，便形成了田径运动的雏形。

最早的田径运动竞赛，可以追溯到公元前 776 年在希腊半岛上举行的古代奥林匹克运动会（以下简称“奥运会”）。从公元前 776 年开始，竞技表演以比赛形式出现，因而人们把这一年作为古代奥运会的起始年代。田径运动是当时的正式比赛项目之一。古代奥运会的田径比赛，最初只有一个项目即短距离跑，距离为 192.25 m，后来逐渐增加了中跑和长跑，也就是把这一距离往返跑 2 ~ 24 次。后又陆续增添了跳跃和投掷项目。古代奥运会共举行了 293 届，于公元前 394 年废止。

田径运动是人类走、跑、跳、投等基本运动技能的高度发展和集中体现。

一、田径运动的特点

1. 场地、器材、设备比较简单，易于开展

除比赛项目外，田径类运动对技术要求不高，所需器材、设备简单，花费较少，锻炼时能充分利用室外自然条件，因而参加人员较多，开展范围也较广。

2. 不受人数、年龄、性别的限制，机动性较强

田径类运动的技术来源于人类的基本活动方式，锻炼者不经过特殊学习就能掌握一般技术。它不受参加人数的限制，可以是一个人，也可以是几个人或几十个人；运动强度和运动量可以根据年龄、性别和体能状况等因素进行调控，以达到适宜的运动状态。

3. 练习多在室外进行，可以充分享受日光、空气、环境等自然条件

田径类运动使锻炼者享受大自然和煦的阳光，呼吸清新的空气。当人融入大自然时，明白人与自然协调发展的重要性，热爱人类赖以生存的大自然，并在不断变化的环境中实现完善自我的目的。

4. 体验户外生活，精神放松，愉悦身心

人们长期生活在纷繁喧嚣的都市里，更加渴望回归自然，放松疲惫的身心。室外的蓝天白云、清澈见底的溪水、芳香扑鼻的花草、青翠欲滴的树林、悦耳动听的鸟鸣，使人们忘记烦恼，心情愉快，尽情享受大自然。

二、田径运动的分类

经常参加田径运动，能够全面发展力量、速度、耐力、灵敏、柔韧等身体素质，并能促进机体的新陈代谢，使神经、肌肉、骨骼等系统更加健全，使内脏器官的机能得到改善和提高。

1. 短距离项目

短距离项目是人体在无氧条件下进行的一项运动，能提高人体的最大摄氧量，有助于提高中枢神经系统兴奋和抑制的灵活性。它是发展快速运动能力和提高无氧代谢水平的重要手段。短距离比赛项目包括 100 m、200 m、400 m 与女子 100 m 栏、男子 110 m 栏与 400 m 栏。

2. 中、长跑项目

中跑及长跑项目能增进心血管系统和呼吸系统的工作能力，它是发展有氧代谢能力、提高心肺功能和耐力水平的有效手段，还能够培养人们吃苦耐劳、勇敢顽强的意志品质。中跑包括 800 m、1 500 m、3 000 m 以及 3 000 m 障碍跑；长跑有 5 000 m、10 000 m 以及马拉松、竞走等。

3. 跳跃项目

跳跃项目可以发展人体短时间、高强度神经系统活动和肌肉用力的能力，它是提高身体控制和集中用力能力，发展协调性、灵敏性的有效手段。跳跃比赛项目包括跳高、撑竿跳高、跳远以及三级跳远。

4. 投掷项目

投掷项目是表现人体力量的运动，能够发展人体肌肉力量，提高人体肌肉神经反应与灵活性，是发展力量素质的有效手段。投掷比赛项目有铅球、标枪、铁饼以及链球。

第二节 田径部分项目基本技术练习及指导

一、短跑基本技术与练习方法

400 m 以下（包括 400 m）的径赛项目都属于短距离跑，简称短跑。其特点是：快速短距离跑时，人体的生理负荷很大，其供能方式是以无氧代谢为主。短跑是人体器官和内脏器官在大量缺氧的条件下完成最大强度的工作，属于最大强度的周期性运动项目。因此，短跑是田径运动的基础项目，它对整个田径运动水平的提高有一定的影响，在其他运动项目的训练中也有重要意义。

（一）短跑基本技术

短跑基本技术一般分为起跑、起跑后的加速跑、途中跑、终点冲刺跑和弯道跑 5 个部分。

1. 起跑

起跑的任务是使身体迅速摆脱静止状态，尽可能获得向前的最大冲力，为起跑后发挥最高速度创造有利条件。规则规定，必须采用蹲踞式起跑，使用起跑器，四肢不能离开地面。

（1）起跑器的安装

安装起跑器的目的是使两脚有牢固的支撑，形成良好的用力姿势，有利于获得较快的起跑速度。

起跑器的安装方法有“普通式”“接近式”“拉长式”三种（图 4-1），前后起跑器的支撑面与地面分别成 45° ～ 55° 和 70° ～ 80° 。

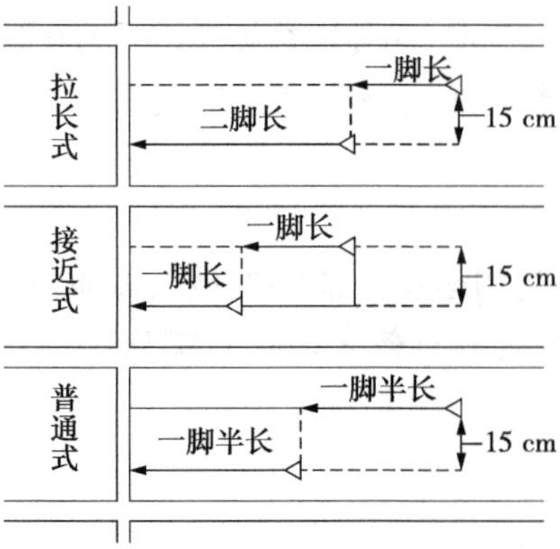

图 4-1 起跑器的安装方法

（2）起跑技术

起跑过程包括“各就位”“预备”“鸣枪”（或“跑”）三个阶段。

听到“各就位”口令后，做几次深呼吸，轻松地走到起跑器前，两手撑地，两脚依次蹬在前后起跑器的抵足板上，脚尖应触及地面，后膝跪地，两手在起跑线后撑地，两手间隔比肩稍宽，四指并拢与拇指构成“八”字形，两臂伸直，肩与起跑线齐平，颈部放松，头微低。注意听“预备”口令（图4-2①）。听到“预备”口令后，平稳地抬起臀部，使之稍高于肩，重心适当前移，肩部稍超出起跑线，身体重量主要落在前脚和两臂上。两脚紧贴起跑器，注意力集中在听觉中枢，等待“鸣枪”的信号（图4-2②）。听到枪声（或“跑”的口令）后，两手迅速推离地面，并用力前后摆臂；两腿迅速蹬离起跑器，使身体向前上方运动。第一步脚落地要积极有力，并需落在起跑线前一脚到一脚半的地方，再配合两臂的有力摆动，由起跑进入疾跑（图4-2③④）。

图4-2　起跑过程

2. 起跑后的加速跑

起跑后的加速跑的重要任务，是在起跑的基础上争取在较短的距离内获得最高跑速。一般疾跑段为25 ~ 30 m。

起跑后的第一步不宜过大，一般为三脚半至四脚长，第二步为四脚至四脚半长，以后逐渐加大直至途中跑步长。由起跑转入疾跑，不要有任何停顿和跳跃现象，腿要充分后蹬，髋前送，身体与地面的夹角逐渐加大，步频逐渐加快，两臂摆动有力，以后自然转入途中跑。

3. 途中跑

途中跑是短跑全程中距离最长、速度最快的一段，其任务是继续高速度跑。途中跑的速度取决于两腿摆的效果、上体正确姿势和两臂的正确配合，以及肌肉交替用力和放松的协调配合能力。

途中跑技术动作的基本要求：头和上体端直稍微前倾；两臂以肩关节为轴前后轻快有力地摆动，前摆时肘关节呈60° ~ 90°，摆动高度为手稍超过下颚，并伴随着同侧肩前送和异侧肩后引的动作；臂后摆时肘关节稍朝外，大小臂夹角约为90°，摆动经过身体时，角度约为130°；下肢前摆着地缓冲时要快速、有力、柔和，后蹬时脚关节要伸展和送髋。总之，途中跑的过程中，动作要轻松有力，协调自然，步幅大，步频快，重心平稳，直线性好。

4. 终点冲刺跑

终点冲刺跑是全程跑的最后一段，其任务是保持途中跑的跑速并完成撞线动作。

终点冲刺跑的技术与途中跑技术基本相似，要求在离终点线15 ~ 20 m处尽力保持上体前倾角度，加快两臂摆动的速度，在跑到离终点线前一两步时上体急速前倾，用胸或肩部触及终点线。跑过终点线后逐渐减速。

5. 弯道跑

短跑中的200 m和400 m跑，有一半以上的距离是在弯道上跑的。为了适应弯道跑，技术上也有相应的变化。

（1）弯道起跑

为了使弯道起跑后有一段直线加速跑，应将起跑器安装在弯道的右侧，并使起跑器对着弯道的切点。起跑时，左手撑在起跑线后沿5 ~ 10 cm处，使身体对着弯道的切点。

（2）弯道跑技术

为了克服弯道跑产生的离心力，必须改变身体姿势及后蹬和摆动的方向以产生向心力。在弯道跑后蹬时右脚用前脚掌的内侧用力，左脚用前脚掌的外侧用力。右腿前摆时，右腿的膝关节稍向内，前摆幅度要比左脚大些；左腿前摆时，左腿的膝关节稍向外。右臂摆动的力量和幅度都应大于左臂，右臂前摆稍向左前方，后摆时肘关节稍朝外，左臂摆动稍离开躯干。总之，弯道跑的蹬地与摆动都应与身体向圆心倾斜方向趋于一致。

从弯道跑进直道，应在弯道的最后几米，同时身体逐渐减小内倾程度，顺着惯性跑2 ~ 3步。

（二）短跑练习方法

1. 练习蹲踞式起跑和加速跑的方法

①学习安装起跑器的方法，让学生按普通式起跑器安装的要求进行练习。

②学习“各就位”和“预备”技术。

③集中注意力听发令起跑30 ~ 50 m。

④练习弯道起跑30 ~ 50 m。

2. 练习途中跑的方法

①学习摆臂技术。原地成弓箭步前后摆臂练习。

②学习中等速度的反复跑60 ~ 100 m。要求跑的动作放松、协调。

③两人并列中速反复跑80 ~ 100 m。体会摆臂和着地技术的动作要领。

④快速跑80 ~ 100 m。要求：加速—最大速度—放松—加速—放松。

3. 练习终点冲刺跑的方法

①加速跑30 ~ 40 m冲过终点线。

②在60 ~ 100 m距离上每隔30 ~ 40 m画一终点线，连续做撞线练习。

4. 练习全程跑的方法

①蹲踞式起跑60 ~ 120 m。

②计时跑50 m、100 m。

5. 跑的专门性练习

跑的专门性练习的目的是体会跑的技术动作要领，纠正动作错误，发挥腿部力量和加快动作频率，提高跑的能力。

①小步跑，体会扒地动作，提高跑的频率。

②高抬腿跑，增强抬腿肌肉力量，提高频率。

③后蹬跑，体会用力顺序，增强后蹬力量。

二、跨栏跑基本技术与练习方法

跨栏跑起源于英国。国际比赛跨栏项目有男子 110 m 栏（栏高 106.7 cm）、400 m 栏（栏高 94 cm），女子 100 m 栏（栏高 84 cm）、400 m 栏（栏高 76 cm）。

（一）跨栏跑基本技术

1. 起跑至第一栏的技术

起跑的过程与短跑基本相同，起跑至第一栏起跨点一般采用 8 步起跨，起跑时应把起跨脚放在前起跑器上。起跑后上体抬起应比短跑时来得快。

2. 过栏技术

过栏是跨栏技术的关键部分，它由起跨、腾空过栏和下栏着地等动作组成。

①起跨前应保持较高的跑速，最后一步比前一步的步长小一点，当起跨腿脚掌着地时，摆动腿由体后向前摆动，大、小腿在体后开始折叠，膝关节摆至超过腰部高度。两腿蹬摆配合完成起跨，运动过程中上体随之加大前倾，摆动腿异侧臂往前上方摆出，另一臂屈肘摆至体侧，形成“攻栏姿势”。

②腾空过栏：腾空后身体重心沿着起跨所形成的腾空轨迹向前运行。起跨腿蹬离地面后，摆动腿大腿继续向前上方摆至膝关节超过栏架高度，小腿迅速前摆，当脚掌接近栏架时，摆动腿几乎伸直，脚尖微微上翘。摆动腿的异侧肩臂一起伸向栏架上方。上体加大前倾，使头部接近或超过摆动腿的膝略高于踝。

③下栏着地：摆动腿积极下压，起跨腿加速向前提拉，以髋为轴完成两腿剪绞动作，摆动腿脚掌移过栏架的同时，起跨腿屈膝外展，小腿收紧抬平，脚尖勾起足跟靠臀，以膝领先经腋下加速前拉，当脚掌过栏后，膝继续收紧向身体中线高抬，脚掌沿最短路线向前摆出，身体成高抬腿跑的姿势，伸直下压的摆动腿在接触地面时，前脚掌做积极扒地动作。

3. 栏间跑技术

110 m 栏间三步步长不等，每步步速和支撑、腾空时间的关系都有变化，这就构成栏间跑所特有的节奏。

栏间跑第一步的水平速度因过栏有所降低，蹬地起步时膝关节始终伸直，因而第一步短于后面两步。第二步的动作结构和支撑及腾空时间关系大致与短跑的途中跑相同。

第三步因准备起跨而形成一个快速短步，动作特点与跨第一栏的最后一步相同。

（二）跨栏跑练习方法

1. 跨栏坐

坐在地上做模仿过栏时腿部和手臂动作，以初步建立过栏时手、腿配合的技术概念，发展柔韧性。

2. 攻摆练习

模仿练习跨栏步上栏动作，以学习掌握攻摆时起跨腿充分蹬伸和摆动腿屈膝前摆高抬技术，提高积极攻栏意识。

3. 摆动腿过栏模仿练习（鞭打练习）

摆动腿前摆高抬积极下压小腿，前伸着地，以学习摆动腿过栏的动作。

4. 原地起跨腿提拉过栏练习

学习掌握起跨腿的过栏技术，提高髋关节的柔韧性和灵活性。

5. 跨栏步模仿练习

在走步中模仿两腿的过栏动作，以强化过栏时上下肢协调配合的完整技术。

6. 栏侧攻摆和提拉过栏练习

在走步中从栏侧完成过栏动作。

7. 栏间节奏跑模仿过栏练习

初步建立三步过栏和跑栏的概念。

8. 摆动腿过栏

学习摆动腿的过栏，鞭拉过栏技术。

9. 放松跑过栏

以中等速度跑进，在栏侧和栏上做完整跨栏动作，以掌握正确的过栏技术。

三、背越式跳高基本技术与练习方法

背越式跳高又称“福斯贝里式跳高”，是急行跳高姿势之一。助跑步数为 8 ~ 12 步，前段跑直线，后段跑弧线，用离横杆较远的腿起跳。起跳离地后，保持伸展姿势向上腾起，并在摆动腿及其同侧手臂的带动下，加速身体围绕纵轴旋转，使身体背对横杆；当头、肩越过横杆后，及时仰头、倒肩、展体、挺胸，并稍后收双腿，形成杆上背弓姿势，同时身体重心尽量靠近横杆，以充分利用腾空高度；当身体重心移过横杆后，应加速向上甩腿越过横杆。过杆后以背部落垫。

（一）背越式跳高基本技术

1. 助跑阶段

助跑阶段是指从起动开始，经过一段距离的跑动（全程助跑一般跑 8 ~ 12 步），最后踏上起跳点的这一技术阶段。一般包括起动方式、助跑路线、助跑距离和节奏等方面。

2. 起跳阶段

起跳阶段是指起跳脚踏上起跳点，在摆动腿的配合下，经过着地、缓冲、蹬伸和蹬离地面跳起的这一阶段。起跳阶段的技术是跳高的关键技术。

3. 过杆与落地阶段

过杆与落地阶段是指起跳腾空后，身体各部分利用合理技术动作越过横杆，并安全地落在海绵包上的技术阶段。

（二）背越式跳高技术特点

背越式跳高助跑的主要特点是弧线助跑，助跑线一般为“J”形。其优点是：助跑的预备段是一条直线或曲率很小的曲线，因此便于全程加速和发挥速度；向弧线过渡时比较平缓自然，可以避免停顿或减速；弧线曲率由大变小，使身体逐步加大内倾；最后一步与横杆呈 20° ~ 30°，以保证人体在腾空后，有一个适宜的相对横杆的垂直位移距离。

（三）背越式跳高练习方法

背越式跳高的助跑和起跳要准备充分，两者之间要结合好，相互协调才能更好地跳高。在起跳的时候注意人体的重心向上顶，千万不要过早地倒杆（向杆冲），然后是空中的动作，刚学习背越式跳高需要跳 2 000 次左右才能动作定型。

提高自己的弹跳力，可以练习杠铃和助跑起跳摸高。

空中动作，可以通过下腰和原地过杆练习。

自然弹跳力训练的方法有各种行进间跳跃，跨步跳、单足跳 20 ~ 30 m，计时、四步助跑五级跳。专项弹跳力训练的方法有带助跑 4 ~ 5 步的跳跃，计时 30 ~ 60 m，跳跃及各种跳深、跳栏架、跳台阶、综合跳等。

一般力量素质的训练方法有肋木举腿、高抬腿走、实心球练习等。专项力量的训练方法有负重弓箭走、负重蹬台阶 4 cm、负重半蹲起及利用其他器械练后群肌、小肌群力量。

协调性训练有各种体操技巧练习。各种绕栏、跨栏跑，各种球类运动等均能提高运动员的灵敏和协调能力。

一般速度训练的方法有 30 ~ 60 m 反复跑、100 ~ 150 m 反复跑、30 ~ 60 m 追逐跑。专项速度训练的方法有弧线跑 30 m 计时、全程助跑计时、后四步助跑计时、下坡跑接弧线跑 20 m、快速摆臂摆腿的模仿练习、快速起跳练习。

四、推铅球基本技术与练习方法

（一）推铅球基本技术

推铅球基本技术由握球、持球、预备姿势、滑步、最后用力和铅球出手后维持身体平衡 6 个部分组成。

1. 握球

五手指自然分开，把铅球放在食指、中指和无名指的指根处，拇指和小指扶在球的两侧，手背屈，掌心不要触球。手指、手腕力量较强者，可将铅球适当地移向手指上方；手指、手腕力量较弱者，可把铅球放在靠近指根处，手指相对靠拢一些。

2. 持球

握好球后，将球放在锁骨窝处，贴紧颈部，头部稍右转，右肘抬起稍低于肩，掌心向内，左臂自然上举。

3. 预备姿势

高姿势：持球后背对投掷方向，站在圈内靠近后沿处，两脚前后开立相距 20 ~ 30 cm，右脚在前，脚尖紧靠投掷圈后沿，左腿在后并自然弯曲，以前脚掌或脚尖着地，左膝稍屈，上体正直放松，左臂自然上举，体重落在伸直的右腿上。

低姿势：持球后背对投掷方向，站在圈内靠近后沿处，两脚前后站立，相距 50 ~ 60 cm（根据身高和下蹲的程度而定）。左脚在后，以前脚掌或脚尖着地，右脚尖贴近圆圈指向投掷相反方向（脚也可稍内转）。左臂自然下垂，左肩稍向内扣，两腿弯曲，上体前屈。

4. 滑步

滑步是直线预加速形式，滑步对投掷成绩影响很大，技术完善的滑步推铅球的成绩要比原地推铅球远 1.5 ~ 2.5 m。

滑步技术包括左腿摆动、团身、滑步 3 个环节。左腿摆动和团身是滑步前的准备动作，对降低身体重心、加大铅球运行距离和顺利进入滑步有重要的作用。预备姿势做好后，上体逐渐前屈，弯曲的左腿平稳地向后上方摆起，左臂前伸或自然下垂。然后，右腿逐渐弯曲下蹲，左腿下落回收并向右腿靠拢，形成团身姿势。此时，上体与地面接近平行，右膝弯曲程度根据个人特点而定，左膝靠近右膝，体重落在右腿上。

团身动作完成后，臀部先向投掷方向移动，使身体重心移离右脚支撑点，便于滑步和避免在滑步过程中身体重心起伏过大。随臀部后移，左腿以大腿带动小腿快速向抵趾板方向摆出，同时右腿积极地蹬伸，两腿摆、蹬协调配合，推动身体向投掷方向快速移动，这时两大腿充分拉开，左腿自然伸直与躯干约成一直线。接着迅速收拉右腿，在收拉右腿过程中，右膝向内扣，右脚尖向内转动，以前脚掌在投掷圈圆心附近着地，脚尖与投掷方向呈 90° ~ 135°。随后收拉右腿动作，左腿外旋并积极下压，带动髋部向左转动，迅速以前脚掌内侧着地，与右脚跟在一条直线上，上体仍保持背对投掷方向的姿势。

滑步结束时要形成良好的超越器械动作，上体不抬起和左转，左臂伸于体前，协同左肩内扣，体重大部分落在右腿上，铅球投影点远离右脚支撑点，为加长最后用力的距离创造条件。

5. 最后用力

最后用力从左脚落地前开始至铅球出手结束，右脚着地后右膝内扣，标志着右腿开始发力，左脚着地后，右腿继续迅速有力地蹬伸，推动髋部向投掷方向积极前移，髋轴进一步超越肩轴，并带动上体在转动中逐渐抬起。为加快上体的转动和抬起，左臂由胸前向左前上方牵引摆动，使身体由背对投掷方向转至侧对投掷方向，此时肩轴仍落后于髋轴，上体向右倾斜，左臂和左肩高于右肩，身体形成推球前的侧弓姿势。右腿不停顿地蹬转，加速右髋向投掷方向转送和上体的前移，体重逐渐移至左腿，使左膝被动微屈，左臂摆向身体左侧并屈肘制动。在身体左侧的配合下，两腿充分蹬伸，快速转体，抬头挺胸，送肩伸臂，使肩轴超过髋轴，用力推出铅球。铅球将要离手时，快速屈腕，手指拨球，以提高铅球出手初速度。铅球出手角一般为 34° ~ 39° 。

6. 铅球出手后维持身体平衡

铅球离手后，迅速交换两腿位置，同时身体左转，及时屈膝降低身体重心，从而减缓人体向前的冲力，维持身体平衡，避免出圈犯规。

（二）推铅球的练习方法

1. 推铅球的技术练习方法

原地双手正面推铅球 15 ~ 20 次，原地双手侧向推铅球 15 ~ 20 次，原地单手正面推铅球 15 ~ 20 次，原地单手侧向推铅球 15 ~ 20 次，上步推铅球 15 ~ 20 次，徒手预摆练习 15 ~ 20 次，徒手滑步练习 15 ~ 20 次，徒手背向滑步推铅球 15 ~ 20 次，背向滑步推铅球 15 ~ 20 次。

2. 素质练习方法

克服自身体重的力量练习：俯卧撑、双杠屈臂撑、单脚跳、蛙跳等。

负重力量练习：负重杠铃下蹲、杠铃抓举、杠铃卧推、负重杠铃体侧屈、仰卧起掷实心球等。

五、其他日常跑、跳、投练习项目与方法简介

（一）有氧跑

1. 练习目的

发展心肺功能，增强有氧代谢能力。发展腿部、腰腹与上肢肌肉力量。

2. 练习要求

躯干正直或稍前倾，挺胸、收腹、拔腰，头部正直，颈部放松。两手指自然伸直或半握拳，双臂以肩为轴轻快有力地贴身前后摆动。前摆时，手的高度略超过下颌；后摆时，摆至上臂约与肩同高。下肢技术要求以髋为轴的高速摆动，其动作结构包括腾空、着地缓冲、后蹬、前摆 4 个阶段。

（二）高跳

1. 直腿跳

动作要领：原地直立，双腿同时蹬地，以踝关节为轴，尽量直膝向上跳，连续不间断，两臂协调配合摆动。

2. 深蹲跳

动作要领：双脚自然开立，全蹲，双腿同时发力蹬地，向上跳起，两臂自然向上摆。落地时前脚掌过渡到全脚掌缓冲着地，还原成全蹲，接着做下一次。

3. 团身收腹跳

动作要领：原地半蹲跳起，两腿并拢，屈膝团身大腿尽量触及胸部，两臂协调配合摆

动。落地时前脚掌过渡到全脚掌缓冲着地，还原成半蹲，连续练习。

（三）远跳

1. 单足跳

动作要领：单腿连续向前大幅度远跳，或者较快频率小幅度远跳，两臂前后摆动配合。

2. 跨步跳

动作要领：一腿用力蹬地，摆动腿积极前摆，在空中形成大跨步，并保持较长滞空时间，接着摆动腿迅速着地，为下一次跨步跳动作做准备。

3. 立定三级跳

动作要领：原地分腿站立，两腿同时用力向前跳起，第一跳为单腿跳，第二跳为跨步跳，第三跳两腿迅速并拢，收腹举腿前伸落地。

（四）双手头后向前掷实心球

两手十指自然分开，把球放在两手掌上，两手的食指、中指、无名指和小指放在球的两侧将球夹持，两大拇指紧扣在球的后上方成“八”字，以保持球的稳定。持好球后，两脚前后开立（或左右开立）比肩稍宽，前脚尖离起掷线 20 ~ 30 cm，前后脚距离一个脚至一个半脚，后脚脚跟稍微离地，两手持球自然，身体肌肉放松，重心落在两脚中间偏前，眼睛看前下方。

预摆。预摆是为最后用力提高实心球的初速度创造良好条件，预摆次数因人而异，一般是一至二次。当最后一次预摆时，此时球是从前下方经前至头后上方，加快球的摆速，此时，两膝稍屈，躯干稍向后屈。

最后用力。当预摆结束时，两腿膝关节、踝关节快速用力蹬伸，体前肌肉收缩，与此同时，快速用力向前上方挥臂，将实心球向前上方掷出。球将离手时，应做屈腕和手指拨球动作。

维持身体平衡。实心球离手后，迅速交换两腿位置，同时身体左转，及时屈膝降低身体重心，从而减缓人体向前的冲力，维持身体平衡，避免踏出起掷线犯规。

（五）健身走、健身跑的技术特点和练习方法

1. 健身走的技术特点和练习方法

健身走的方式方法有很多，不同的方式方法对身体有不同的好处。在进行健身走的锻炼中，我们不一定只保持一个动作持续地走下去，换个方式走会对身体有更全面的作用。如直行向前走、S 形走、倒着走、爬行走、拍打走、绕圈走、横着走、变速走和混合走等。

（1）大步向前走

练习目的：全面发展腿部肌肉力量和腰腹肌肉力量，促进新陈代谢，增强体质。

技术要领：挺胸抬头，目视前方，两臂靠近体侧并放松且前后摆动，与双腿的蹬摆动

作协调配合；向前迈步时，大腿高抬，小腿自然放松，膝关节与脚尖正对前进方向，脚跟先着地并过渡到全脚掌，支撑前脚掌积极发力。

（2）足尖走

练习目的：发展腓肠肌、腰腹肌、颈夹肌、棘肌，增强协调性。

技术要领：头部正直，目视前方，挺胸立腰，两臂靠近体侧自然前后摆动，膝关节与脚尖正对前进方向，脚跟离地，保持前脚掌着地。

（3）弓箭步走

练习目的：发展股四头肌、大腿后群肌、臀大肌、髂腰肌、腰腹肌，增强髋、膝、踝柔韧性，增强下肢力量及协调性。

技术要领：抬头挺胸，双眼目视前方，双手叉腰，两腿前后成弓步站立，膝关节与脚尖正对前进方向，上体直立，身体重心平稳，双腿交替走成弓步。

（4）足跟走

练习目的：发展胫前肌、股四头肌、腰腹肌，增强协调性。

技术要领：头部正直，目视前方，挺胸立腰，上体略向前倾，两臂靠近体侧自然前后摆动，膝关节与脚尖正对前进方向，前脚掌离地，保持脚跟着地。

2. 健身跑的技术特点和练习方法

跑是人体水平位移的一种基本运动形式，是单脚支撑与腾空相交替、蹬与摆相配合的周期性运动。跑步中的一个周期是由一个复步（即跑两步）构成的。它需要经过两个支撑时期和两个腾空时期。

跑步锻炼是人们最常采用的身体锻炼方式之一，这主要是因为跑步技术要求简单，无需特殊的场地、服装或器械。跑步包括短跑、中跑、长跑、越野跑和跨越障碍跑等。进行长跑锻炼时，应保持匀速，时间持续 20 min 以上，心率保持在 120 ~ 150 次 /min。通过跑步练习，可以有效地改善心肺功能，机体的耐力工作能力得以提高，还可以消耗体内多余脂肪，避免单纯性肥胖。大学生坚持长跑锻炼，能培养其坚忍的毅力和良好的意志品质。

第三节 田径比赛规则

运动竞赛是指在一定组织框架内进行的有组织、有计划、有程序的竞赛活动，运动员须在规则的约束下、在裁判员的监督下进行公平的竞赛。基层田径运动会的比赛规则可参照中国田径协会审定的《田径竞赛规则》，从实际出发进行一些变动，并在领队、教练员会议上说明有变动的部分。

一、田径比赛通则

①参加比赛的运动员必须佩带号码布，否则不得参加比赛（除跳高和撑竿跳高以外，其他项目必须在胸前和背后佩带两个号码，且必须与秩序册中一致。如采用终点摄影装置，短裤侧面须带胶带式号码）。

②在径赛分道跑和部分分道跑项目的比赛中，运动员应自始至终在自己的分道内跑（下列情况除外：运动员在直道上跑出自己的分道或在弯道上跑出了自己分道的外侧分道线，未从中获利，也未阻挡别人）。

③径赛运动员挤撞或阻挡别人而妨碍别人走或跑时，应取消其比赛资格。在比赛中如发生此类情况，有关裁判长有权命令未被取消资格的运动员重赛。如发生在预赛，可允许任何由于受推或阻挡而受到严重影响的运动员参加下一赛次的比赛。在田赛的某一次试跳、试掷中，因故受阻的运动员，有关裁判长有权给予其重新试跳、试掷的机会（不管是否取消比赛资格，在特殊情况下，裁判长如认为重新比赛是公正和有理由的，可下令重赛）。

④如果一名运动员参加两项径赛和一项田赛或多项田赛，则有关裁判长可以允许该运动员在某一轮的比赛中，或在跳高和撑竿跳高的每次试跳中以不同于赛前抽签排定的顺序进行试跳（掷）；如果该运动员在轮到他试跳（掷）时未到，一旦该次试跳（掷）时限已过，则应视其该次试跳（掷）为免跳（掷）。

⑤在所有的田赛远度项目中，记录测量距离的最小单位均为 0.01 m，不足 1 cm 不计。

⑥各项竞赛名次判定与成绩相等时的处理办法。

a. 径赛项目。判定运动员到达终点的名次是以运动员躯干（不包括头、颈、四肢）的任何部分抵达终点线后沿的先后顺序为准。以决赛成绩判定该项目的最后名次，而不是以预、次、复赛的成绩来判定。

如遇两人或两人以上成绩相等时，采用下列方法解决：在任一赛次中，若成绩录取进入下一赛次时出现成绩相等的情况，则终点摄影主裁判应考虑有关运动员的 1/100 s 的实际时间。如果成绩依然相等，则有关运动员均应进入下一赛次。如实际条件不允许，则应抽签决定进入下一赛次的人选。

决赛中出现第一名成绩相等，有关裁判长有权根据实际情况决定这些成绩相等的运动员是否重新比赛。如该裁判长认定无法安排重赛，则成绩相等的运动员名次并列。其他名次的运动员成绩相等时，按并列处理。当使用手计时出现成绩相等时，应根据判读的 1/100 s 成绩处理。

b. 田赛高度项目的名次判定与成绩相等时的处理方法：每名运动员应以其最好的一次试跳成绩，包括因第一名成绩相等而进行的决名次赛的试跳成绩，作为其最后的决定成绩，然后以个人最好成绩排列名次。

按下列规定解决成绩相等：在出现成绩相等的高度上，试跳次数较少者名次列前；如成绩仍然相等，则在包括最后跳过的高度在内的全部比赛中，试跳失败次数较少者名次列前；如成绩仍相等，涉及第一名时，则在造成其成绩相等失去了继续试跳权利的最低失败高度上，每人再试跳一次。如有关运动员都跳过或都未跳过而仍不能判定名次，则横杆应提升或降低：跳高为 2 cm，撑竿跳高为 5 cm。其应在每个高度上只试跳一次，直到分出名次为止。有关运动员必须参加决定名次的每次试跳，如成绩相等而不涉及第一名时，则运动员的比赛名次并列（注：以上 2 条不适于全能比赛项目）。

c. 田赛远度项目的名次判定与成绩相等时的处理方法：以全部试跳（掷）的最好一次成绩来判定名次。如成绩相等，应以其次优成绩判定名次；如仍相等，则以第三优成绩判定，以此类推。如仍相等，并涉及第一名者，则令成绩相等的运动员按原比赛顺序进行新的一次试跳（掷），直到决出名次为止。

d. 全能项目的名次判定与成绩相等时的处理方法：以运动员全部单项得分的总和排定名次，总积分多者名次列前。如总积分相等，应以单项得分多的项目较多者名次列前；如仍不能判定，则以任何一个项目单项得分高者名次列前。如再次成绩相等，则以第二得分高的单项分数较高者列前，以此类推。

e. 团体总分名次的判定与总分相等时的处理方法：总积分较多者列前；如总积分相等，应以破纪录项或次数多者列前；若再相等，则以第一名多者列前；若仍相等，则以第二名多者列前，以此类推。

二、径赛主要规则

①起跑 400 m 及 400 m 以下（包括 4 × 200 m 和 4 × 400 m 接力的第一棒）各项目，运动员必须使用起跑器进行蹲踞式起跑。在“各就位”口令之后，运动员必须走向起跑线，在自己的分道内和起跑线后做好准备姿势。双手和一个膝盖应触地，两脚应接触起跑器。发出“预备”口令时，运动员应立即抬高身体重心做好最后的起跑姿势，此时运动员的双手仍须与地面接触，两脚不得离开抵脚板。运动员已就位时，其双手或双脚均不得触及起跑线或线前地面。

②跨栏跑运动员有意用手推或用脚踢倒栏架，应取消其比赛资格。除上所述情况外，运动员碰倒栏架，不应取消其比赛资格，也不妨碍承认其成绩。

③接力跑。运动员必须手持接力棒跑完全程。如发生掉棒，必须由掉棒运动员捡起。允许掉棒运动员离开自己的分道捡棒，但不得因此缩短比赛距离。如遵守上述程序且并未侵犯其他运动员，则不因掉棒而被取消比赛资格。在所有接力赛跑中，都必须在接力区内传递接力棒。仅以接力棒的位置决定是否在接力区内完成接力，而不取决于运动员的身体或四肢的位置。在接力区外传接棒将被取消比赛资格。

三、田赛主要规则

（一）跳高

①应抽签排定运动员的试跳顺序；运动员必须用单脚起跳。

②如出现下列情况之一者，应判为试跳失败：

a. 试跳后，由于运动员的试跳动作，横杆未能留在横杆托上。

b. 在越过横杆之前，运动员身体的任何部位触及立柱前沿（离落地区较近的边沿）垂直面以外的地面或落地区。如果运动员在试跳中一只脚触及落地区，而裁判员认为其并未从中获得利益，则不应因此而判该次试跳失败。

③运动员可以在主裁判事先宣布的横杆升高计划中的任何一个高度上开始试跳，也可在以后任何一个高度上根据自己的意愿决定是否试跳。但在任何高度上，只要运动员连续三次试跳失败，即失去继续比赛的资格（因第一名成绩相等而进行的决名次赛的试跳除外）。

④运动员在某一高度上第一次或第二次试跳失败后，允许其在第二次或第三次试跳时请求免跳，并在后续的高度上继续试跳。但只要在某一高度上请求免跳后，则不准在该高度上恢复试跳，除非出现第一名成绩相等的情况。

注：所有测量应以厘米为单位，从地面垂直量至横杆上沿最低点。

（二）远度项目

应抽签决定运动员试跳（掷）的顺序。如参赛运动员超过 8 人，则每名运动员均有 3 次试跳（掷）机会，有效成绩最好的前 8 名运动员可再试跳（掷）3 次。如出现第八名成绩相等，按田赛远度项目成绩相等的规定处理。当运动员的人数只有 8 人或少于 8 人时，每人均有 6 次试跳（掷）机会。丈量成绩时，应从运动员身体或四肢的任何部位在落地区内的最近触地点量至起跳线或起跳线的延长线。测量线应与起跳线或其延长线垂直。

第五章

体操运动

第一节　体操运动概述

一、体操运动的概念

“体操”是对所有体操项目的总称，而不是具体哪个项目的名称。依据目的和任务的不同，体操可分为基本体操和竞技性体操两大类。基本体操是指动作和技术都比较简单的一类体操，其主要目的、任务是强身健体和培养良好的身体姿态，它所面对的主要对象是广大的人民群众，最常见的有广播体操和为防治各种职业病的健身体操。但是，生活中提到的体操一般指竞技体操。

目前，竞技性体操包括竞技体操、艺术体操、健美操、技巧、蹦床 5 项运动。其中，竞技体操男子项目有自由体操、鞍马、吊环、跳马、双杠、单杠 6 项，女子项目有跳马、高低杠、平衡木、自由体操 4 项。由于竞技体操的历史最久远，可以说是竞技性体操中的“老大哥”，因此直到现在人们还通常习惯用“体操”来称呼“竞技体操”。

二、体操运动的特征

竞技体操项目多，动作构成多，技术复杂，且需不断地加难创新，因此对体能的要求非常高。可以说，在所有的体育项目中，体操项目对体能要求是最全面的。

竞技体操包含了悬垂、支撑等各种翻腾、旋转、空翻、转体、回环、倒立、支撑水平等高难度动作，对运动员神经支配控制自己身体肌肉发力的能力，对身体的灵敏、协调性，对身体的空间感以及对核心力量的要求都特别高；竞技体操以展现高难、准确、完美为目标，讲究动作的横平竖直、规格质量等，对动作的规范性要求特别严格。

竞技体操是运动员依据器械玩转自己身体的运动，比赛中没有直接与之交手对抗的对手，就是运动员跟自己较劲、跟自己比，无须根据对手的变化而调整自己的战术，多按既定方针办。因此，运动员的思想、心理的自我把控和稳定能力是比赛制胜的关键因素。

第二节　体操基本技术练习及指导

一、基础类体操

基础类体操是指依据人体发展的一般规律，以健身、娱心为目的，以促进人的全面发展为目标，通过徒手、持轻器械或利用专门器械的各种简易练习，提高身体素质、增强基本运动技能的体操。下面着重介绍“队列练习”。队列练习是指全体学生按照一定的队形做协同一致的动作，其内容包括原地队列动作和行进间队列动作两大类。

（一）原地队列动作

原地队列动作的内容结构如表 5-1 所示。原地队列动作中，我们仅对“常用动作”和“转法”内容进行讲述。

表 5-1　原地队列动作

常用动作	立正、稍息、看齐、报数、踏步、集合、解散、蹲下、坐下、起立
转法	向左转、向右转、向后转、半面向左（右）转
队列变换	一列横队变二列横队及还原 一路纵队变二列纵队及还原 一列横队变三列横队及还原 一列横队变二路纵队及还原

1. 常用动作

（1）立正

口令：“立正！”两脚跟靠拢并齐，两脚尖向外分开约 60°，两腿挺直，微收腹挺胸，两臂自然下垂，手指并拢自然微屈，中指贴紧裤缝，头正、颈直、口闭，下颌微收，两眼平视前方。

（2）稍息

口令：“稍息！”左脚顺脚尖方向伸出约全脚的 2/3，两腿自然伸直，上体立正姿势，身体重心大部分落于右脚。稍息过久，可自行换脚，动作同前。

（3）看齐

向右（左）看齐的口令："向右（左）看——齐！"看齐时，左右间隔为 10 cm（约一拳），前后间隔为 75 cm（约一臂之长）。看齐完毕则发"向前——看"的口令。另外，指定"以队列中某人为基准"时，基准学生左手握拳高举示意，听到"向中看——齐！"的口令后，将手放下，其他学生按照向右（左）看齐的要领实施。看齐完毕则发"向前——看"的口令，恢复立正姿势。

（4）报数

口令："报数！"横队从右至左（纵队由前向后）依次以短促洪亮的声音转头（纵队向左转头）报数，最后一名不转头。

（5）踏步

口令："踏步——走！"两脚在原地上下起落，前脚掌先落地，上体正直，两臂自然摆动。听到"前进"的口令后，原地踏两步后齐步。

（6）集合（横队、纵队）

口令："成某列横（纵）队——集合！"听到口令后，迅速跑向集合地点，按指示队形迅速依次排列起来，自行对正、看齐。

2. 转法

（1）正方向转法

口令："向右（左）——转！"或："向后——转！"以右（左）脚跟为轴，右（左）脚跟和左（右）脚掌前部同时用力，向右（左）转 90°，身体重心落在右（左）脚上，左（右）脚靠拢右（左）脚，成立正姿势。转动和靠脚时，两腿挺直，上体保持立正姿势。向后转时，按向右转的要领向后转体 180°。

（2）斜方向转法

口令："半面向右（左）——转！"按向右（左）转的要领向右（左）转体 45°。

（二）行进间队列动作

行进间队列动作内容结构如表 5-2 所示。在行进间队列中我们仅对"步法及其变换"和"转法"内容进行讲述。

表 5-2　行进间队列动作

步法及其变换	齐步、正步、跑步、便步 踏步、移步、立定 起步与正步、起步与跑步互换
转法	齐步、跑步向左(右)转走 齐步、跑步向后转走
队列变换	一列横队变二列横队及还原 一路纵队变二列纵队及还原
转弯	横队左(右)转弯走和左(右)后转弯走 纵队左(右)转弯走和左(右)后转弯走

1. 步法

（1）便步走

口令：“便步——走！”用适当的步速、步幅行进，两臂自然摆动，上体保持正常姿态。

（2）立定

口令：“立——定！”（动令落在右脚）齐步时，听到动令，左脚再向前移大半步着地，两腿挺直，右脚迅速靠拢左脚，成立正姿势。

2. 步法变换

（1）前、后移动

口令：“向前某步（单数）——走！”或：“后退某步——走！”向前走时，按照齐步走的要领向前齐步走，不摆臂行进到指定步数停止。向后退时，从左脚开始，每退一步并脚一次，不摆臂退到指定步数停止。

（2）左、右移动

口令：“左（右）跨某步——走！”上体保持正直，每跨一步并脚一次，其步幅约与肩同宽，跨到指定步数停止。

3. 转法

（1）向右（左）转走

口令：“向右（左）转——走！”［动令落在右（左）脚］左（右）脚向前半步，脚尖向右（左）转 45°，身体向右（左）转 90° 时，左（右）脚不转动，同时出右（左）脚按原步法向新方向进行。

（2）向后转走

口令：“向后转——走！”左脚向前半步，脚尖稍向右，以两脚的前脚掌为轴，自右向后转体 180°。出左脚向新方向行进。转体时，两臂自然摆动，不得外张，两腿自然挺直，上体保持正直。

二、技术类体操

（一）体操基本术语

体操术语是随着体操技术的发展而不断丰富和完善的。目前，体操术语主要分为结构术语和命名术语两种类型。下面我们将列举“器械体操”和“技巧”中常用的部分术语。

（1）悬垂

悬垂是指手、臂或身体某部位悬挂在器械上的动作，且肩轴低于器械轴，分为单纯悬垂和混合悬垂两种。

（2）支撑

支撑是指手、臂或身体某部位撑于器械，肩轴高于或平行于器械轴的动作，分为单纯支撑和混合支撑两种。

（3）摆动

摆动是指在悬垂或支撑中做向前、向后或左右钟摆的摆动动作，如单杠悬垂摆动、双杠支撑摆动等。

（4）振浪

振浪是指通过髋关节有节奏地急速屈伸、甩腿或踢腿、加速摆动的动作，又称为鞭挞式摆动。

（5）转体

转体是指绕身体纵轴转动的动作。

（6）回环

回环是指身体绕器械轴或握点的连线转动一周或一周以上的动作，如单杠支撑后回环等。

（7）腾跃

腾跃是指整个身体绕器械轴或握点从器械上越过，如跳马分腿腾跃等。

（8）摆越

摆越是指腿从器械的上面或下面越过的动作，如单杠支撑单腿摆越成骑撑。

（9）倒立

倒立是指头在下、脚在上的一种支撑姿势，如手倒立等。

（10）滚动

滚动是指身体不同部位依次接触地面或器械，但不经过头部翻转的弧形动作，如团身滚动等。

（11）滚翻

滚翻是指身体的不同部位依次支撑器械或地面并经过头部的翻滚动作，如前滚翻等。

（12）上

上是指由悬垂转为支撑或由较低的支撑改为较高的支撑以及由地面跳上器械成支撑的动作，如单杠后翻上等。

（13）下

下是指由支撑转为悬垂或由较高的支撑转为较低的支撑以及从器械上到地面的动作。其中，肩部由上而下做弧形运动称倒下，肩部由上而下做垂直运动称落下，如手倒立落下成肩倒立等。

（14）上法

上法是指整套动作或联合动作中第一个上器械的动作，如双杠前摆上等。

（15）下法

下法是指整套动作或联合动作中最后一个离开器械直到地面的动作，如双杠后摆下等。

（二）技术动作

技术动作包括技巧、跳跃、单杆和双杆。本书仅介绍部分技巧动作。

技巧也叫垫上运动，动作形式多样，其主要包括各种翻滚、手翻、空翻、倒立、平衡等动作，具有较高的锻炼和使用价值，尤其是在提高前庭器官功能和培养自我保护能力等方面有着重要的作用。

1. 侧手翻

（1）动作做法

由站立开始，两臂向前上方摆起，左腿前举向前跨出一大步成弓箭步，接着右腿向后上方摆起，同时上体积极下压，前腿蹬地摆起；同时左手在两脚延长线前手掌外 90° 撑地并带动肩、头、身体向左转体 90° ，右手依次向前撑地经分腿倒立；接着左右手依次顶肩推手，一腿落地屈膝蹬直，另一腿侧伸落地成两臂侧举分腿站立姿势（图 5-1）。

图 5-1　侧手翻

（2）保护与帮助

保护帮助者站在练习者前跨腿的一侧，两臂交叉扶托练习者的腰部，随着其动作翻转给予助力，帮助其完成侧手翻动作。

2. 前滚翻直腿起

（1）动作做法

开始同前滚翻，但两手比前滚翻稍远撑地，顺势屈臂、低头前滚；当滚至臀部时，上体迅速前屈缩小髋角，同时两手在膝部外侧撑地向后快速用力推起，以脚后跟先着地再过渡到全脚掌，经屈体立起成直立（图 5-2）。

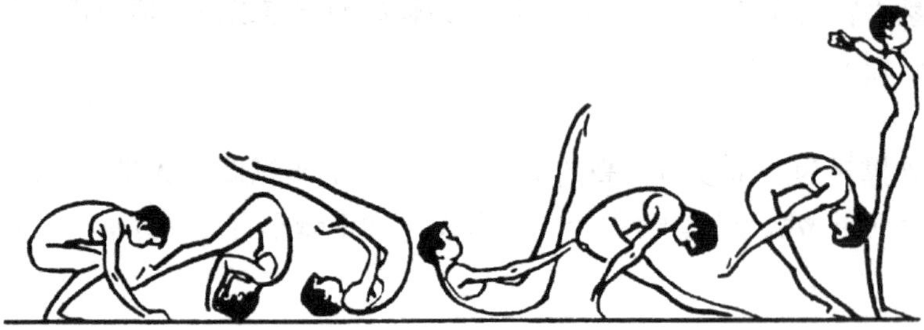

图 5-2　前滚翻直腿起

（2）保护与帮助

保护帮助者位于练习者侧前方，当练习者上体折叠推撑时，推其背部或提拉两臂帮助其完成动作。

3. 屈体后滚翻

（1）动作做法

由站立姿势开始，上体前屈后倒，两手在膝外侧向后下撑地（手指朝前），当大腿着垫时，上体积极后倒，两手迅速屈臂抬肘翻腕置于肩上（掌心向后），接着举腿翻臀，屈体后滚，当滚至头部时，两手用力推垫，经屈体立撑成直立姿势（图 5-3）。

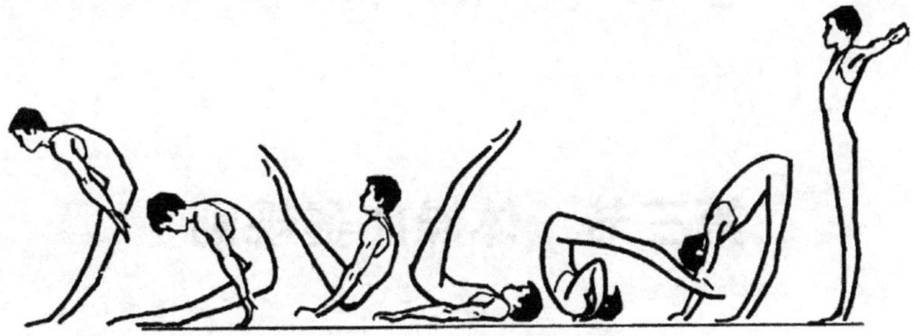

图 5-3　屈体后滚翻

（2）保护与帮助

保护帮助者站在练习者后侧方，双手提髋助其翻转。

4. 头手倒立

（1）动作做法

由蹲撑姿势开始，手自然分开在体前撑地，用头的前额上部与两手成等边三角形处撑地，身体重心前移，同时提臀，一腿上摆、一脚蹬地，接近倒立时，两腿并拢上伸，身体挺直成头手倒立（图 5-4）。

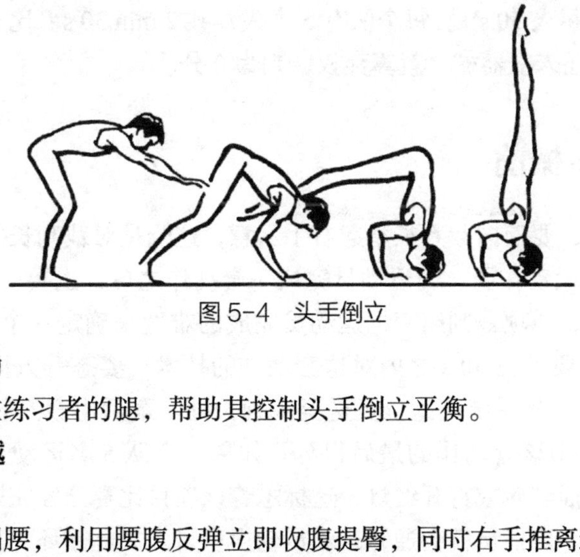

图 5-4　头手倒立

（2）保护与帮助

保护帮助者握住练习者的腿，帮助其控制头手倒立平衡。

5. 俯撑双腿摆越

（1）动作做法

由俯撑开始稍塌腰，利用腰腹反弹立即收腹提臀，同时右手推离地面，身体重心移向左臂，两腿迅速经一侧向前摆越；当两腿将摆至前面时迅速前伸，同时右手撑地，拉开肩角、顶肩，挺身成仰撑（图 5-5）。

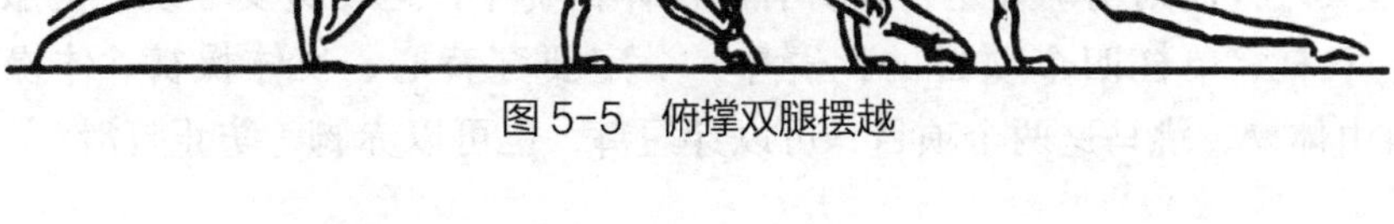

图 5-5　俯撑双腿摆越

（2）保护与帮助

保护帮助者跪于练习者支撑臂一侧，一手扶其上臂，另一手推送其髋帮助其完成动作。

第三节　体操比赛规则

按照国际体操联合会（FIG）的比赛规则，重大的国际性比赛（如奥运会、世界体操锦标赛等）往往是男、女分场进行。男、女分场比赛就是男、女分开不同场进行比赛，每场比赛男子有 6 支队上场比赛，每个项目上有 1 支队；女子也有 6 支队参加。

一、比赛开始前

比赛正式开始前，运动员们在各个项目上做赛前练习，时间是每个人 30 s（双杠和高低杠准备活动时间为每人 50 s）。每个队有 5 个人，共 2 min 30 s。比赛开始后，如果信号发出后 30 s，运动员还未上器械，就算弃权，判为 0 分。

二、运动员上器械前

运动员上器械前，要面向裁判长举起右手示意，这既是对裁判长的尊重，也是提醒裁判员注意：我要开始做动作了。当运动员完成一套动作之后，也要向裁判长立正、示意，表示动作完毕。而后，单项裁判组根据运动员完成的难度来确定一个难度分向全场显示。单项另一组裁判员则要求在 30 s 之内对这套动作的技术、姿态等方面进行扣分，并填写在记分单上，由电子计分系统或跑分员送至裁判长处。最后由裁判长根据上述两组裁判员的打分情况，展示出该套动作的最后得分。如果一个队 5 名运动员都比赛完毕，那么在器械上就要挂上一面红旗或打开红灯，这标志着该项目比赛已经完毕。若所有的项目都挂出红旗或打开红灯，广播员就会通知运动员轮换项目。如此循环，直至 6 个项目比赛全部结束。

三、运动员服装

国际体操评分规则明确规定，在所有的团体比赛中，运动员要穿统一的服装，在鞍马、吊环、双杠、单杠四个项目的比赛中，一定要穿背心、长体操裤、体操鞋（或袜子）。而自由体操、跳马这两个项目，可以穿短裤，也可以赤脚（防止打滑）。如果运动员违反这些规定，将从团体总分或个人得分中扣除一定的分数。

四、其他

为了防止意外的发生，监护者可以站在器械的旁边，但如果监护者在比赛中帮助参赛选手如教练碰到运动员身体时，扣 0.50 分。在单杠和吊环项目中，教练或助理可以帮助运动员做开始动作，运动员可以用绷带和皮带。在比赛中，教练不可以和运动员交流。比赛中，运动员未经允许不得擅自离场。非运动动作将被视为犯规。运动员在正常情况下不可以随意重新开始比赛动作，除非比赛由于某种原因被中断。任何落地动作都必须是双腿并拢的站立姿势。

第六章

足球运动

第一节　足球基本技术

被誉为“世界第一运动”的足球是世界上开展得最广泛、影响最大的体育项目，同时具有很高的锻炼价值，备受大学生的喜爱。学习和掌握足球基本知识、基本技术和战术，将有利于更好地欣赏和参与足球运动之中。

一、颠球

颠球是指运动员用身体的各个有效部位连续地触击球，并加以控制尽量使球不落地的技术动作。

（一）颠球动作要领

1. 双脚脚背颠球

脚向前上方摆动，用脚背击球，击球时踝关节固定，击球的下部。两脚可交替击球，也可一只脚支撑，另一只脚连续击球。击球时用力均匀，使球始终控制在身体周围，如图 6-1 所示。

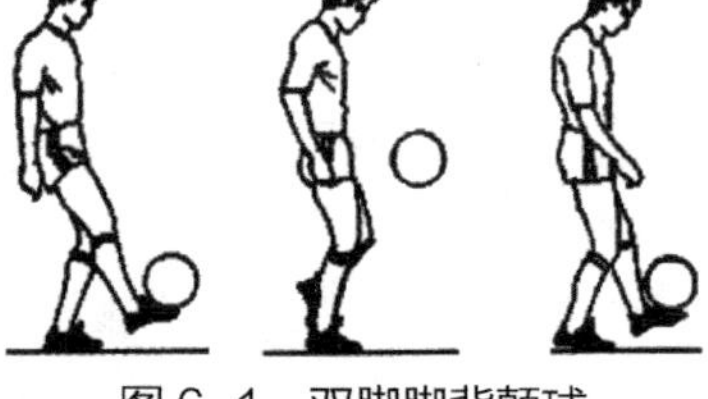

图 6-1　双脚脚背颠球

2. 双脚内侧、外侧颠球

抬脚屈膝，用脚的内侧或外侧向上摆动，击球的下部，两脚内侧或外侧交替击球。

3. 大腿颠球

抬腿屈膝，用大腿的中前部位向上击球的下部，两腿可交替击球，也可一只脚做支撑，用另一侧的大腿连续击球，如图 6-2 所示。

图 6-2　大腿颠球

4. 头部颠球

两脚开立，膝盖微屈，用前额部位连续顶球的下部。顶球时，两眼注视球，两臂自然张开，以维持身体平衡。

（二）练习方法

①原地颠自己手坠的下球。

②原地两脚交替颠球。

③两人面对面进行对颠（每人颠一次或几次，或规定使用哪几个部位进行颠球）。

二、踢球

踢球指运动员有目的地用脚把球击向预定目标的技术。踢球是足球技术中最重要的技术，主要用于传球和射门。

踢球的方法很多，但主要有脚内侧踢球、脚背正面踢球、脚背内侧踢球、脚背外侧踢球，以及脚尖踢球和脚跟踢球。它们的动作结构完全一致，均由助跑、支撑脚站位、踢球脚摆动、脚触球、踢球的随前动作五个环节组成。

（一）踢球动作要领

1. 脚内侧踢球（又称脚踢球）

脚内侧踢球是脚内侧部位（跖趾关节、舟骨、跟骨等所形成的平面）踢球的一种方法，其特点是脚与球接触面积大，出球准确平衡，且易于掌握。但由于踢球时要求大腿前摆到一定程度时需要外展且屈膝，大腿与小腿的摆动都受到限制，因此出球力量相对较小，如图 6-3 所示。

图 6-3　脚内侧踢球

2. 脚背正面踢球（又称正脚背踢球）

脚背正面踢球由于其解剖特点，摆幅相对较大，加之用脚背踢球接触面（与球）相对较大，因而踢球力量也大，准确性也较强，如图 6-4 所示。但受以上的因素影响，出球的方向及性质的相对变化也较小。在比赛中经常使用脚背正面踢定位球、地滚球、空中球、反弹球及倒钩球。球的性质多为不旋转的直线球，但也可用来踢抽击性前旋球。

图 6-4　脚背正面踢球

3. 脚背内侧踢球（又称内脚背踢球）

脚背内侧踢球是一种用第一跖骨和跖趾关节部位触击球的踢球方法，其技术结构与前两类踢球方法相同，但技术细节则有所区别。

4. 脚背外侧踢球（又称外脚背踢球）

脚背外侧踢球是用第三、四、五跖骨部位接触球的一种方法，如图 6-5 所示。由于踢这种球的脚踝灵活性较大，摆腿方向变化较多，且助跑时又是正常的跑动姿势，故其出球隐蔽性较强，足球比赛中各种距离的弧线球及非弧线球均可使用。

图 6-5　脚背外侧踢球

5. 脚尖踢球（又称脚尖捅球）

脚尖踢球是一种用脚尖部位接触球的方法，由于脚尖踢球时出球异常迅速，雨天场地泥泞时多使用这种踢法。这种方法可以借助踢球腿的最大长度，踢那些距离身体较远的用正常脚法无法踢到的球。具体方法是用支撑腿跳跃上步，踢球腿屈膝前跨，髋关节尽量前送，两臂上摆协助身体向前，小腿前伸，在踢球脚落地前用脚尖捅球的后中部。

6. 脚跟踢球

脚跟踢球是用脚跟（跟骨的后面）接触球的一种踢球方法。球在支撑脚外侧时，踢球脚在支撑脚前面交叉摆到支撑脚外侧用脚跟击球。球在支撑脚内侧时，踢球脚后摆用脚跟踢球。虽然由于人体结构的特点，决定了这种踢球方法（大腿微伸小腿屈）产生的力量小，但其出球方向在身后，故有隐蔽性和突然性。

（二）练习方法

①各种踢球动作的模仿练习。

②两人一球，一人用脚挡球，另一人做助跑踢球练习。主要练习支撑脚站位、摆腿和体会脚触球的部位。

③踢球穿裆。三人一组，每人相距 5 m 左右成纵排。中间人两腿叉开，控球者踢球使其从中间人裆下穿过，然后跑到中间也把腿叉开，原中间人跑到原踢球人的位置上，对面的接球者再踢球穿裆，依次循环。

④后退中踢球。两人一组，相距 8 m 左右，甲后退跑，乙踢球给甲并继续前跑。甲再回踢给乙，并继续后退跑，依次循环。

⑤围圈传抢练习。在规定的范围内，几个人围成圆圈传球，一人或两人在中间抢（断）球。抢（断）球只要触到球即与传球失误者交换职能。

三、接球

接球是指运动员有目的地用身体的合理部位把运行中的球接下来，控制在所需要的范围内，以便更好地衔接下一个技术动作。接球是为下一个动作服务的，接球质量的好坏直接影响下一个动作的顺利完成。比赛中来球性质、状态不同，所以接球应根据不同情况，采用不同的动作方法。

（一）技术动作要领

接球的方法有多种，常用的有脚内侧、脚背外侧、脚背正面、脚底、大腿、腹部、胸部、头部等部位的接球。

1. 脚内侧接球

脚内侧接球是用脚内侧部位接球的一种技术。由于脚触球面积大，动作简单，较易掌握，比赛中经常使用这种技术接各种地滚球、平球、反弹球、空中球，如图 6-6—图 6-8 所示。

图 6-6　脚内侧接地滚球

图 6-7　脚内侧接反弹球

图 6-8　脚内侧接空中球

2. 脚背外侧接球

比赛中，经常用脚背外侧接各种地滚球（图 6-9）、反弹球。

图 6-9　脚背外侧接地滚球

3. 脚背正面接球

脚背正面接球多用于接有较大抛物线的来球。根据球的落点，及时移动到位，脚背正面上迎下落的球，当球与脚面接触的一瞬间，接球脚与球下落的速度同步下撤，此时大腿膝关节、踝关节、脚趾均保持适度的紧张，脚尖微翘将球接到需要的地方，如图 6-10 所示。

图 6-10　脚背正面接球

脚背正面接高空落下之球时，也可以将脚微抬起，并适度背屈，当球接触脚背的瞬间踝关节放松将球接到身体附近。

4. 脚底接球

由于脚底接球技术便于掌握，易于将球接到位置，故常被用来接各种地滚球和反弹球。

5. 大腿接球

大腿接球一般可以用来接抛物线较大的高空球和略高于膝的低平球。

6. 腹部接球

在激烈的比赛中为了抢点控制球，根据比赛的需要也使用腹部接球。

7. 胸部接球

由于胸部接球部位较高，加之胸部面积大、肌肉较丰满等特点，易于掌握，故是接高球的一种好方法。胸部接球包括挺胸式（图 6-11）、收胸式（图 6-12）两种方法。

图 6-11　挺胸式接球

图 6-12　收胸式接球

8. 头部接球

高于胸部的来球可用头部接球。根据球的运行路线，面对来球，用前额正面接触球的中下部，下颌微抬，两臂自然张开，提踵伸膝，触球瞬间全脚掌着地，屈膝、塌腰、缩颈，全身保持上述姿势下撤将球接住。

（二）练习方法

①接迎面来的地滚球练习。两人相距 6 ~ 8 m 相向站立，一人踢（掷）地滚球，另一人接球。

②自抛自停反弹球。自己向上抛球，待球落地停反弹球练习。

③两人一组，相距 10 m 左右，相向站立，一人踢（掷）球，另一人接空中球。要求踢（掷）出去的球有一定的力量。

四、运球

运球技术从狭义上讲，仅是指运球的方法，即指用身体的某一部分触球，使球能随运球者一起运动；从广义上看，则不仅要让球随人运动，还必须越过对方的防守，也就是说要使用这些运球方法达到越过对方防守的目的。这里就包含了运球方法的技术问题。

（一）技术动作要领

常用的运球技术有脚内侧、脚背正面、脚背外侧、脚背内侧运球。

1. 脚内侧运球

脚内侧运球要求在运球前进时支撑脚始终领先于球，位于球的侧前方，肩部指向运球方向，支撑腿膝关节微屈，重心放在支撑腿上，另一条腿提起屈膝，用脚内侧推球前进，然后运球脚着地，如图 6-13 所示。

由于肩部指向运球方向，身体侧转，移动速度较慢，但身体前倾有利于将对方与球隔开，因此这种技术多用在运球寻找配合传球时，或有对方阻拦需用身体做掩护时。

图 6-13　脚内侧运球

2. 脚背正面运球

脚背正面运球时身体持正常跑动姿势，上体稍前倾，步幅不宜过大，运球腿提起，膝关节稍屈，髋关节前送，提踵，脚尖下指，在着地前用脚背正面部位触球后中部将球推送前进。

由于脚背正面运球时身体持正常跑动姿势，故可以发挥出较快的速度，因而这种技术多用在运球前方一定距离内无对手阻拦时。

3. 脚背外侧运球

脚背外侧运球时身体持正常跑动姿势，上体稍前倾，步幅不宜过大，运球腿提起，膝关节稍屈，髋关节前送，提踵，脚尖绕矢状轴向内旋转，使脚背外侧正对运球方向，在运球脚落地前用脚背外侧推拨球的后中部，如图 6-14 所示。

图 6-14　脚背外侧运球

脚背外侧运球时，身体姿势与正常跑动时相同，因而可以发挥出较快的速度，与脚背正面运球有相同的用途。另外，利用脚腕的动作可以很快改变脚背外侧面所正对的方向，故在运球脚一侧改变方向时也多采用这种运球方法。这种方法能用身体将对手与球隔开，故掩护时也常使用。

4. 脚背内侧运球

脚背内侧运球时身体稍侧转并自然协调放松，步幅小，上体前倾，运球腿提起外展，膝微屈外转，提踵，脚尖外转，使脚背内侧正对运球方向，在运球脚落地前用脚背内侧推拨球，使球随身体前进。

脚背内侧运球由于身体稍侧转，不能采用正常跑动姿势，因而不适用于高速运球。但由于接触部位和支撑位置的特点易于完成向支撑脚一侧的转动，故多用于向支撑脚一侧的转动变向运球。

5. 其他

（1）拨球

利用脚踝关节向侧的转动，以达到用脚背内侧或脚背外侧触球，将球拨向身体的侧前方、侧方、侧后方。在过人时若使用拨球，还要在拨球后立即跟上推球，使球按预定方向运行。

（2）拉球

将前脚掌放在球的上部或侧上部，另一脚在球的侧后方支撑，然后触球脚向后下方用力将球拉回。回拉球一般都用于躲开或引诱对方出脚抢球的瞬间，将球拉回造成对方抢球落空，使其重心随抢球脚前移，趁对手难于返回的瞬间将球迅速推送出去越过防守。拉球时，除了往回拉以外，也常使用接触球的上部向左右侧拉球。

（3）扣球

扣球方法与拨球相同，不同的是它的用力是突然的并伴随着转身或急停，使对手在来不及调整重心的瞬间，可以突然从反方向推送球越过对手的防守。

（4）挑球

挑球是用脚背部位触球的下部并突然向上方挑起，在对手来不及实施挡球动作时球已越过，运球者随球迅速跟进。注意球一般不要挑得太高。

（5）颠球

运球过程中，有时球在空中或地面上跳动，根据对手抢截时所处位置或实施抢截时间，用恰当的部位将球颠起，越过对手以达到过人的目的。

（二）运球过人方法

前面所述仅是运球的基本方法，掌握了这些基本方法后，在无对手阻拦时可以将球控制在自己的周围。但若遇对手阻挡时要想越过对手的阻拦，必须恰当地综合使用这些方法，抓住对手瞬间出现的漏洞，达到越过对手的目的。

1. 利用速度强行过人

持球者以突然的快速推拨球（力量较大）并与快速的奔跑相结合越过对手的阻拦。使用这种方法必须具备以下几个条件：对手身后的较大纵深内无其他的防守者；其他防守者难以补位，或持球者高速运球；对手跑上来准备抢球，或持球者与防守者僵持时持球者突然推拨球起动。这种方法主要是利用自己的起动速度或抓住对手突停突起，或突然起动时所耽误的时间。

2. 利用身体的掩护强行过人

当持球者接近对手时双方速度减慢，持球者侧身用身体抵住对手以另一侧脚将球拨出，同时转身将对手倚在身后并随球越过对手。这种方法一是要求持球队员有能力倚住对手而不被对方挤开；二是将球控制在远离对手一侧，对手伸脚时不能触及球；三是在抵住对手时不可将重心偏离支撑面，否则一旦对手闪开时自己也失去平衡。

3. 利用变速运球过人

对手在持球者侧面，持球者用另一侧脚运球，利用运球速度的变化达到甩掉对手或越过对手的目的。这种方法主要针对防守者是被动的。有时则采用突停突起甩掉对手，运球者必须能很好地控制球与自己的身体，做到球随人来，人随球走，才能达到过人的目的。

4. 恰当地组合推、拨、挑、扣、拉、颠等动作过人

以单脚或双脚轮流选用推、拨、挑、扣、拉、颠等动作，使组合起来的动作适时地变化运球的方向与速度，让对手难于判断过人的方向与时机，或造成对手重心出现错误的移动，运球者抓住其漏洞而越过对手。

5. 利用穿裆球过人

当运球者遇到对手从正面阻拦时，发现对手两脚开立较大，而且重心在两脚之间，运球者应侧身运球接近对手，抓住时机将球从对手两脚之间推（拨）过，身体也随之从防守者侧面越过并控制球。这种过人的方法有时可以收到奇效。

6. 人球分路过人

人球分路过人主要是利用防守者注意力集中在球上，并认为可以触到球的心理，达到

过人的目的。因此当防守者出脚抢球时，运球者抢先将球推（拨）到前方，而防守者的抢球脚未触到球着地时，身体重心也移过来了，这时运球者迅速从防守的另一侧越过去控制球，防守者再转身起动很难追上。若在推球时使用“蹭”的方法，蹭出弧线球来，就更有利于运球者越过防守者后控制球。

7. 运球假动作过人

运球假动作过人是运球者利用腿部、上体的晃动使对手产生错觉，在对手做抢球动作时，使其重心产生错误的移动，运球者则抓住时机从另一方向越过对手。

比赛中运球过人的方法很多，只有熟练地掌握上述各种运球方法和动作，并注意掌握下列诸因素，才能在比赛中较有把握地完成运球过人。

①注意观察对手所处的位置，然后再决定自己所采取的过人方法。

②掌握好过人时机。

③掌握好过人时的距离。

（三）练习方法

①在慢速中用单脚推或拨球前进。初步掌握之后再进行两只脚交替推、拨球练习。

②两人一组，前面人在运球中变速、变向，后面人模仿跟踪。

③两人一球，做一过一练习。运球者向防守者做运球过人练习，防守者做消极防守，较熟练地掌握之后防守者做积极防守。

五、抢截球

抢截球技术是指运动员在足球竞赛规则允许的范围内，使用身体的合理部位将对手的控球权夺过来或破坏掉。

（一）技术动作要领

1. 正面跨步堵抢

抢球者两脚前后开立，迎着运球者而站，两膝微屈并置于两脚间，身体重心下降，当运球者与抢球者间的距离缩小到一定范围（即抢球者上前跨一大步可能触及球），运球者脚触球后即将落地或刚刚落地时，抢球者后脚用力蹬地并跨步向前，以脚内侧去堵截球，当已堵住球后，另一只脚应迅速上步。若抢球脚堵住球，同时对手也堵住球时，则抢球者应将另一只脚迅速前移作支撑脚，抢球脚在不脱离球的情况下迅速向上提拉，使球从对手脚面滚过，身体重心也迅速跟上并将球控制好（图 6-15）。

图 6-15　正面跨步堵抢

2. 合理冲撞抢球

当防守者与运球者并肩跑动追球时，防守者重心稍下降，靠近对手一侧的手臂紧贴身体，利用对方同侧脚离地的时机，用肘关节以上部位适当冲撞对手同样部位，使对手身体失去平衡，趁机将球控制住（图 6-16）。

图 6-16　合理冲撞抢球

3. 正面铲球

移动接近控球者，膝关节微屈，重心下降，当控球者触球脚触球后尚未落地时，抢球者双脚沿地面向球滑铲，随即用手扶地做向一侧的翻滚，并尽快起身。

4. 异侧脚铲球

当双方都不能用正常的动作触球时（指跑动中），防守者应根据与球的距离，同侧脚用力蹬地使身体跃出，异侧脚向前沿地面对着球滑出，脚底将球铲出，然后小腿外侧、大腿外侧、手依次着地，或铲出球后身体向铲球腿一侧翻转，手撑地后立即起身，使身体恢复到与下一动作衔接的状态和位置（图 6-17）。

图 6-17　异侧脚铲球

5. 同侧脚铲球

防守者在跑动中根据双方离球的距离作出判断，当对手不能立即触球时，将异侧脚用力蹬地，使身体向前方跃出，同侧脚沿地面向前滑出的同时向外摆踢（脚踝应有向外的动作），用脚背外侧将球踢出。也可用脚尖将球捅出，接着向对手一侧翻转，手撑地迅速恢复到下一个动作所需要的位置。

在激烈的比赛中，铲球可以更大限度地争取时间和扩大控制面而被广泛地运用到踢球、接球、运球、抢球技术中去。这项技术应引起运动员的高度重视。

（二）合理冲撞抢球练习方法

①两人一球，球放在中间，两人面对，均离球一步，两人同时跨步用脚内侧抢球做模仿练习。

②两人一球，相距 7 ~ 8 m，一人直线运球，另一人做正面跨步抢球。

③两人一球，一人直线运球，另一人从侧面冲撞抢球。

六、头顶球

头顶球是指运动员有目的地用前额将球击向预定目标的动作。足球比赛中不仅要处理各种各样不同形式和不同性质的地滚球，同时也要处理各种空中球。当遇到胸以下部位不能触及或规则不允许触及的一些球时就需要用头部来处理，因为头是人体最高的一个部位，额骨的前面较为平坦，只要掌握顶球技术，顶出的球就会有力。现代足球比赛中对时间与空间的争夺异常激烈，头顶球技术的使用不仅使运动员占据空间，还能争取时间，所以头顶球是处理高空球最重要的手段。

使用头顶球技术，不仅可以进行传球、抢断球、高球射门，而且利用鱼跃头顶球还可以扩大运动员的控制范围，以及在防守时抢险。

（一）技术动作要领

头顶球技术分前额正面头顶球与前额侧面头顶球。

1. 前额正面头顶球

这是由额肌覆盖着的额骨正面部分去击球的一种动作方法，接触部位如图中前额的阴影部分（图 6-18）。

图 6-18　前额正面头顶球

（1）原地头顶球

身体正对来球方向，眼睛注视运动中的球，两脚左右开立（或前后开立），膝关节微屈，重心置于两脚间的支撑面上（或后脚上），两臂自然张开（图 6-19）。当球运行到将垂直于地面的垂线时，两腿用力蹬地，迅速向前摆体，微收下颌，在触球瞬间颈部做爆发式振摆，用前额正面击球中部，上体随球前摆。

图 6-19　原地头顶球

（2）跑动头顶球

跑动头顶球的动作要领与原地顶球相同，只是第一环节应正对来球跑出抢点。球顶出后，由于跑动速度较快，为保持平衡身体须随球向前移动。

（3）原地跳起头顶球

这种技术用在本方传来或对方传来高球时运用。

两膝屈，重心下降，然后两脚用力蹬地起跳，同时两臂屈肘上摆，在身体上升阶段展腹挺胸，两臂自然张开，眼睛注视来球，身体自然成背弓。当球运行至身体额状面时，迅速收腹，上体前摆，触球瞬间颈部做爆发性振摆，用前额正面将球顶出。同时两腿向前做振摆，球顶出后两腿屈膝屈踝落地。

（4）跑动跳起头顶球

一般助跑跳起顶球时都使用单脚起跳。根据来球的速度、运行轨迹，选好起跳位置，及时跑到起跳点，起跳前一步稍大些，起跳脚用力蹬地跳起，同时另一腿屈膝上摆，两臂屈肘自然上提（图 6-20）。其余各环节与原地跳起头顶球相同。

图 6-20　跑动跳起头顶球

（5）鱼跃头顶球

对于离身体较远的低空球来不及移动到位处理，必须抢点击球时（如抢救险球、射门等）可使用鱼跃头顶球技术。

当判断好来球的路线和选择好顶球点后，以单脚或双脚用力向前蹬地，身体接近水平状态向前跃出，同时两臂微屈前伸，手掌向下，眼睛注视来球，利用身体向前跃出的冲力，以前额正面顶球。顶球后，两手先着地，手指向前，接着胸部、腹部和大腿依次着地。

（6）向后蹭顶球

向后蹭顶球分原地蹭顶与跳起蹭顶。第一环节分别与原地前额正面和跳起前额正面头顶球相同，当球运行到身体上空时，利用挺胸、展腹、扬下颌，身体向后上方伸展，用前额正面靠上的部位用力击球的下部，将球向后上方顶出。

2. 前额侧面头顶球

（1）原地头顶球

原地头顶球根据来球的运行速度、运行轨迹，及时移动到位。两脚前后开立（或左右开立），出球方向的异侧脚在前，重心逐渐过渡到前脚上，眼睛注视来球，前膝微屈，两臂侧前后自然张开，当球运行至体前上方时，用力蹬地，前脚掌适度旋转，上体随后向出球方向扭摆，同时用力向击球方向甩头，以前额侧面击球的后中部。

（2）跑动头顶球

跑动头顶球与原地头顶球动作要领相同，不同的是此动作是在快速跑动中开始和完成的，注意完成动作后的身体平衡。

（3）跳起头顶球

跳起头顶球分为原地跳起顶球与助跑跳起顶球。起跳动作及第一环节与前额正面跳起头顶球相同。在起跳后的身体上升阶段，上体向出球的相反方向侧摆，在身体达到最高点时，上体急速向出球方向摆出，颈部扭摆甩头，用前额侧面击来球的后中部，将球击向预定的目标。落地时屈膝以缓冲落地力量并保持身体平衡。

（二）练习方法

①做原地、跳起头顶球模仿练习。

②两人一组，相距 10 m 左右，一人抛球，另一人头顶球。

③三人一组，站成三角形，各相距 10 m，一抛、一顶、一接，连续循环。

④头顶球射门练习。

七、假动作

足球比赛中，运动员为了争取时间、空间的优势，取得控球权或控制好球以达到射门的目的，常采用一些虚假动作掩饰自己的真实意图。虚假动作使对手产生错误的判断，造成重心错误的偏移，形成对自己有利的形势以实现自己的目的。

假动作渗透在各种技术中，如踢球、接球、顶球、运球、抢截球、掷界外球以及守门员技术。

（一）技术动作要领

1. 传球前的假踢

如传球前为了使堵住传球路线的对手闪开空当，可先向一方做假踢动作，当对手去堵假踢的传球路线时，突然改变踢球脚法将球从另一方向传出（图 6-21）。

图 6-21　传球前的假踢

2. 接球前的假接

如对手在体侧紧逼的情况下，可先向一侧做假接球动作，当对手重心发生不适当的偏移时，突然改变向另一侧接球（图 6-22）。

图 6-22　接球前的假接

3. 接球前的假顶

接高度在胸或头部的空中来球，对手迎面上来准备在自己接球后立即抢截，接球者可做出假顶的动作，迫使对手减速或停下，远离自己准备截获顶出之球，此时接球者突然用头或胸将球接在自己的控制范围之内。

4. 顶球前的假接

面对高空来球，做出胸部接球的假动作，诱使对手逼近准备抢球，等对手逼近时，突然用头将球顶出，使对手来不及去防守接球的队员。

5. 运球过人假动作

（1）运球过人时的虚晃假动作

如面对对手控球过人时，对手逼得较紧，可向一侧用身体或腿部做虚晃动作（或是身体与腿同时并用）诱使对手跟随运球虚晃动作发生重心偏移，然后迅速用另一侧脚背外侧向同侧拨球，并转身越过对手（图 6-23）。

图 6-23　运球过人时的虚晃假动作

（2）假意减速或假意停顿，再突然起动越过对手

快速运球时，对手在自己一侧紧追不舍，待与自己跑平时，做一个减速或停顿的假动作，使对手产生错觉。当对手也减速或停顿时突然加速推球向前甩掉对手。

（3）当对手在侧后追抢时的假动作

运球者上前用异侧脚向前从球上跨过，诱使对手堵抢，然后用同一脚脚背外侧将球向另一侧扣回（或用另一脚脚背内侧将球扣回），甩掉对手。

（4）防守者从正面迎上准备抢球

运球者用一只脚假做向另一侧前方踢球，诱使对手上前堵截，此时改假踢脚为支撑脚，用另一脚内侧将球向另一侧推出或向对手胯下将球推过，接着迅速绕过对手运球前进。也可用脚背外侧做假踢将球从对手胯下拨过，运球继续前进。

6. 抢球假动作

作为防守者，当对手运球向自己跑来时，如果防守者能调动进攻者，就可以变被动为主动，而抢截假动作就是达到此目的的一种手段。如先使用假动作去堵截某一方向，使进攻者不敢从这一方向出球或运球，而从另一方向出球或运球，却正是抢截真动作实施的方向，就可将球截获。

由于高速运球较难抢截，稍微错移重心就会被运球者越过，因而防守者对高速向自己运球而来的进攻者可采取假动作前扑，当对手看到防守者猛扑时会一拨而过，但防守者假扑后立即转身将运球者拨出之球夺下来。使用这种假动作时应注意距离，离进攻者太远时对方不易上当；离进攻者太近易弄巧成拙，反被进攻者突破。

（二）练习方法

①两人一组，相距 5 ~ 6 m，做无球变速、变向假动作练习。

②两人一组，防守者只堵不抢，而运球者做向左（右）晃，右（左）拨球的练习。

③两人一组，相距 5 ~ 6 m，甲传球给乙，并快速起动去抢乙控制的球，乙佯做踢球而把球停下来。

八、掷界外球

由于掷界外球时接球人不受越位规则的约束，因此，其不仅用于恢复比赛，而且可以为进攻创造有利条件。尤其是在前场 30 m 内掷界外球，将球直接掷入门前，可以给对方造成很大威胁。技术动作要领如下。

（一）原地掷界外球

面对出球方向，两脚前后或左右开立，每脚均应有一部分站立在边线上或边线外。膝关节弯曲，上体后仰成背弓，重心移到后脚上（左右开立时，重心在两脚间），两手自然张开，拇指相对，持球的侧后部，屈肘将球置于头后。掷球时，后脚用力蹬地（或两脚用力蹬地），两腿迅速伸直，身体重心由后脚移到前脚，收腹屈体，同时两臂急速前摆。当球摆到头上时用力甩腕将球掷入场内。掷球时，后脚可沿地面向前滑动，两脚均不得离地（图 6-24）。

图 6-24　原地掷界外球

（二）助跑掷界外球

两手持球放在胸前，在助跑迈出最后一步时，上体后仰成背弓，同时将球上举至头后，掷球时的动作与原地掷界外球动作相同。将球掷出后，后脚可在地面上向前滑行，但不得离地。

九、守门员技术

（一）技术动作要领

1. 接球

接球是守门员最主要的技术，它包括接地滚球、接平空球和接高空球。

（1）接地滚球

①直腿式。两腿自然并立，脚尖正对来球，上体前屈，两臂并肘前迎，两手小指靠近，手掌对球。手触球的刹那随球后引屈肘、屈腕，两臂靠近将球抱于胸前（图 6-25）。

图 6-25　直腿式接地滚球

②跪撑式。跪撑式多用于向侧移步接球。接左侧球时，左腿屈，右腿跪撑于左脚附近，距离不得超过球的直径，其余动作与直腿式接球相同。接右侧球时，动作相同，方向相反（图 6-26）。

图 6-26　跪撑式接地滚球

（2）接平空球

接平空球指接膝以上、胸以下的空中球。接球时面对来球，两手掌心向上，小指相靠，前迎接球。上体前屈，当手触球时两臂向后撤引缓冲，将球抱于胸前（图 6-27）。

图 6-27　接平空球

（3）接高空球

面对来球，两臂上伸，两手拇指相对呈八字形，其余四指微屈，手掌对球。在最高点手触球瞬间，手指、手腕适当用力，缓冲来球并将球接住，顺势转腕屈肘、下引将球抱于胸前（图 6-28）。

图 6-28　接高空球

2. 拳击球、托球

（1）拳击球

守门员在与一个或多个对手争抢空间或自己身体失去平衡时，可以运用拳击球。准确判断来球运行路线，及时移动到位，握紧拳，在接近球的刹那迅速出拳击球。拳击球有单、双拳击球，单拳击球动作灵活，摆动幅度大，击球力量大。双拳击球接触球面积大，准确性高。

（2）托球

判断来球运行路线后，向后跃起托球。托球时手指微张，手掌向外翻转，用手掌前部触球的下部，使球改变运行轨迹，呈弧线越过球门横梁。

3. 扑接球

（1）扑侧面球

异侧脚用力蹬地，双手快速向侧伸出，一手置于球后，另一侧手置于球的侧后上方。同时身体向同侧脚方向倒地，落地时以小腿、大腿、臀、肘外侧依次着地，落地后抱球团身。

（2）扑平空球

近侧脚用力蹬地使身体跃起，身体在空中伸展，手指用力抓住球，接球后以球、肘、肩、上体、臀、腿外侧依次着地并迅速团身。

4. 发球

（1）手掷球

①单手肩上掷球。两脚前后开立，两膝弯曲，单手持球，屈臂于肩上。掷球时，持球手臂后引，同时身体随之侧转，重心移到后脚上。掷球时，后脚向后蹬地，用转体和挥臂、甩腕的力量将球掷向预定的目标。

②侧身勾手掷球。两脚前后开立，身体侧对出球方向，单手持球后引，臂微屈，同时重心移到后脚上。掷球时，后脚用力向后蹬地，同时转体，重心由后脚移向前脚。当持球手臂由后经体侧沿弧线摆至肩上时，手指和手腕用力将球掷向预定的目标。

（2）脚踢球

①踢空中球。将球置于体前，在球自由下落过程中踢球，多用于远距离或雨天场地泥泞时。

②踢反弹球。体前抛球，在球落地后反弹起来的瞬间将球踢出，比踢空中球准确性要高，速度较快，出球弧度低，隐蔽性强。

这两种踢球的动作与脚背正面踢球基本相同，但由于要求踢得远，所以守门员都是向前上方踢。

（二）练习方法

①守门员技术的核心是接球。接球练习又要以接球手型和接球时的身体姿势为重点，同时又要注意在移动中选择正确位置，以封住射门角度。

②守门员守住球门的重要环节是判断的准确性、出击的及时性、动作的实效性和完成动作的敏捷性。

③模仿直腿式和单腿跪撑式接地滚球的动作。

④两人一组，相距 6 ~ 7 m，一人掷地滚球、平直球、高空球，另一人做接球。

⑤接自己对墙掷出或踢出的各种反弹回来的球。

第二节　足球基本战术

足球战术就是指在比赛攻守过程中，为了战胜对手，根据主客观的实际情况所采取的个人行动和集体配合的总称。

一、进攻战术

（一）个人进攻战术

1. 摆脱与跑位

摆脱就是甩掉对手对自己的看守，跑位则是跑到有利于进攻的位置上去，实现有利控制球和将进攻推向对方球门，争取射门得分。摆脱与跑位的方法有突然起动、快跑、急停、变方向和变速、利用假动作诱骗对手。

示例：突然起动摆脱（图 6-29）。⑧号在原地或在慢跑中突然快速起动，甩开防守⑥号，接⑦号的传球。

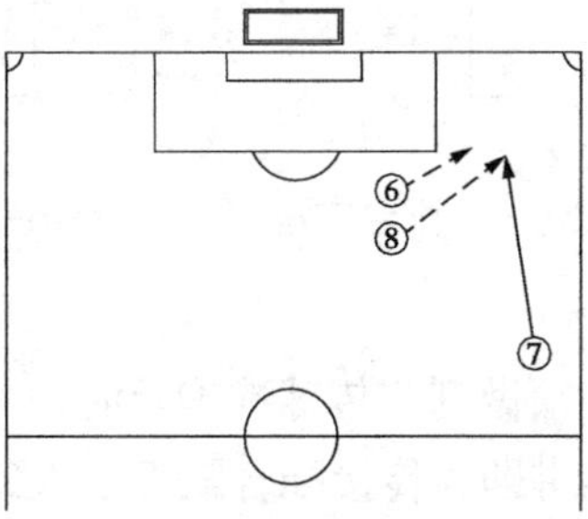

图 6-29　突然起动摆脱

摆脱与跑位的要求：

①目的明确。无目的的乱跑会造成同伴跑位的困难，不利于创造进攻机会。

②突然及时。当持球队员有可能传球时，及时摆脱对手的紧逼，跑到有利于进攻的位置接球。

③随机应变，协调配合。

2. 运球突破

运球突破是进攻战术中极为重要的个人战术，是破密集防守，造成以多攻少、觅得传球空隙，获取射门得分的有效手段。

在比赛中下列情况应采用运球突破：

①控球队员在无人接应或不利于传球的情况下，要有意识地向左、向右运球摆脱或向前突破对手。

②在对方罚球区附近，一旦突破可获得射门机会时，应大胆采用运球突破战术。

③在对方采用密集防守时，应大胆采用运球突破，打开缺口，实现以多攻少。

（二）局部进攻战术

两人局部的进攻战术：两人的局部传球配合可起到突破、控制球、转移进攻点等作用。其配合形式有：交叉掩护配合、传切配合和“二过一”战术配合，以下只讲述“二过一”战术配合。

1.“二过一”配合方法

①斜传直插“二过一”配合方法，如图 6-30 中 A 所示。进攻队员⑧斜传，⑦直线跑动插入，在防守队员❹的身后空当接球突破防守。

②直传斜插“二过一”配合方法，如图 6-30 中 B 所示。进攻队员⑥作直线传球，⑤斜线跑动至防守队员❷的身后空当接球突破防守。

③踢墙式“二过一”配合方法，如图 6-31 所示。攻方队员⑨带球逼近防守队员❸，并向摆脱的同伴⑧脚下传球，⑧直接将球传至❸背后空当，⑨快速切入接球突破防守。

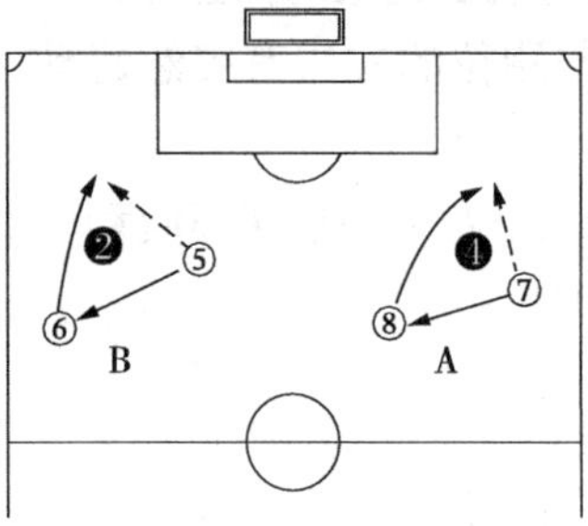

图 6-30　斜传直插和直传斜插“二过一”配合方法

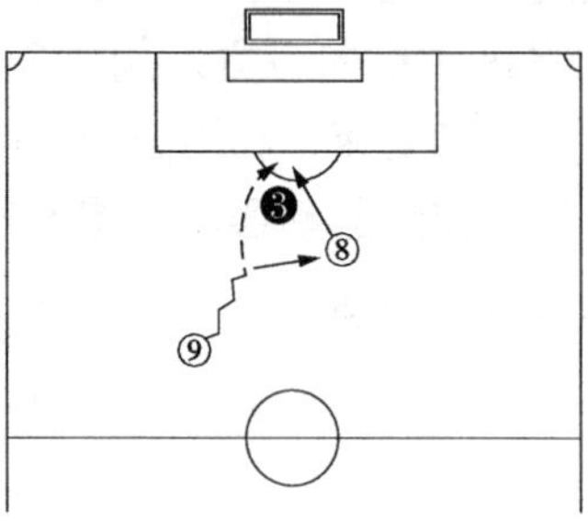

图 6-31　踢墙式“二过一”配合方法

2.“二过一”配合的要求

任何“二过一”配合，都必须做到：传球准确及时，力量适当；接球队员摆脱突然快速，跑位时间恰到好处。通俗地讲即为传接配合默契，人到球到，球到人到。

（三）全队进攻战术

全队进攻战术是指进攻的面比较广，投入的人数比较多的进攻配合。大致可归纳为边路进攻和中路进攻两大类。一次完整的进攻是由发动、发展和结束三个阶段组成的。但有时只有发展、结束阶段。

1. 边路进攻和中路进攻

边路进攻是指在对方两侧地区发展的进攻，中路进攻是指在对方半场中间地区发展的进攻（图 6-32）。

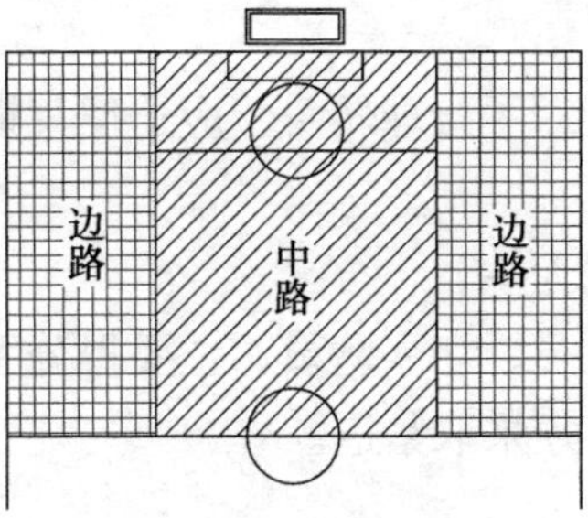

图 6-32　边路进攻和中路进攻

由于两侧地区防守队员较少，空隙较大，所以攻方便于发展进攻，较易突破防线，创造攻门机会。但由于离门远，角度小，很难直接射门得分，所以绝大多数的攻门仍由边路突破后，由中路和异侧同伴包抄完成。而中路由于离门近、射门角度大，一旦突破防线，威胁大，所以射门得分的可能性大。为此，各队组织进攻战术时，往往从双方的特点和实际条件出发，只有两者结合，机动灵活，才能收到良好的效果。

2. 快速反击

在一方进攻时，其后卫压至中线附近，由于参加进攻而防守人数减少，后场空区大，在进攻失误后，来不及回防或回防中防守位置出错和有漏洞时，另一方发动快速长传进攻往往会取得较好的效果。

3. 转移进攻

当进攻在一侧展开，难于突破防线时，应及时转移进攻方向。此时，在另一侧的防守员较少，空隙较大，应抓住时机，实施突然而快速的攻击。

二、防守战术

（一）个人防守战术

1. 选位与盯人

选位是指防守队员的位置应处于对手与本方球门中心所形成的直线上（图 6-33）。盯人可分为紧逼盯人与松动盯人。紧逼盯人是贴紧对手不让他有从容活动的机会（一般与对手保持在 1.5 m 左右）。松动盯人是与对手保持一定距离以便随时可以靠近对手进行防守或紧逼。

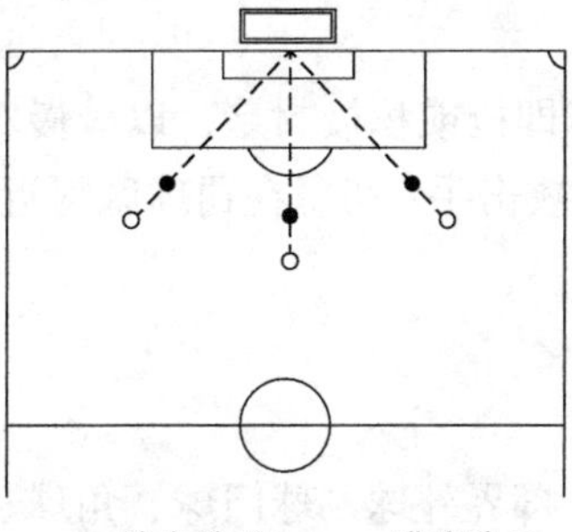

●——防守队员；○——进攻队员

图 6-33　选位与盯人

2. 选位与盯人要领

①向前断球，不能断则不让对手接球转身，应迫使其横回传；若对手已转身，则不让他运球突破或直传。

②一对一防守时，以防内线为主。

③对持球和离球近的进攻队员、切入队员、主要得分手、组织进攻的核心队员、罚球区附近及罚球区内的进攻队员必须采取紧逼。

（二）局部防守战术

1. 保护与补位

紧逼持球队员的防守者需要保护，一旦防守者被对手突破，保护队员可以立即补位。保护是补位的前提，没有保护就不可能有效地补位。

2. 补位时应注意的问题

①被突破队员能追上对手时，一般不需要补位也不需要交换防守位置。

②紧逼队员与保护补位队员应前后或斜线站位，决不能平线站位。这样可使防守有层次、有保护，以免突破一点，造成局部或全线崩溃的被动局面。

（三）全队防守战术

全队防守战术一般有区域防守、盯人防守和混合防守 3 种。

（1）区域防守

区域防守是指队员分工负责一定的防守区域，进攻队员进入防区就盯防，离开防区就不跟踪盯防。这种战术节省体力，但在两个防区的接合部和同一防区内出现两名进攻队员时，容易漏人。

（2）盯人防守

盯人防守分全场盯人、半场盯人及 30 m 内后场盯人防守。被盯防的队员跑到哪里就盯防到哪里，即使离开自己的位置，也要盯住自己的对手。特点是分工明确，体力消耗大，对身体训练水平要求高。但一人被突破后，防守易出漏洞。

（3）混合防守

混合防守是指有的队员进行区域防守，有的队员进行盯人防守，两者结合运用；或者是有的区域进行盯人防守，有的区域进行区域防守。混合防守具体方法较多，目前被广泛采用。

混合防守战术的要领：丢球即抢或积极封堵，以减慢对方进攻速度；层层设防，保持队形；重点盯住进攻的组织者或攻击手；切忌在罚球区附近特别是罚球区内的不必要犯规。

三、定位球战术

定位球战术包括中圈开球、掷界外球、球门球、角球、任意球、点球等攻守战术。由于定位球战术是利用比赛开始或“死球”后重新开始比赛的机会组织的攻守战术，因此对攻方来说，定位球的第一传是在没有阻截情况下进行的，容易组织进攻和射门。特别是踢角球和在对方罚球区附近罚任意球，若战术组织得当，进球的可能性就大；对守方来说，则有一定的时间组织防守。因此，目前定位球战术已被普遍重视。

（一）任意球攻守战术

1. 任意球进攻战术

（1）直接射门

无论在中间还是两侧获得任意球机会，只要有可能射门，最好的方法就是直接射门。常采用的方法：利用弧线球从人墙一侧绕过或从人墙上空越过后进入对方球门。如图 6-34 所示，⑨用左脚脚背内侧踢弧线球，球从人墙内侧绕过后进入球门；⑧用右脚脚背内侧踢弧线球，球从人墙上空通过进入球门。

（2）配合射门

在罚球区的侧角或两边，或不可能直接射门时，应进行配合射门。经常采用的方法有短传配合和长传配合两种（图 6-35）。传球次数宜少，强调配合的简练和实效性。

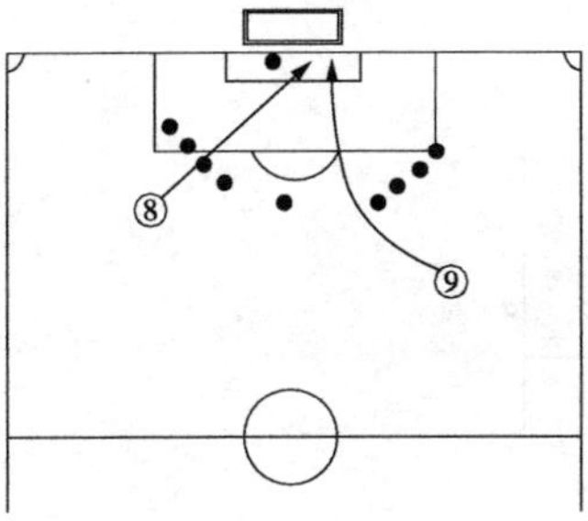

图 6-34　直接射门

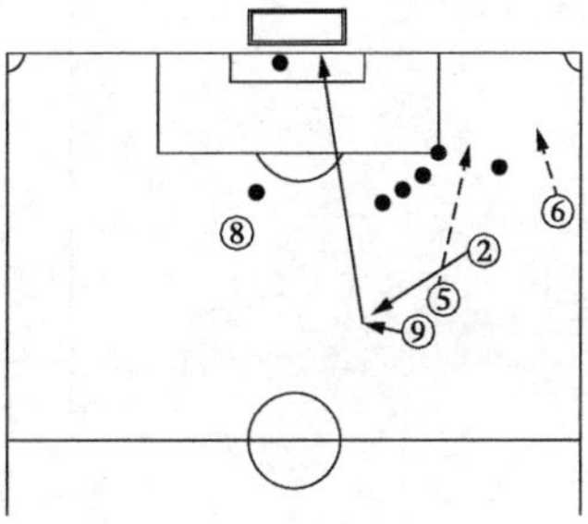

图 6-35　配合射门

在图 6-35 中，⑤②⑨三名进攻队员在罚球地点附近，⑤佯做射门后向人墙外侧插入，以分散对方的注意力，同时，②将球向左横传避开人墙，⑨迅速射门，三人的配合要逼真、紧凑。

2. 任意球防守战术

在罚球区附近的任意球防守应做好以下三点：

①干扰对手罚球，争取时间组织人墙。

②组织好人墙。

③全队回防，守住危险区域，做好人盯人防守。

（二）角球攻守战术

1. 角球进攻战术

随着罚角球技术和战术的发展，使得角球的威胁增大。角球进攻战术可分为短传配合角球和长传配合角球。

①短传配合角球。这种角球的特点是发球快，在角球区域附近能形成攻多守少的优势，提供了接近球门并进行威胁进攻和射门的机会。

②长传配合角球。用内旋弧线球直接射门，但运用少。多数用长传至门前区域由同伴直接头顶球攻门或配合攻门。长传的落点见图 6-36 中的 3 个阴影区。

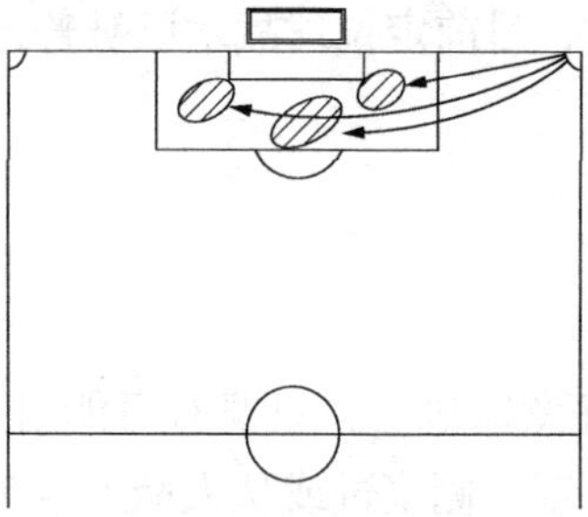

图 6-36　长传配合角球

2. 角球防守战术

在对方罚角球时，可由 10 ~ 11 名队员参加防守。以区域防守为例，攻方在右侧罚角球时防守队员分布如图 6-37 所示。

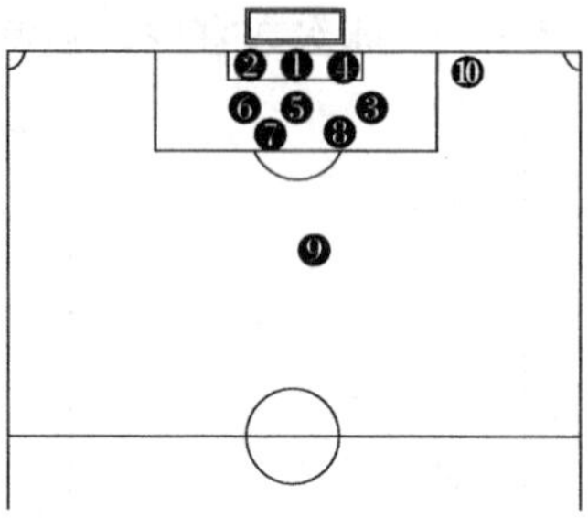

图 6-37　角球防守战术

3. 角球攻守战术要领

①无论是盯人防守还是区域防守，都应分工明确，看人又看球，人球兼顾。

②必须抢占有利的防守位置，始终在球、对手和球门之间。

③重点防守对方高大的队员和头顶球好的队员。

④当角球被守方踢出后，除守门员外的全队队员都应迅速一致地向本方罚球区外移动，这有利于限制对方再次进攻，造成对方越位，并能发动快速反击。

第三节　足球运动基本竞赛规则

足球规则规定了足球比赛的方法及比赛双方运动员应遵守的行动准则与违反这些准则的处置方法，以及裁判员和助理裁判员的职权与职责等内容。规则的精神实质可以概括为：保护运动员的安全和健康；制裁一切有害的动作和不道德行为；比赛的双方在均等的条件下，充分地发挥技战术水平，保证比赛顺利进行。

现将足球规则主要内容简介如下。

一、比赛场地、队员人数与队员装备

（一）比赛场地

场地面积：比赛场地应为长方形，其长度不得大于 120 m 或小于 90 m，宽度不得大于 90 m 或小于 45 m（国际比赛的场地长度不得大于 110 m 或小于 100 m，宽度不得大于 75 m 或小于 64 m）。在任何情况下，长度必须超过宽度。

（二）队员人数与队员装备

1. 队员人数

每队上场参加比赛队员不得多于 11 名，其中必须有一名守门员。在比赛开始或比赛进行中，某队队员人数不足 7 人时，该场比赛则被视为无效。除竞赛规程另有规定外，一个队每场比赛最多可以使用 3 名替补队员。而且任何其他队员都可与守门员互换位置，但须事先通知裁判员，并应在比赛成死球时互换。

2. 队员装备

上场队员必需的装备是运动上衣、短裤、护袜、护腿板和足球鞋，同队队员的服装必须一致，并与对方队员有明显区别，守门员的服装颜色必须与其他队员及裁判员有明显区别。队长须佩戴袖标。如发现队员戴有可能伤害其他队员的物品（如手表、戒指、项链、别针等）时，裁判员应令其摘除，否则不得参加比赛。

二、裁判员与助理裁判员

（一）裁判员的职权

每场比赛应委派一名裁判员执行裁判任务。在裁判员进入比赛场地时，即开始行使规则赋予其的职权。在比赛暂停或比赛成死球时出现的犯规，裁判员均有判罚权。裁判员在比赛进行中，根据比赛实际情况，对比赛结果等所作的判决，应为最后判决。

（二）助理裁判员的职责

每场比赛应委派两名助理裁判员，他们的职责（由裁判员决定）应为示意：何时球出界成死球；由哪一队踢角球、球门球或掷界外球；何时处于越位位置的队员可以被判为越位；当发生裁判员未看到的不正当行为或其他事情时；当要求替补时。

三、比赛时间、比赛开始、比赛进行及死球、计胜方法

（一）比赛时间

比赛时间应分为两个相等的半场，每半场 45 min。特殊情况双方同意另定除外，并按下列规定执行。

①在每半场中由于替补、处理伤员、延误时间及其他原因损失的时间均应补足，这段时间的多少由裁判员决定。

②在每半场时间终了时或全场比赛结束后，如执行罚球点球，则应延长时间至罚完为止。

③除经裁判员同意外，上下半场之间的休息时间不得超过 15 min。

（二）比赛开始

比赛开始前，应用投币方式选定开球方或场地，先挑的一方只有场地的选择权。在裁判员发出信号后，当球被踢出并向前滚动，比赛方为开始。开球队员在球未经其他队员触及前不得再次触球。下半场开始时，两队应互换场地，并由上半场开球队的对方开球。

（三）比赛进行及死球

当球不论在地面或空中全部越过球门线或边线时，或比赛已被裁判员停止时，比赛即为死球。除此，比赛均在进行中，包括：球从球门柱、横木或角旗杆弹回场内；球从场上裁判员或助理裁判员身上弹落于场内；场上队员犯规而裁判员并未判罚。

（四）计胜方法

除规则另有规定外，凡球的整体从门柱间及横木下越过球门线，而并非攻方队员用手掷入、带入、故意用手或臂推入球门（守门员在本方罚球区内除外），均为攻方胜一球。

四、越位

（一）越位的概念

凡进攻队员较球更接近于对方球门线者，即为处于越位位置。下列情况除外：①该队员在本方半场内；②至少有两名对方队员比该队员更接近于对方的球门线。

（二）判罚越位的依据

当同队队员踢或触及球的一瞬间，裁判员认为越位位置的队员主动地干扰比赛或干扰对方队员，从越位位置获得了利益。

（三）下列情况下不判罚越位

①队员仅仅处在越位位置。

②队员直接接得球门球、角球或界外掷球。

五、犯规与不正当行为

①在比赛中凡队员出现下列行为之一者，均属犯规，在由对方罚直接任意球时：踢、绊摔、跳向、冲撞（危险猛烈和背后）、打、拉扯、推、用手或臂携带或击或推球和铲球时，于触球前触到对方队员。

②在比赛中出现下列行为之一者，应由对方在犯规地点罚间接任意球：危险动作；球不在其控制范围以内做合理冲撞；故意阻挡对方；冲撞守门员；守门员违例。

③队员有下列行为应被黄牌警告：未经裁判员允许擅自离场或进场；屡次违反规则；用语言或行为对裁判员的判罚表示不满；有不正当行为等。

④队员有下列行为时，应被罚令出场（红牌）：有恶劣行为或严重犯规；语言粗秽或辱骂；经警告仍坚持不正当行为。

第七章

篮球运动

第一节　篮球运动概述

一、篮球运动的起源

1891年，美国马萨诸塞州普林菲尔德市基督教青年会国际训练学校的体育教师詹姆斯·奈史密斯博士发明了篮球运动。当时，他从当地儿童喜欢用球投向桃子筐（当地盛产桃子）的游戏中得到启发，发明了投篮游戏，这就是篮球运动的雏形。

二、篮球运动的发展

现代篮球运动从游戏演变为竞技篮球运动，经过了一个漫长的实践过程，即构思设计—初始尝试—建章完善—推广宣传—立项入世—普及提高—创新发展等几个阶段。若以其活动方式和规则完善的过程划分，可将其发展历史分成5个时期：

①初创试行时期（19世纪90年代至20世纪20年代）；

②完善传播时期（20世纪30年代至40年代末）；

③普及发展时期（20世纪50年代至60年代末）；

④全面提高时期（20世纪70年代至80年代末）；

⑤创新发展时期（1990年至今）。

国际奥委会和国际业余篮球联合会于20世纪90年代同意了职业篮球运动员参加奥运会比赛，世界篮球运动进入了一个全新的发展时期。1992年，美国篮球“梦之队”在西班牙巴塞罗那夏季奥运会上展现了世界最高水平的篮球运动技艺，引起了国际篮球界的高度关注。世界篮球运动由此向融科技化、竞技化、职业化、记忆化、凶悍化、多变化、产业化于一体的当代篮球运动方向发展，掀起了篮球运动的发展高潮。同时，篮球运动的技术动作不断创新，战术日益精湛，更加力求实效，阵形多变，运动员内外攻守区域分位趋向模糊，高空争夺更趋凶悍，竞技艺术更显观赏性。篮球规则对比赛、高空争抢、场地区域及攻守技术、战术的合理运用，乃至全场比赛时间、方式等都进行了新的规定（如改上、下半时为4节，每节10 min，实行3人裁判制，比赛双方交替拥有球权，进攻时间为24 s等）。

三、篮球运动的基本规律

1. 集体协同规律

篮球运动是集体协同作战的一项运动，要取得比赛的胜利，必须依靠集体的力量。

2. 凶悍对抗规律

篮球运动的对抗具有凶悍性，比赛一方要采用合乎规则要求的手段（身体动作与技术、战术）在地面与空间上制约另一方。

3. 攻守平衡规律

篮球比赛是由两个队在规则规定的时间内不断地进行攻守转换完成的。在竞赛过程中，双方在同一时间段里非攻即守，交替转换，一次进攻结束后就是另一次防守的开始，周而复始。

四、篮球运动的基本特点

1. 集体性

篮球运动比赛是以同队成员相互协同、两队成员攻守对抗的形式进行的竞技过程。只有发挥集体的智慧和技能，发挥团队精神，协同配合，才能达到最佳的比赛状态。

2. 对抗性

篮球运动是一项高强度激烈对抗的运动。攻与守，限制与反限制，均在凶悍近身的环境下完成，不仅要斗智，还要有充沛的体能和顽强的作风。

3. 综合性

篮球运动包含跑、跳、投等身体活动，是一项综合性的体育运动。篮球运动竞技本身涉及社会学、生物学、军事学、管理学、体育学、教育学、竞技学等多种学科。

第二节　篮球基本技术和战术

篮球技术是在篮球比赛中，球员为了达到一定目的而采用的专门动作方法的总称，包括进攻技术与防守技术两部分。进攻技术有传接球、运球、持球突破、投篮等，防守技术有防守对手、抢断球、封盖技术等。在进攻和防守中，还有移动、抢篮板球技术等。

一、移动技术

移动是篮球多项技术的基础，其关键是控制身体重心的平衡和变化。现将几种常用的移动技术简述如下。

（一）起动、急停

1. 起动

起动是球员改变静止状态的一种方法。在进攻中，突然快速地起动是摆脱防守的有效手段。防守时，迅速地起动是保持抢占有利位置、防住对手的首要环节。

动作要领：起动前，两脚开立，腿有一定的弯曲，上体稍前倾。起动时，以后脚或异侧脚的前脚掌短促有力地蹬地，同时上体迅速前倾或侧转，向跑动方向移动重心，在最短的距离内把速度发挥出来（图 7-1）。

图 7–1　起动

2. 急停

球员在移动中突然制动脚部的动作叫急停，可分为跨步急停与跳步急停两种。

①跨步急停（两步急停）及动作要领：先向前跨出一大步，由脚跟着地过渡到全脚掌抵住地面，迅速屈膝并使上体后仰。第二步着地时，身体侧转，脚尖内旋，用前脚掌内侧蹬撑地面保持身体平衡，重心落在两脚之间。

②跳步急停（一步急停）及动作要领：在跑动中，用单脚或双脚起跳，上体后仰，两脚同时平行落地，用前脚掌内侧有力撑地，两膝微屈，降低重心，保持身体平衡。

（二）侧身跑

侧身跑是球员在移动时为了更好地观察场上情况，多在快攻和防守快攻时采用的一种跑动方法。

动作要领：向前快跑的同时，头部和上体自然地向有球方向扭转，以便观察场上情况。

（三）变向跑

变向跑是球员在跑动中利用方向的变化完成攻守任务的一种方法。

动作要领（以从左向右变向跑为例）：顺步变向跑时，左脚落地制动，屈膝降低身体重心，用前脚掌内侧蹬地，同时扭腰转胯，右脚迅速向右跨步加速。交叉步变向跑时，左脚落地制动，腰胯向右转动，同时左脚前脚掌内侧蹬地向右跨步，继续加速跑动前进。

（四）滑步

滑步是防守动作中的一项重要的移动方法。它易于保持身体平衡，可向任何方向移动。滑步可分为侧滑步（横滑步）、前滑步和后滑步。

动作要领（以侧滑步为例）：滑步前，两脚左右开立，两膝微屈，上体稍前倾，手臂向两侧张开。向左滑步时，右脚前脚掌内侧蹬地，左脚向左跨出一步，落地的同时，右脚迅速随同滑行，然后依次重复上述动作，眼要注视对手（图 7-2）；向右滑步时，动作相反。

①　②　③　④

图 7-2　侧滑步

（五）转身

转身是指球员以一脚为中轴脚进行旋转，另一脚蹬地向前（后）跨出，从而改变原来身体方向的一种动作方法。它与急停、跨步、持球突破结合使用，能有效摆脱防守，创造传球、投篮的机会。转身分为前转身和后转身。

动作要领（以前转身为例）：转身时，中轴脚前掌用力碾地，移动脚向中轴脚脚尖方向跨出，移动脚蹬地并迅速跨步，从而改变身体方向，同时转腰转肩并保持身体平衡。

二、传、接球技术

篮球传、接球技术是在比赛中，同队球员相互移动产生的配合，或个人移动创造出战机时，及时获得球和供给球的一种方法。传、接球技术最直接地反映了球员的观察与判断能力，是进攻球员在场上相互联系和组织进攻的纽带，是实现战术配合的具体手段。

（一）传球

传球有双手胸前传球、双手低手传球、双手低手向后传球、双手头上传球、单手肩上传球、单手胸前传球、单手低手传球、单手低手向后传球、单手肩上向后传球、单手背后传球、单手体侧传球和勾手传球等。下面主要介绍两种最常用的传球方法。

1. 双手胸前传球

双手胸前传球是最基本、最常用的传球方法。这种方法快速有力，可在不同距离的情况中使用，而且便于和投篮突破等动作相结合。

动作要领：双手持球于胸前，两手五指自然分开，两拇指呈“八”字形（两拇指间的距离随手的大小可变远近），手在球的侧后方。手指指根以上部位触球，手心空出。两肘自然下垂，上体稍前倾，两腿自然弯曲地前后站立。传球时，前臂急促地向传球方向伸出，拇指用力下压，食指、中指外翻，抖腕拨球将球传出（图 7-3）。

图 7-3　双手胸前传球及持球手势

2. 单手肩上传球

单手肩上传球是一种常用的中、远距离传球方法，特别是在抢到后场篮板球并发动长传快攻时运用得较多。

动作方法：持球方法与双手胸前传球相同，两脚平行开立，右手传球时，左脚向传球方向跨出。同时，双手将球引到右肩侧上方，右手大臂充分后引，左肩对传球方向，重心落在右脚上。传球时，右脚蹬地，同时转体并迅速向前挥臂，手腕前扣，最后通过食指、中指、无名指的弹拨将球传出（图 7-4）。

图 7-4　单手肩上传球

（二）接球

接球是篮球运动中的主要技术之一，是获得球的动作，也是抢篮板球和断球的基础。

1. 双手接球

双手接球有双手接胸部高度的球、双手接头部高度的球、双手接腰部高度的球、双手接反弹球、双手接地滚球等。

动作要领（以双手接胸部高度的球为例）：接球前，手臂可自然前伸，手指自然分开，两拇指呈“八”字形，手指向前上方伸出，两手呈半圆形。手指在触球的同时，随球后引，屈肘缓冲来球的力量，两手握球，保持身体平衡，做好传球、投篮或突破的准备。

2. 单手接球

单手接球能接到不同方向和位置的来球，非常有利于快速进攻。其缺点是不如双手接球稳定。

动作要领（以右手接球为例）：两眼注视来球，右臂微屈，手掌呈勺形，手指自然分开，迎着来球的方向伸出。当手指触球时，手臂顺势向后下引球，另一手立即帮助将球握于胸腹之间。

三、投篮技术

投篮技术是进攻球员为将球投入篮筐而采用的各种专门动作的总称，是篮球比赛中的主要进攻技术，也是唯一的得分手段。

（一）单手肩上投篮

单手肩上投篮是篮球比赛中应用比较广泛的一种投篮动作，有出手点高、球出手快、便于结合其他技术动作等优点。

动作要领（以右手投篮为例）：左手扶球的左侧，右臂屈肘持球于头右侧上方，大臂与肩关节平行，大小臂约呈 90°，肘关节不要外展。两脚前后或左右开立，两膝微屈，重心落在两脚之间。投篮时，下肢蹬地发力，右臂向前上方举球，将要伸直时，手腕前屈，食指、中指用力拨球，通过指端将球投出，身体随之向前上方伸展。

（二）双手胸前投篮

双手胸前投篮是使用较早的投篮方法，虽然其出手点低，但易于保持投篮前持球的稳定性，便于和传球突破相结合。远距离投篮的情况，适于运用这种投篮方法。女生的上肢力量较男生弱，比较适合学习这种投篮方法。

动作要领：投篮的准备姿势与双手胸前传球的准备姿势基本一致，投篮前将球置于胸前，目视球篮，两肘关节自然下垂。两脚前后或左右开立，两膝微屈，重心落在两脚之间。投篮时，两脚蹬地，两臂向前上方伸出，两手腕同时外翻，拇指稍用力压球，使球通过拇指、食指、中指指端投出（图 7-5）。

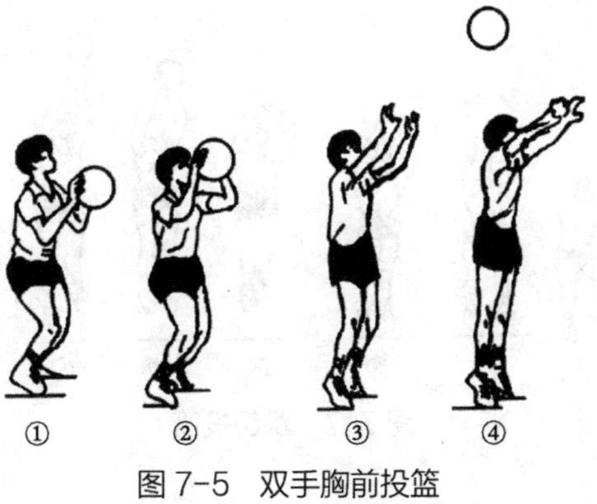

图 7-5　双手胸前投篮

（三）行进间投篮

行进间投篮是进攻或突破防守切入篮下时最常用的投篮方式，俗称跑篮、“三大步”

上篮。下面介绍较常用的两种行进间投篮技术。

1. 行进间单手肩上投篮

动作要领（以右手投篮为例）：在运球行进或跑动行进中，接球的同时右脚向前跨一大步，落地后，左脚向前跨一小步蹬地跳起，右腿提膝高抬，双手迅速举球于右肩上方。右手托球且掌心向上，左手扶球，当身体腾空到最高点时，将球投出。

2. 行进间单手低手投篮

动作要领（以右手投篮为例）：在运球行进或跑动行进中，接球的同时右脚向前跨一大步，落地后，左脚向前跨一小步蹬地跳起，右腿提膝高抬。右手掌心向上托球，并充分向球篮方向伸展，抖腕，食指、中指用力拨球，通过指端将球投出（图 7-6）。

①　②　③　④　⑤

图 7-6　行进间单手低手投篮

（四）跳起投篮

跳起投篮（简称“跳投”）具有突然性强、出手点高和不易防守的优点，可在原地、行进中急停或结合转身一起使用。

动作要领（以原地跳起右手投篮为例）：准备动作与单手投篮基本一样，起跳和举球动作同时完成。垂直起跳时，用腰腹力量保持身体平衡。当身体跳起至最高点或接近最高点时，迅速伸臂，用手腕和手指的合力将球投出（图 7-7）。

①　②　③　④　⑤　⑥　⑦　⑧　⑨　⑩

图 7-7　跳起投篮

（五）运球（或接球）急停跳起投篮

运球（或接球）急停跳起投篮要求全身力量的配合，对腰腹部、腿部等部位的力量及协调性的要求较高。

动作要领：在快速运球中，运用跳步或跨步急停，突然向上起跳，同时，两手持球上举。当身体接近最高点时，前臂向前上方伸直，手腕前屈，食指、中指用力拨球，通过指端将球投出。

四、运球技术

运球是球员在比赛中携带球移动的唯一方法，是控制球、支配球、组织战术配合和突破防守的重要手段。但是，盲目地过多运球，则会贻误战机，影响集体作用的发挥，造成被动局面。运球技术包括高运球，低运球，运球急停、急起，体前变向换手运球，体前变向运球，背后运球，运球转身，胯下运球等。

（一）高运球

使用高运球方法时，身体重心较高，速度快，便于观察场上情况。

动作要领：运球时，两腿微屈，目平视，以肘关节为轴，前臂自然伸屈，用手腕、手指柔和而有力地按拍球的后上方。球的落点控制在运球手臂同侧脚的外侧前方，使球反弹的高度在腰腹之间，手脚协调配合，使球有节奏地向前运行（图 7-8）。

图 7-8　高运球

（二）低运球

当受到对手紧逼防守时，常采用低运球方法。

动作要领：两腿弯曲，重心下降，上体前倾。在用上体和腿保护球的同时，用手短促地按拍球，使球从地面向上反弹的高度在膝部以下（图 7-9）。

图 7-9　低运球

（三）运球急停、急起

运球急停、急起是运球时利用速度的突然变化来摆脱防守的一种常用方法。

动作要领：在快速运球中突然急停时，采用两步急停，使身体重心降低，手按拍球的前上部，使球停止向前运行。运球急起时，两脚用力后蹬，上体急剧前倾，迅速起动，同时，按拍球的后上部，人、球同步快速前进（图 7-10）。

图 7-10　运球急停、急起

（四）体前变向换手运球

体前变向换手运球是运球球员突然改变运球方向来突破防守的一种运球方法。

动作要领（以右手运球为例）：运球球员从对手右侧突破时，先向对手左侧做变向运球假动作，然后突然改变方向向右侧运球。变向时，右手按拍球的右后上部，把球从自己的右侧按拍到左侧前方。同时，右脚向左前方跨出，上体左转，用肩保护球，然后换手运球加速前进。

五、个人防守技术

防守技术是球员在防守时为了阻挠和破坏对手进攻，达到夺球反攻的目的所采取的各种专门动作方法的总称。

（一）防守无球球员

防守无球球员时，防守者应与球、被防守者内侧保持三角形站位。防守者到靠近球的区域，面对人，侧对球；到远离球的区域，面对球，侧对人。

防守姿势：防守者两脚开立，两腿弯曲，身体重心下降，上体稍前倾，积极移动脚步，手臂配合，阻挠对手接球让对手无法摆脱。

（二）防守有球球员

防守有球球员时，防守者应站在对手与球篮之间。根据持球球员的位置，落位时要截击对手，往边线逼防，阻止变向和超越。防守动作与防守无球球员大体相同，只是注意与对手要保持适当的有利距离。离球篮远时，防突破和传球；离球篮近时，除防突破、传球外，还要防投篮，要两臂上举挥摆干扰。

（三）抢球技术

抢球是从进攻球员手中夺取球的方法。抢球时，防守者看准持球者的持球空隙部位，迅速用双手抓住球向后突然拉转，将球抢过来；也可以双手抓住球的同时，双手向前下方转动，将球从持球者手中抢出。

（四）打球技术

打持球：防守者利用突然上步，用单手由上向下或由下向上以快速准确的动作将对方的球打掉。

打运球：在进攻者运球过程中，当球刚从地面弹起时，防守者突然上步，用靠近球的手将球迅速打掉。

六、抢篮板球技术

篮板球是获得控制球权的重要来源之一。进攻篮板球的优势是，不仅可以增加进攻次数和篮下直接得分的机会，还可以增强本队投篮的信心，同时减少对方发动快攻的机会。防守篮板的优势是，不仅能为发动快攻创造有利条件，还能给进攻球员投篮造成心理压力。因此，一个球队抢篮板球的能力，对争取比赛主动和比赛胜利都起着重要作用。下面讲述抢篮板球的技术分析及动作方法。

（一）抢占有利位置

抢占有利位置是抢篮板球技术的关键。无论是抢进攻篮板球还是抢防守篮板球，都应抢占对手与球篮之间的有利位置，力争把对手挡在身后。抢占位置时，应根据对手和投篮球员所处的位置，正确判断篮板球的反弹方向和距离，运用快速的脚步动作，抢占有利的位置。

（二）转身挡人抢位

转身挡人抢位多用于抢防守篮板球，在防守者靠近对手时运用。当对手投篮后，根据与对手之间的距离决定转身的方法，如果对手距离较近时，转身后把双手挡在身后并贴、靠对手，挡住其移动路线。如果对手距离较远时，则可先上一步，贴近对手再做转身，把对手挡在身后。

七、进攻战术的基础配合

进攻战术的基础配合是进攻球员之间，为了创造攻击机会，合理运用技术而组成的合作方法。

（一）传切配合

传切配合是进攻球员之间利用传球和切人技术所组成的简单配合。

传切配合过程中，球员配合的距离要拉开，切人路线要合理；切人球员要利用假动作迷惑对手，或趁对手注意球的瞬间，掌握好摆脱时机，切人时紧贴对手，动作要快速；传球球员动作要隐蔽，要及时、准确、快速地将球传给切入球员，如图 7-11 所示。

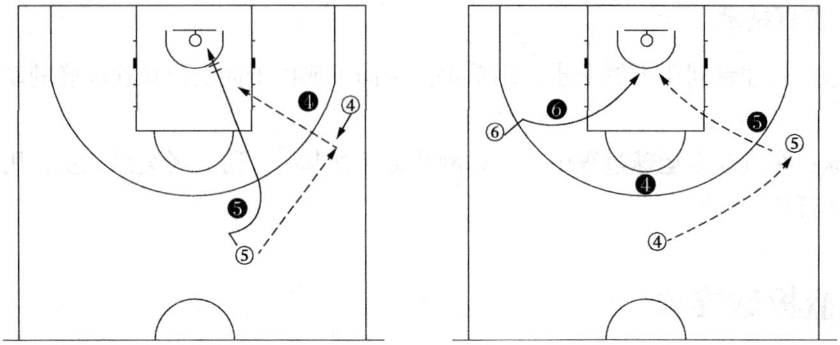

图 7-11　传切配合

（二）突分配合

突分配合是指持球者突破后利用传球与同伴配合的方法，如图 7-12 所示。

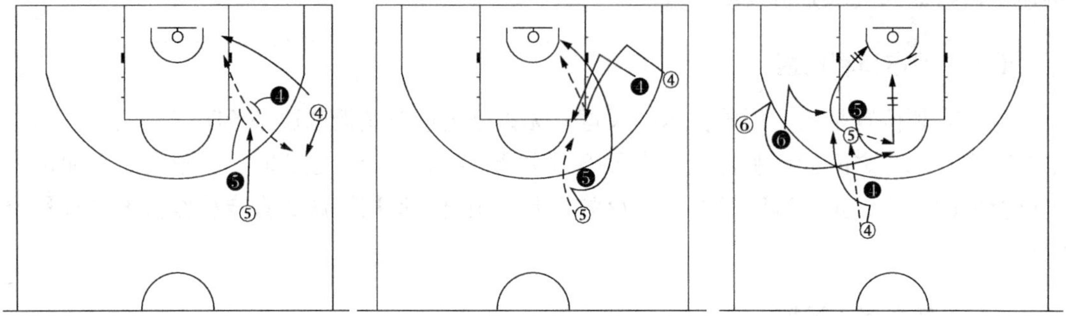

图 7-12　突分配合

（三）策应配合

策应配合是指进攻球员背对篮筐或侧对篮筐接球，以进攻球员为枢纽，与同伴空切配合而形成的一种里应外合的配合方法。

配合球员要根据策应者的位置，及时传球给策应者远离防守方的一侧，做到“人到球到”，或设法摆脱防守后切入，绕出接球，如图 7-13 所示。

（四）掩护配合

掩护配合是掩护球员采用合理的行动，用自己的身体挡住同伴的防守者的移动路线，使同伴借以摆脱防守，或利用同伴的身体和位置使自己摆脱防守的一种配合方法。

掩护配合是篮球比赛中常用的一种配合方法，我们经常可以在电视上看到比赛双方球员利用各种掩护配合摆脱防守球员，如图 7-14 所示。

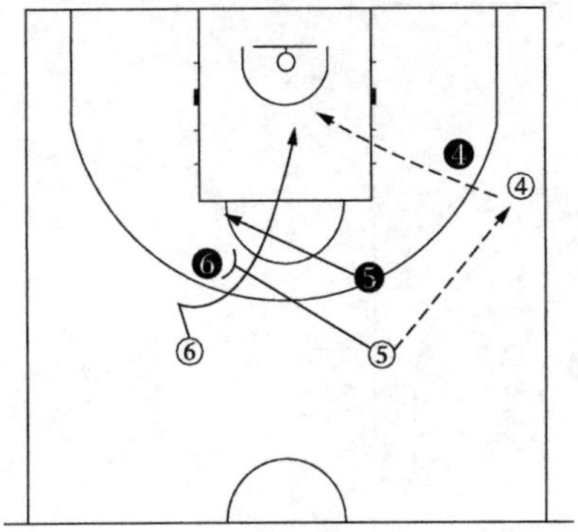

图 7-13　策应配合

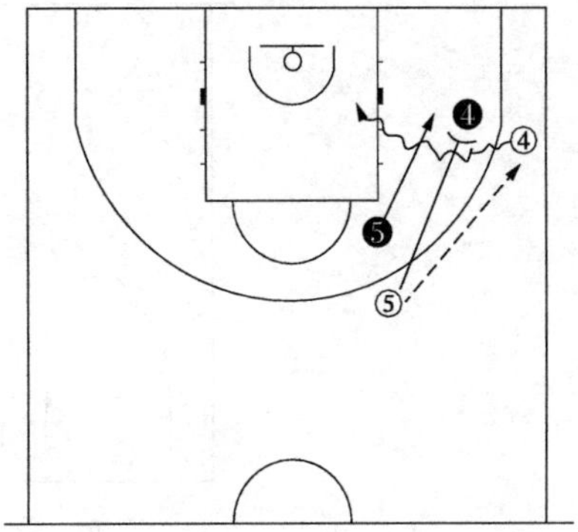

图 7-14　掩护配合

八、防守战术的基础配合

防守战术的基础配合是指防守球员之间，为了破坏对方进攻而配合，或当同伴防守出现困难时，及时互相协作和帮助的行动方法。

（一）关门配合

“关门”是两名防守球员靠拢协同防守突破的配合方法，如图 7-15 所示。

（二）夹击配合

夹击配合是两名防守球员积极防守一名进攻球员的配合方法，如图 7-16 所示。

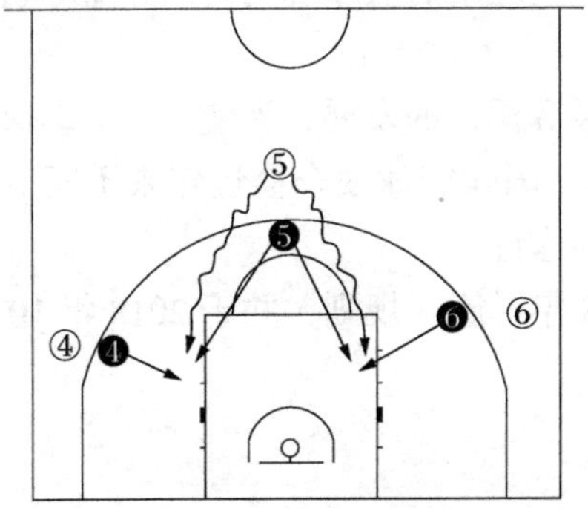

图 7-15　关门配合

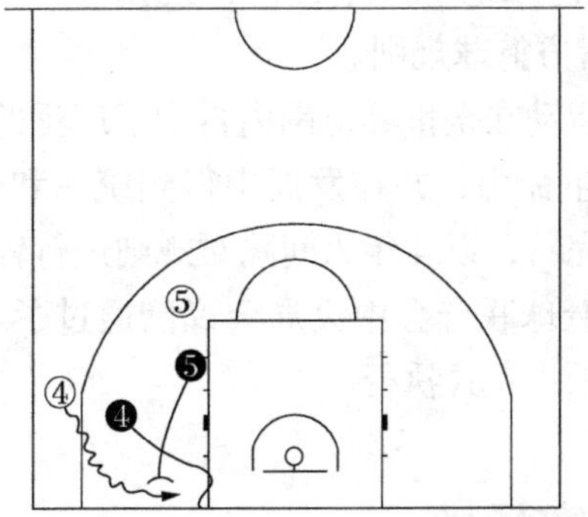

图 7-16　夹击配合

（三）补防配合

补防配合是指防守球员在同伴漏防时，立即放弃自己的对手，去补防那个威胁最大的进攻者，而与漏人的防守球员及时换防的一种协同防守方法，如图 7-17 所示。

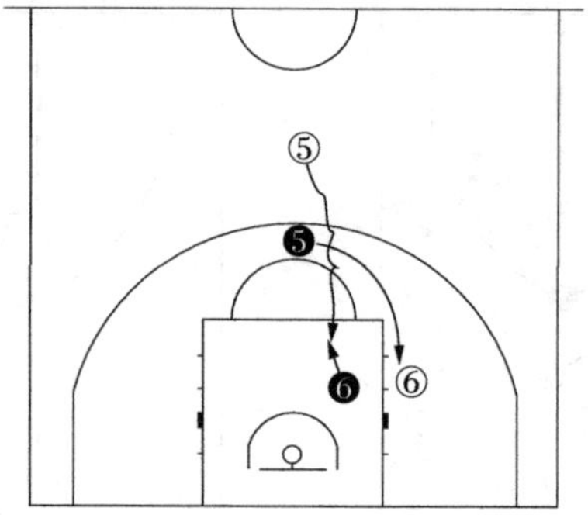

图 7-17　补防配合

有了以上的基本战术作为保障，球队就可以根据实战需要，安排全队攻防战术。全队攻防战术种类繁多，但都要以基本的攻防战术为基础。我们只有熟练掌握了这些最基本的攻防战术，才能学习并真正掌握全队的攻防战术。

第三节　篮球运动竞赛规则简介

篮球运动竞赛规则指篮球比赛中应用的各种规则。基于适用范围，篮球规则可分为 FIBA 规则、NBA 规则、NCAA 规则等。在世界上通用的篮球规则是国际篮球联合会指定的 FIBA 官方篮球规则。

篮球运动在全世界范围内得到了广泛的普及和深入的发展，为使该项运动保持持久的吸引力和生命力，并在发展中得到统一和规范，国际篮球联合会近年来不断对《篮球规则》进行完善，以 4 年为间隔对规则进行较大的修订。

国际篮球联合会中央局会议已通过了 2018 年《篮球规则》并于 2018 年 10 月 1 日起在世界范围内正式执行。

一、竞赛场地

（一）场地

篮球场是一个长方形的坚实平面，无障碍物。国际篮联主要的正式比赛，比如奥运会比赛，世界男、女锦标赛，世界男、女青少年锦标赛和世界男子 22 岁以下年龄组锦标赛，洲际男、女锦标赛等，球场长 28 m、宽 15 m。球场的丈量从界线的内沿量起。

（二）界线

球场必须有明显的界线，界线外至少 2 m 以内不得有任何障碍物。长边的界线叫边线，短边的界线叫端线。线宽均为 0.05 m。

（三）中圈

圈要画在球场的中央，半径为 1.80 m，从圆周的外沿丈量。

（四）中线

从边线的中点画一条平行于端线的横线叫中线，中线要向两侧边线各延长 0.15 m。对方篮球、篮板的界内部分以及对方篮球后面的端线、边线和距对方篮球最近的中线边缘围成的场区构成了某队的前场。球场的另一部分，包括中线和本方场区，以及篮板的界内部分，是该队的后场。

（五）3 分投篮区

3 分投篮区是以场上篮筐投影点为圆心，以 6.75 m 为半径的两条拱形线限制出的地面区域。

二、比赛规则

（一）比赛方式

一场篮球比赛由两个队参加，每队出场 5 名球员。每队的目标是在对方球篮得分，并阻止对方队得分。篮球比赛由裁判员、记录台人员和技术代表（如到场）管理。

（二）球篮：本方 / 对方

被某队进攻的球篮是本方的球篮，由某队防守的球篮是对方的球篮。

（三）比赛的胜者

在比赛时间结束时得分较多的队，将是比赛的胜者。

（四）比赛时间

比赛分成两个半时，每个半时 20 min；两个半时之间休息 10 min 或 15 min。

比赛又可细分为四节，每节 10 min；第一节和第二节、第三节和第四节之间的休息时间分别为 2 min。

（五）比赛开始

比赛要在中圈内跳球开始，当主裁判持球步入中圈执行跳球时，比赛正式开始。如某队在场上准备比赛的球员不满 5 名，则比赛不能开始。所有比赛的下半时，双方都要交换球篮。

三、违例

比赛中发生的违例有球出界、带球走、非法运球、携带球、球回后场、故意脚球、拳击球和掷界外球，以及时间（3、5、8、10、24 s）上违例和罚球时违例。

四、犯规

犯规是违反规则的行为，含有与对方球员进行身体接触或违反体育道德的举止。对犯规球员要进行登记，随后按规则的有关条款进行处罚。

侵人犯规是在活球和死球时涉及与对方球员接触的犯规。球员不准通过伸展臂、肩、髋、膝、脚或弯曲身体呈不正常姿势，以阻挡、拉、推、撞、绊等动作来阻碍对方行进，也不准使用任何粗野动作。侵人犯规的情况有阻挡、撞人、拉人、非法用手、推人、非法掩护等。规则中定义了以下几种侵人犯规：

①挡，是阻止对方球员行进的身体接触。

②撞人，是持球或不持球的球员推动或移动到对方球员躯干上的身体接触。

③从背后防守，是防守球员从对方球员的背后与其发生的身体接触。

④用手拦阻，是防守球员在防守状态中用手接触对方球员，或是阻碍其行动或帮助他来防守对手。

⑤拉人，是干扰对方球员移动自由而发生的身体接触。

⑥非法用手，发生在球员试图用手抢球接触了对方球员时。如果仅仅接触了对方球员持球的手，则被认为是附带的接触。

⑦推人，是用身体的任何部位强行移动或试图移动已经或没有控制球的对方球员时发生的身体接触。

⑧非法掩护，是试图非法拖延或阻止非控制球的对手到达目标场上位置。

侵人犯规罚则是，在所有情况下都要登记犯规球员 1 次侵人犯规。

第八章

游　泳

第一节　游泳概述

游泳是一种凭借自身肢体动作和水的作用力，在水中活动或前进的技能活动，是深受人民群众喜爱的体育项目之一。

1828 年，英国在利物浦乔治码头修建了第一个室内游泳池。19 世纪 30 年代，这种游泳池在英国各大城市相继出现。1837 年，第一个游泳组织在英国伦敦成立，同时举办了英国最早的游泳比赛。1869 年，大城市游泳俱乐部联合会（现英国业余游泳协会的前身）在伦敦成立，并把游泳作为一个专门的运动项目正式固定下来。

随着游泳运动的发展，游泳被分为实用游泳、竞技游泳和花样游泳三大类。实用游泳又分为侧泳、潜泳、反蛙泳、踩水、水中救护、武装泅渡。竞技游泳分为蛙泳、自由泳、仰泳、蝶泳。竞技游泳从 1896 年第一届夏季奥运会起，就被列为奥运会正式项目，目前各种锦标赛、国际大型比赛不断推动着竞技游泳的发展，使它的技术动作更加完善，运动员们也创造了一个又一个优异的成绩。花样游泳也称艺术游泳，是集舞蹈、体操、游泳等项目于一体的竞技体育项目，对运动员的身材、泳装、头饰、音乐、动作、编排都有很高的要求。花样游泳分为单人、双人、集体等比赛项目，通过运动员的肢体在水面上的运动并与音乐配合，展现出各种优美动作和各种造型的艺术性技巧，给人们美的享受，故有“水上芭蕾”的美誉。

2012 年伦敦奥运会，中国游泳队 5 金、2 银、3 铜的成绩大幅超越了 2008 年北京奥运会的 1 金、3 银、2 铜，也超越了 1992 年巴塞罗那奥运会的 4 金、5 银，创造了中国游泳队自 1984 年参加奥运会以来的最好成绩。

第二节　竞技游泳

一、蛙泳

蛙泳是竞技游泳的姿势之一。人体俯卧水面，两臂在胸前对称，直臂侧下屈划水，两腿对称屈伸蹬夹水，似青蛙游水。蛙泳比较省力，易持久，实用价值大，常用于渔猎、泅渡、救护、水上搬运等。

（一）身体姿势

蛙泳时，身体位置不是固定不动的，而是不断变化的，在一个动作周期（一次蹬腿、一次划手）结束后，有一个短暂的相对稳定的滑行时间，此时两臂和两腿并拢伸直，身体水平地俯卧在水面，头略微抬起，身体纵轴与水平面的较小夹角为 5° ~ 10°。身体保持一定的紧张度，以维持较好的流线型。当划手和抬头吸气时，头抬出水面，肩部上升，开始收腿，这时身体与水平面的夹角约 15°。

（二）腿部技术

蛙泳的腿部技术非常重要，可使身体产生向前的推动力，正确的腿部动作可产生较大的推动力。腿部动作可分为四部分，即收腿、翻脚、蹬腿和滑行，这四个动作是紧密相连的完整动作。

1. 收腿

收腿时会给身体带来阻力。开始收腿的同时屈膝屈髋，两膝边慢慢分开边向前收腿，小腿和脚应跟在大腿和臀部的后面，以较慢的速度和较小的力量使脚后跟向臀部靠拢，以减小阻力。收腿结束后，大腿与躯干之间呈 130° ~ 140°，大腿与小腿之间呈 40° ~ 45°（图 8-1）。

2. 翻脚

在收腿没有结束时开始翻脚，翻脚时应脚尖朝外，并使脚和小腿内侧对准蹬水方向。翻脚结束时，两脚之间的距离要大于两膝之间的距离（图 8-2）。

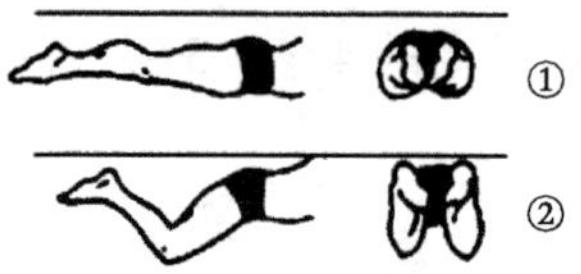

图 8-1　收腿

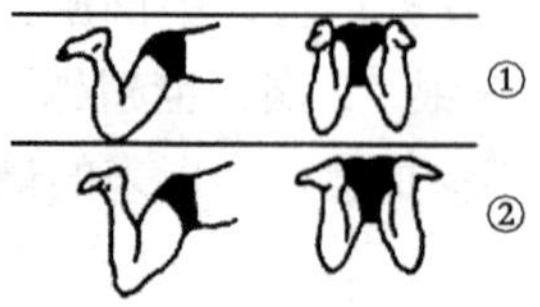

图 8-2　翻脚

3. 蹬腿

蹬腿应该说是蹬夹水，先伸展髋关节，从大腿发力向后蹬水，小腿和脚掌做向下和向后的鞭状打水动作。腿在后蹬的同时向中间夹紧，蹬腿结束时两腿应并拢伸直，脚面伸直（图 8-3）。用较大的力量快速完成蹬夹水动作，才能产生较大的推进力。

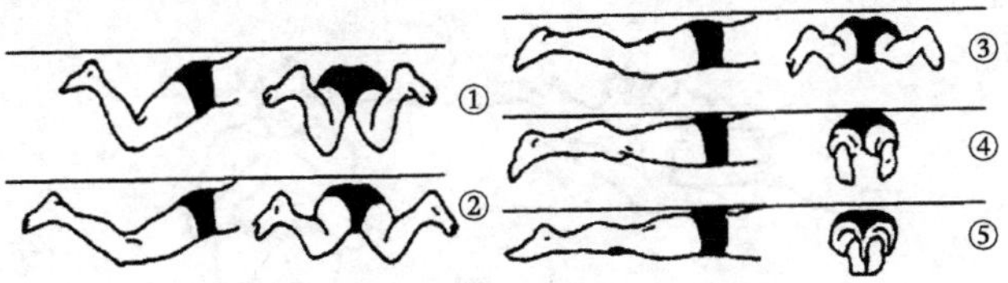

图 8-3 蹬腿

4. 滑行

在完成蹬夹水动作后，由于惯性作用身体有一个短暂的滑行阶段，这时两腿伸直并拢并自然放松，为下一个周期做好准备。

（三）手臂技术

蛙泳的手臂技术非常重要，特别是现代蛙泳技术，更加强调手臂技术的作用。蛙泳手臂动作可分为开始姿势、抓水、划水、收手、移臂等几个部分。

1. 开始姿势

两臂自然放松伸直，手指自然并拢，掌心向下，两手尽量接近水面，这种姿势可使身体在较高的位置上保持稳定，整个身体呈流线型（图 8-4）。

图 8-4 开始姿势

2. 抓水

抓水也称滑下，滑行时五指自然并拢并向外、向下方勾手，应感觉到水对前臂和手掌的压力（图 8-5）。

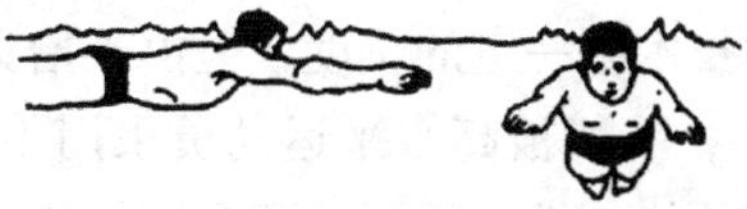
图 8-5 抓水

3. 划水

划水开始时，两手继续外分，手臂向外旋转，同时屈肘、屈腕，保持高肘划水。整个过程肘高于手，肘前于肩。划水的前一部分，手臂同时向外、向下和向后运动，后一部分手臂同时向内、向下和向后运动（图 8-6）。

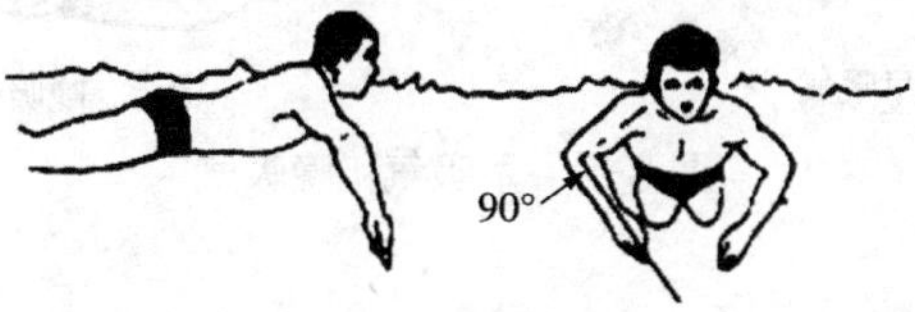

图 8-6 划水

4. 收手

收手是从结束划水开始的。结束划水后，手掌在向内上移动的同时，大臂外旋，向前推肘，即手向前内上，肘从向下到向内前，手肘相对移动，手提到下颌的下前方，掌心相对，斜向内下。收手结束时，肘的位置低于手，肘关节弯曲成较小的锐角（图 8-7）。

图 8-7　收手

5. 移臂

紧接收手，继续推肘伸臂。推肘，不是先伸肘关节，而是伸肩关节的同时推动肘来完成的。通过向前伸肩和伸肘，两臂前移至开始姿势。移臂时，掌心可以向下，也可向内，在即将结束时，再转为向下（图 8-8）。

图 8-8　移臂

（四）呼吸和动作配合

蛙泳时，靠颈后肌的收缩，向前抬头吸气，但不应抬头过猛，以保持身体的稳定。相对于划水来说，有早吸气和晚吸气两种配合形式。早吸气是指手臂刚开始划水时抬头吸气，吸气时间较长，收手和移臂时低头吸气，这种配合易于掌握，可以利用划水时的下压，产生升力，有助于上身浮起，抬头吸气；晚吸气是指划水结束收手时吸气，吸气时间较短，移臂时低头呼气，这种技术有一定的难度，但由于抬头时间短，身体重心和浮心失去平衡的时间短，因此阻力小，一般被高水平运动员采用（图 8-9）。蛙泳臂腿配合技术较为复杂。为了保持游进速度的均匀性，臂腿的配合应尽量使游进过程中每个动作周期内的每个阶段都有推进力产生。正确的配合技术是手臂划水时，腿自然放松伸直，收手时腿自然屈膝，开始移臂时收腿，并快速蹬腿。

图 8-9　早吸气和晚吸气

二、自由泳

自由泳是竞技游泳比赛的项目之一，对技术没有规则限制。比赛时，运动员多采用最快的爬泳技术，因此人们也称自由泳为爬泳。自由泳采用两臂交替划水和两腿交替打水配合，形成现代自由泳模式。这种姿势是速度最快，也是目前自由泳唯一的姿势，其结构合理、阻力小、速度均匀，是最省力的一种游泳姿势。

（一）身体姿势

自由泳时身体几乎水平地俯卧于水面呈流线型。头部姿势对身体姿势和动作都有一定的影响，因此在游进中应保持头部平稳。身体要保持水平姿势，水面接近发际，髋部略低于肩，身体纵轴与水平面呈很小的锐角。游进中身体往往随划水和呼吸动作绕纵轴做有节奏的转动，转动角度在 40° 左右（图 8-10）。

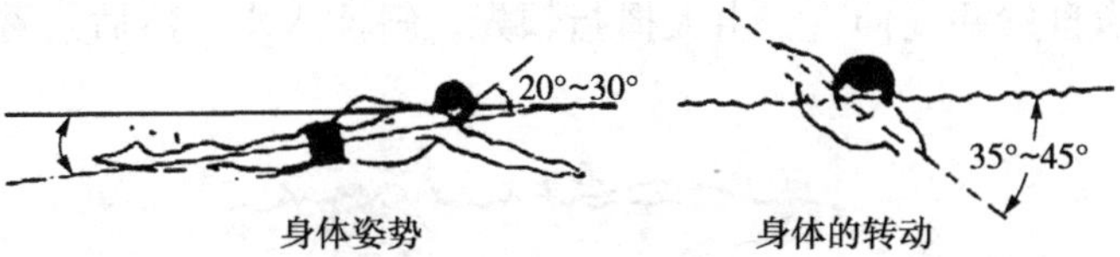

图 8-10　自由泳身体姿势

（二）腿部动作

自由泳时，起主要推进作用的是臂部动作，腿部动作也有一定的推进作用，但主要是起保持身体的稳定和协调两臂的平衡作用。自由泳打腿基本上是在矢状面上完成的，由向下打腿和向上打腿两部分构成。向下打腿主要产生推进力的作用，打腿时两脚应稍内扣，踝关节放松，由髋关节发力，传到大腿，带动小腿和脚，做有力而有弹性的鞭状打水。向上打腿时，大腿带动小腿向上移动，当整条腿移到水面并与水面平行时，大腿首先停止继续上移，转入向下打腿，但此时小腿和脚由于惯性的作用仍在继续上移，膝关节弯曲呈 140° ~ 160° ，然后小腿和脚在大腿的带动下开始向下打水。当大腿向下打水到最低处并开始向上打水时，小腿仍未完成向下打水，直到小腿伸直，随大腿转入向上打水。自由泳打水动作应该向下屈腿打水，向上直腿打水，打水幅度为 30 ~ 40 cm。向下打水时踝关节尽量伸直，不要勾脚，使脚背向后下方用力，使身体获得向前的反作用力。如果勾脚打水，不但不能推动身体前进，反而给了身体向后的反作用力，使身体倒退。

（三）手臂动作

手臂动作是自由泳时推动身体前进的主要动力。为了便于分析动作，把一个周期分为入水、抱水、划水、出水和空中移臂 5 个不可分割的阶段。从侧面看，自由泳的划水动作像船桨一样，只是在一个平面向后划动，其实不然。手臂在向后划的同时，还经历了向外、向下、向内、向外、向上的三维动作，手的划水路线类似“S”形（图 8-11）。

图 8-11　自由泳手臂动作

1. 入水

完成空中移臂后，手在控制下自然放松地入水。手的入水点一般在身体纵轴和肩关节前方的延长线间。入水并不产生推进力，它的目的是使手臂伸展到适当的位置，为划水做好准备。入水阶段手的运动方向是向前、向下和向外，不向后。手臂入水时，肘关节微屈并高于手，手五指自然并拢伸直，由大拇指领先，斜插入水，然后前臂和上臂依次入水（图 8-12）。

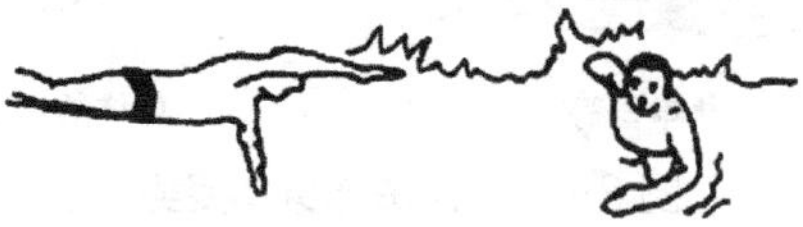

图 8-12　入水

2. 抱水

手臂入水后，再积极向前下方插入，使手臂伸直，然后逐渐屈肘，使肘高于手。高肘的目的是使前臂和手最大限度地向后推水。当手臂抱至与水平面约 40°、肘关节屈至约 150° 时，抱水结束（图 8-13）。整个动作手臂像抱一个大圆球，肩带肌肉群充分伸展，为加速划水做好准备。

图 8-13　抱水

3. 划水

划水是发挥最大推进作用的主要阶段，它可分为拉水和推水两个部分。拉水时，手同时向内、向上和向后运动，保持高肘姿势。拉水结束时，手在身体下方靠近身体中线，手臂与水平面基本垂直，屈肘角度约 90°（图 8-14），继而进入推水阶段。

图 8-14　拉水

推水时，手同时向外、向上和向后运动，在拉水的基础上加速连贯动作的完成，中间不能有停顿，特别是经过肩的垂直面时，大臂要保持内旋姿势，带动小臂，用力向后推水。同时，使肩部后移，以加长有效的划水路线。向后推水，有一个从屈臂到伸臂的加速过程，有一个手掌从内向外、从下向上的动作路线。当手臂在后方与水平面呈约 20° 时，推水结束，转入出水阶段（图 8-15）。

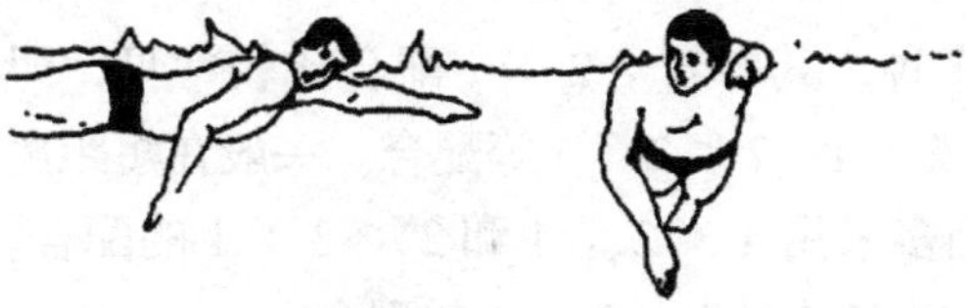

图 8-15 推水

4. 出水

划水结束后，臂由于惯性的作用很快地靠近水面，这时，应立即在肩的带动下将手臂提出水面。出水的顺序是肩、上臂、前臂和手。出水动作应快速连贯，但前臂和手应尽量放松（图 8-16）。

图 8-16 出水

5. 空中移臂

紧接臂的出水，不停顿地进入空中前移。移臂要尽量放松，肘高于手，向外上方做提拉动作，将前臂和手提出水面。动作应借助于肩关节的自然转动，手的速度要快于前臂和上臂的速度，因为移臂开始时手落后于肘关节，而移臂结束时手应在最前方领先入水（图 8-17）。

图 8-17 空中移臂

自由泳两臂的配合是前进速度均匀性的重要条件。两臂的交叉划水配合有三种基本形式，即前交叉、中交叉和后交叉配合。

（四）呼吸和动作配合

1. 呼吸与手臂的配合

自由泳呼吸技术是一个难点，是因为它采用人们所不习惯的侧边转头吸气。吸气的时机要掌握好，如果向右转头，右手入水后，嘴和鼻开始徐徐呼气，右臂开始划水至肩上，开始向右侧转头和增大呼气量。右臂推水即将结束，则用力呼气。右臂出水时，张嘴吸气，至空中移臂的前半部为止，并开始转头还原。右手入水时，头部应已复原并保持稳定（图 8-18）。

图 8-18　右手入水，头部复原

2. 完整配合

自由泳配合技术有多种，其中 6 ：2 ：1 配合比较常见，即 6 次打腿、2 次划水、1 次呼吸。此外，还有 4 ：2 ：1、2 ：2 ：1 等配合。一般在短距离自由泳时采用 6 ：2 ：1 配合的较多。中长距离则多采用 4 ：2 ：1 和 2 ：2 ：1 的配合。6 ：2 ：1 配合一般被初学者所采用，所以教学中多采用 6 ：2 ：1 的配合。

三、仰泳

仰泳是竞技游泳项目之一，又称背泳，是一种人体仰卧在水中的游泳姿势。仰泳包括反蛙泳和反自由泳，因为脸在水面上，呼吸很方便，但是游泳者看不到在往哪里游，容易游错方向。

（一）身体姿势

仰泳时身体平直地仰卧于水中，自然伸展，头和肩部略高于腰部和腿部。头要稳定，后脑浸入水中，脸露出水面。腰腹部应保持适度的紧张，以保持身体的流线型（图 8-19）。

图 8-19　仰泳身体姿势

（二）腿部动作

仰泳的腿部动作与自由泳的动作一祥，有一定的推进作用，主要是保持身体平衡。腿的动作是大腿带动小腿下压和上踢，形成鞭状踢水动作。下压动作是大腿带动小腿直腿完成的，到一定深度时转入上踢过程。这时小腿和脚在惯性的作用下仍继续下压，使膝关节呈 130° ，大腿带动小腿和脚依次完成下压动作（图 8-20）。

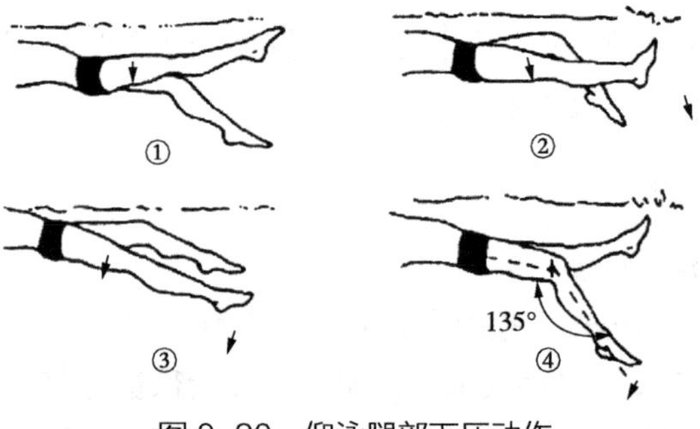

图 8-20　仰泳腿部下压动作

上踢动作产生推进力，当大腿上踢到一定高度，膝关节即将露出水面时，大腿结束向上移动，转为下压。小腿和脚仍上踢，形成鞭状踢水动作（图 8-21）。

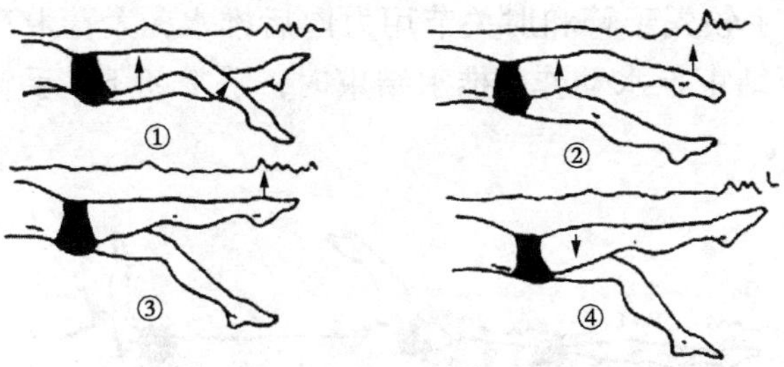

图 8-21　仰泳腿部上踢动作

（三）手臂动作

手臂动作是推进身体的主要动力。为了便于分析动作，把一个周期分为入水、抱水、划水、出水、空中移臂和两臂配合 6 个环节。

1. 入水

入水时手臂自然伸直，掌心朝外下方，小指领先入水。入水时手掌与前臂呈 150° ~ 160° 。

2. 抱水

手臂入水后应积极下滑，抓水后转入抱水。身体围绕纵轴的转动和积极伸臂，手臂向外旋转，屈腕，使手臂对准水，以便划水时充分发挥力量（图 8-22）。

图 8-22　抱水

3. 划水

仰泳的划水动作是身体前进的主要动力。整个动作从屈臂抓水开始，划到大腿下方为止。划水动作可分为拉水和推水两个部分。

紧接抱水，肘关节屈呈 150° ，使手掌和小臂达到良好的划水姿势。随着身体绕纵轴继续转动，肘关节下降，手在向后划水的同时向上移动，使屈肘的程度逐渐加大，当手臂划到肩下与水平面垂直时，身体转动角度约 45°，肘关节弯曲呈 90° ~ 100° ，手掌距水面 15 cm 左右，拉水结束（图 8-23）。

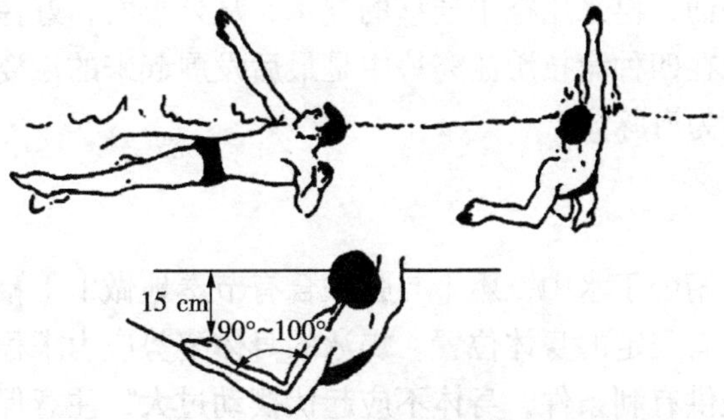

图 8-23　仰泳拉水

推水开始后，使手领先于臂和肘关节用力向后推水，大臂带动小臂和手加速内旋推水，并以手的下压结束推水动作。推水结束时，手掌朝下，手臂伸直，手掌距水面40 ~ 50 cm（图 8-24）。

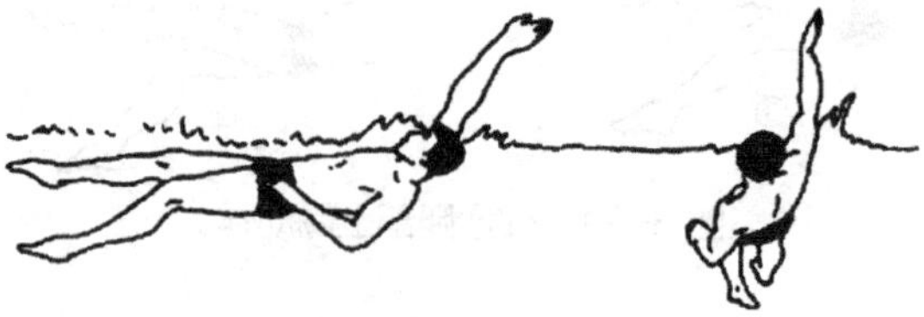

图 8-24　仰泳推水

4. 出水

利用手臂内旋下压的反作用力和三角肌的适当收缩，手臂迅速提拉出水面。出水时，先压水后提肩，使肩露出水面后，由肩带动上臂、小臂和手依次出水。手出水最好以大拇指领先，这样阻力小，而且手臂较自然放松。

5. 空中移臂

手臂出水后，手臂应迅速由后向前移动，手臂要自然放松伸直，上臂贴耳。手臂移过垂直部位后应向外旋转，使掌心向外，为入水做好准备。

6. 两臂配合

两臂动作始终是在对角交叉的位置上交替划水。一臂入水时，另一臂推水结束，两臂基本处于相反的位置，保证动作的连贯性和前进速度的均匀性。

（四）呼吸和动作配合

仰泳时，脸一直露出水面，呼吸技术简单、自然，张口有节奏地呼吸。现代仰泳技术中较常见的是 6 ∶ 2 ∶ 1 的配合技术，即 6 次打腿、2 次划水、1 次呼吸。

四、蝶泳

蝶泳是竞技游泳项目之一，蝶泳技术是在蛙泳技术动作基础上演变而来的。当蛙泳技术发展到第二阶段，也就是 1937—1952 年这一时期，在游泳比赛中，有些运动员采用两臂划水到大腿后提出水面，再采用空中迁移的技术，从外形看，好像蝴蝶展翅飞舞，所以人们称它为蝶泳。蝶泳在四种竞技游泳姿势中是最后发展起来的泳姿，由于它的腿部动作酷似海豚，所以又被称为海豚泳。

（一）身体姿势

游蝶泳时，运动员俯卧于水中，躯干与腿联合有节奏地做上下鞭打动作，身体做波浪动作形成上下起伏，没有固定的身体位置。蝶泳的身体姿势应力求稳定，身体有节奏地起伏，给臂和腿部动作提供有利条件，身体不应起伏摆动过大，注意保持身体的相对平稳和流线型。

（二）躯干和腿部动作

蝶泳时，虽然主要推进力来自臂部动作，但腿部打水动作也起着明显的推进作用。打水时，两腿应自然并拢，两脚稍内扣，两腿的动作应同时进行。向下打腿时，用大腿带动小腿，屈膝，踝关节伸直，用脚背对准水向下快速打水（图 8-25）。

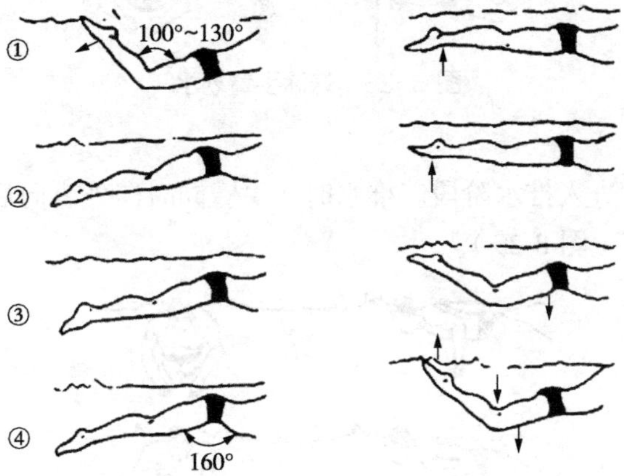

图 8-25 蝶泳躯干和腿部动作

（三）手臂动作

蝶泳臂部动作是推进身体的主要动力。蝶泳划水可分为入水、抱水、划水、推水、出水和空中移臂动作。

1. 入水

紧接空中移臂，保持臂内旋，高抬肘，掌心斜向外下方。入水应以大拇指领先，斜插入水，然后前臂和上臂依次入水（图 8-26）。

图 8-26 蝶泳手臂入水

2. 抱水

紧接入水后，手和前臂向外旋转，手臂同时向外、向后和向下运动，手臂有支撑住水的感觉，像是用手抱个大圆球一样，开始屈肘、屈腕，为划水做好准备（图 8-27）。

图 8-27 蝶泳手臂抱水

3. 划水

紧接抱水，两臂屈臂向后加速划水。划水时，继续屈肘，并保持高肘姿势。

手臂继续向外旋转，手同时向内、向上和向后划水，划水到肩的垂直平面时，屈肘

90° ~100°。继续向内划水到两手之间距离从宽到窄时，划水结束（图 8-28）。

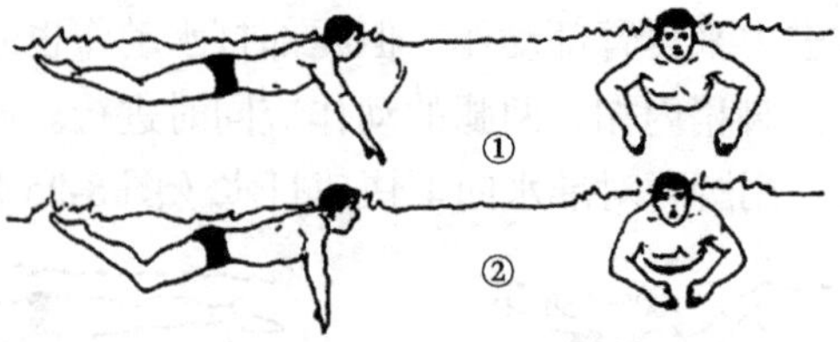

图 8-28　蝶泳手臂划水

4. 推水

当两手距离最近时进入推水阶段。推水时，手臂同时向外、向后和向上运动，一直推到大腿两侧，推水结束（图 8-29）。

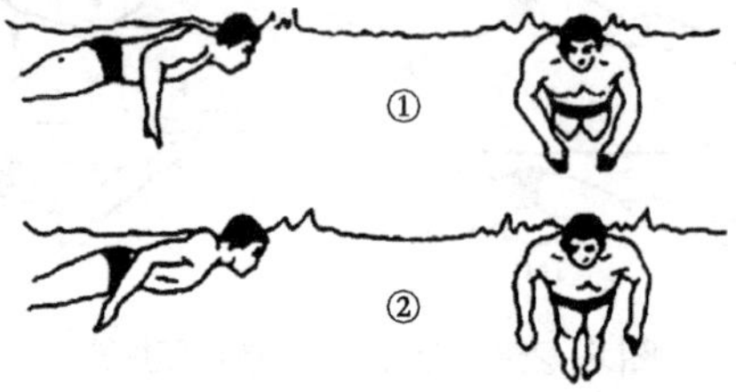

图 8-29　蝶泳手臂推水

5. 出水

向后推水结束前，肘开始向上抬起，推水结束时，靠三角肌和斜方肌的适当收缩，顺推水的惯性，肘和肩带动手臂提拉出水（图 8-30）。

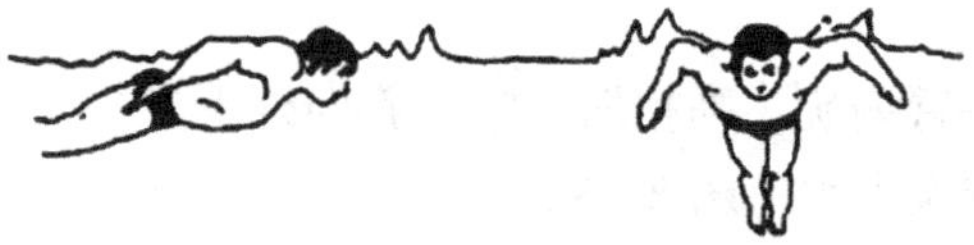

图 8-30　蝶泳手臂出水

6. 空中移臂

出水后，在肩的带动下，手臂迅速从空中前移到头前，准备入水和下一个周期的动作。出水时，手掌几乎是向上的，移臂至肩的垂直面时向后，入水时则斜向外下方（图 8-31）。

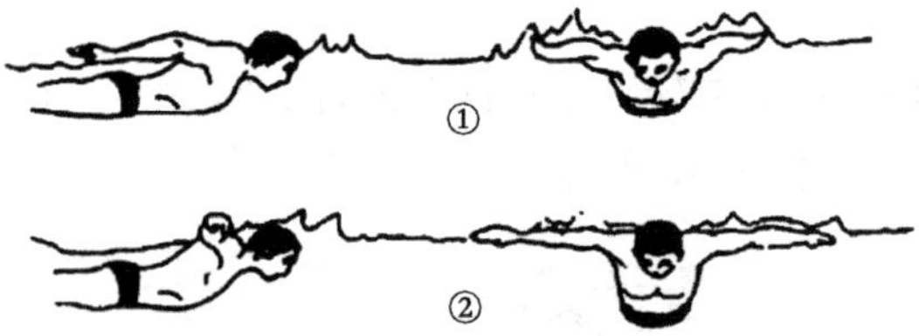

图 8-31　蝶泳空中移臂

（四）呼吸和完整动作配合

蝶泳的吸气有早吸气和晚吸气。初学者可采用早吸气技术，即在划水开始时就抬头吸气，臂出水和移臂时低头入水。蝶泳运动员多采用 2 ∶ 1 ∶ 1 配合技术，即 2 次打腿、1

次划水、1 次呼吸。臂腿配合时机：臂入水时打 1 次腿，臂划水至腹下时打 2 次腿。

腿部动作：踩水的腿部动作几乎和蛙泳一样，只是需要注意的是它的收蹬腿的幅度要小。收腿时膝关节可外翻，蹬腿时膝关节向内扣压，同时小腿和脚内侧蹬夹，两腿尚未蹬直并拢即开始做第二次的收腿动作，动作熟练之后，也可进行两腿交替蹬夹水。

臂部动作：两臂稍弯曲，在体侧前做向外、向内的摸压水的动作，动作幅度不能太大。向外时，手掌心向外侧下，有分开水的感觉；向内时，手掌心向内侧下，有挤水的感觉。向内摸压至肩宽距离即分开。两手掌摸压水的路线呈双“一”弧形。

臂、腿、呼吸配合：臂腿的动作配合要连贯、协调，一般是两腿做蹬夹水时，两臂向外做摸压水的动作，收腿时则向内摸压，呼吸要跟随臂腿自然进行。蹬夹水（臂向外）时吸气，收腿（臂向内）时呼气。可以一个动作做一次呼吸，也可以几个动作做一次呼吸。用踩水游进时，可以采用身体的不同侧向以及蹬夹和摸压的方向来改变游进的方向。向前，则身体稍前倾，脚稍向侧后蹬夹水，两臂稍向后拨水，反之亦然。踩水动作熟练后，仅用双腿的蹬踩动作也可使身体浮起，那么单手或双手就可以在水面上自由持物，人直立深水中，两腿交替上抬下踩，使身体不下沉，并且能前进（图 8-32）。

图 8-32　踩水姿势

第三节　游泳时常见的问题与自救

游泳是一项深受人们喜爱的运动，它不但能使人的身体得到全面的发展，而且可以培养人们勇敢顽强的精神和坚韧不拔的意志。游泳时我们要了解一些常见的问题和自救常识，以更好地进行游泳运动。

一、游泳时常出现的不适及其处理

（一）呛水及其处理

由于呼吸技术不够熟练，没有养成用嘴吸气的习惯，水容易从鼻腔进入呼吸道而呛水，这就会产生呼吸困难，连续呛水会产生溺水事故。呛水时不能惊慌，要马上做踩水动作，或抬头蛙泳，或仰浮水面，这样险情就会消除。防止呛水的关键是预防，初学者不要去深水区游泳，不能在水中打闹，以防止意外事故的发生。

（二）耳朵进水及其处理

游泳时耳朵经常进水，让人们听力减弱、感觉不适。这时将头偏向进水耳朵的一侧，用手掌压在进水的耳朵上，反复提、压手掌几次就可将水吸出来，或站在岸上，将头偏向有水一侧，用同侧单腿连跳几次，水就可从耳内流出来。

（三）肌肉拉伤及其处理

运动量过大、准备活动不充分、进行大强度的长时间游泳、肌肉和韧带承受不了超负荷的运动以及错误的游泳动作，都可能造成肌肉拉伤。要防止肌肉拉伤，游泳前要充分做好准备活动，尤其是肩、肘、膝关节和腿部。准备活动要做到身体发热为止。游泳动作要正确，用力不要过猛。

二、游泳注意事项

为确保游泳安全，应该掌握下列知识和技能：

①游泳的用具，如游泳衣裤、泳镜等需经常清洗消毒。每次游泳后宜用清水洗眼，再滴几滴眼药水。对于耳中积水，可将头侧偏，用单腿原地跳动让水流出。

②训练时，不经教师同意不能擅自下水游泳。

③下水之前先做准备活动，以免不适。有救生员在场时方可下水。

④身体患病者不要去游泳。

⑤忌饭前、饭后游泳。空腹游泳会影响食欲和消化功能，也会在游泳中发生头昏乏力等意外情况；饱腹游泳也会影响消化功能，还会产生胃痉挛甚至呕吐、腹痛现象。

⑥初学游泳者不要到深水区游泳。

⑦不要在游泳池区域内奔跑。

⑧服从教师管理，严禁跳水，不能做危险的动作和游戏。

⑨参加高强度体力劳动或剧烈运动后，不能立即跳进水中游泳，尤其是在满身大汗、浑身发热的情况下，不可以立即下水，否则易引起抽筋、感冒等。

⑩不要在游泳池浅的一边跳水。

⑪游泳后宜休息片刻再进食，否则会突然增加胃肠的负担，久之容易引起胃肠道疾病。

三、游泳时的自救

游泳者由于技术不熟练、游泳水平不高，到深水区游泳时，心理上过度紧张，偶尔呛水，会造成惊惶失措、乱抓乱蹬、身体下沉、动作变形。在得不到外人救护时，要保持心理放松，踩水吸气或仰卧水面，调整好呼吸后缓慢游进。

在身体不舒服的情况下，有的游泳爱好者还坚持游泳，由于较低的水温对身体的刺激较大，加上游泳时的能量消耗大，使身体更加虚弱，这就可能发生事故，故身体不舒服时不要下水游泳。

由于准备活动不充分，加上凉水的刺激和精神紧张，常引起小腿、大腿、手指、脚趾和腹部抽筋，如果不及时正确处理也会危及生命。当发生抽筋时，要镇静，可牵拉抽筋肌肉，让收缩的肌肉松弛和伸展。抽筋时的注意事项：

①手指抽筋时，将手指捏紧、张开，连续做，直至抽筋消除。

②手掌抽筋时，两掌心相对，连续做交替屈伸动作，直至抽筋消除。

③大臂抽筋时，握拳后以肘关节为轴做屈伸动作，直至抽筋消除。

④小腿和脚趾抽筋时，身体仰卧在水面，用抽筋腿的同侧手压住膝部，抽筋腿勾脚伸直，异侧手抓住脚趾用力做牵拉动作，直至抽筋消除。

⑤大腿抽筋时，身体仰卧在水面，两腿弯曲，双手抱住膝部，用力使大腿尽量靠近腹部，再将腿伸展，连续多次，直至抽筋消除。

⑥在水中解除各种抽筋后，要及时上岸保暖并做肌肉按摩和放松。

有的人在游泳时爱潜水。由于潜水次数过于频繁，潜水时间过长，常常会因为大脑缺氧而休克。因此，潜水不要过于频繁和时间过长，而且要互相照顾和提醒。

第九章

乒乓球、羽毛球和网球

第一节 乒乓球

一、乒乓球运动简介

乒乓球起源于英国。19 世纪末，欧洲盛行网球运动，但由于受到场地和天气的限制，英国有些大学生便把网球移到室内，以餐桌为球台，书作球网，用羊皮纸做球拍，在餐桌上打来打去。1890 年，几位驻守印度的英国海军军官偶然发觉在一张不大的台子上玩网球颇为刺激。后来他们改用实心橡胶代替弹性不大的实心球，随后改为空心的塑料球，并用木板代替了网拍，在桌子上进行这种新颖的“网球赛”，这就是 Table tennis 得名的由来。Table tennis 出现不久，便成了一种风靡一时的热门运动。最初，Table tennis 有其他的名称，如 In door tennis，后来，一位美国制造商以乒乓球撞击时所发出的声音创造出 Ping-pang 这个新词，作为他制造的“乒乓球”专利注册商标，Ping-pang 后来成了 Table tennis 的另一个正式名称，当它传到中国后，人们又创造出“乒乓球”这个新的词语。20 世纪初，乒乓球运动在欧洲和亚洲蓬勃发展起来。1926 年，在德国柏林举行了国际乒乓球邀请赛。后被追认为第一届世界乒乓球锦标赛，同时成立了国际乒乓球联合会。

1959 年，容国团获得了第二十五届世界乒乓球锦标赛男子单打冠军后，中国运动员开始登上了国际乒坛，并逐渐形成了以“快、准、狠、变”为技术风格的直拍近台快攻打法。中国近台快攻的优点是站位近、速度快、动作灵活、正反手运用自如，比日本远台长抽打法又大大前进了一步。20 世纪 60 年代，中国乒乓球技术水平位于世界前列，乒乓球运动的优势由日本转移到中国。这是乒乓球运动水平的第二次大提高。

在中国乒乓球运动发展的同时，欧洲运动员从失败中总结经验教训，经过近 20 年的努力，终于取日本弧圈球技术和中国近台快攻打法之长，创造出适合于他们的先进打法，即以弧圈球为主结合快攻的打法，代表人物是匈牙利的克兰帕尔和约尼尔。以快攻为主结合弧圈球的打法，是以正反手快攻为主要技术，用反手快拨快攻力争主动，以正手拉弧圈球寻找机会扣杀为得分手段，代表人物是瑞典的本格森、捷克的奥洛夫斯基等。这两种打法的特点是放置较强、速度快、能拉能打、低拉高打、回旋余地较大。乒乓球运动又推进到放置和速度紧密结合的新高度。这是乒乓球运动水平的第三次大提高。

20 世纪 70 年代以来，由于国际交往和学习研究的加强，各种打法互取长短，使乒乓球技术得到了更快的发展和提高。比如，中国近台快攻、直拍快攻结合弧圈球、横拍快攻结合弧圈球等打法和技术，均有所发展和创新，在国际比赛中取得了优良的成绩。国际乒乓球联合会已拥有 186 个会员协会，是世界上较大的体育组织之一。1982 年，国际奥委会通过了关于从 1988 年起把乒乓球列为奥运会正式比赛项目的决定，推动了乒乓球运动更快的发展。

乒乓球运动开展的条件不苛刻，可参与性强。男女老少都能打，天南海北都能打，室内室外都能打。乒乓球运动又是一项全身运动，健体健脑又健心。相对于足球、篮球等运动，它没有直接的身体对抗，自己可控制运动量，非常有利于普及。总之，这项运动特别适合中国的国情，得到了国人的普遍喜爱，普及程度很高。

二、乒乓球基本技术

（一）准备姿势及握拍法

1. 准备姿势

①基本姿势：两脚开立略比肩宽，屈膝提踵，身体重心置于两脚之间，上体微前倾，执拍手臂自然弯曲，置于身体右侧，前臂与手腕保持水平状，置于腹前。

②站位：乒乓球运动员根据各自的打法，在比赛时应选择基本的站立位置，有近台（身体离台 30 ~ 50 cm）、中近台（离台 50 ~ 70 cm）、远台（离台 1 m 以外）等。

2. 握拍法

（1）直拍握拍法

①快攻型握拍法（图 9-1）。拍前食指第二指节和拇指第一指节在拍的前面呈钳形，两指间距离 1 ~ 2 cm，拍柄贴住虎口，另外三指自然弯曲贴于球拍后的 1/3 上端。

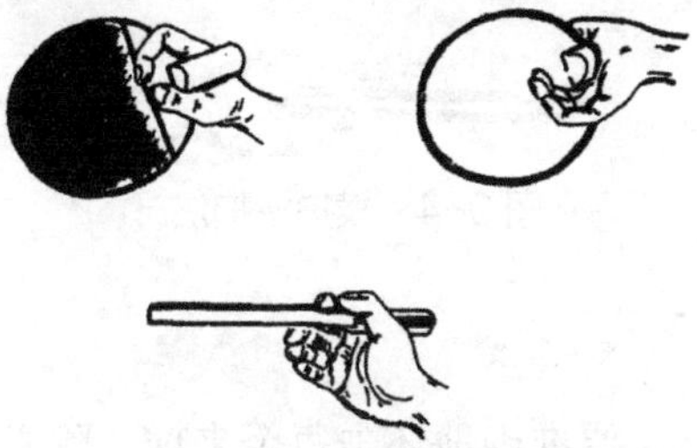

图 9-1　快攻型握拍法

②弧圈型握拍法（图9-2）。弧圈型握拍法与快攻型握拍法基本相同，其区别是：拇指和食指形成一个小环状，其他三指在拍背面自然重叠，由中指的第一指关节顶于拍柄的延长线上。

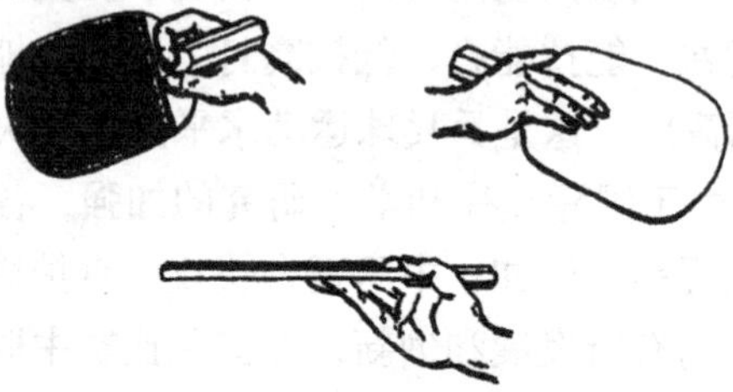

图9-2　弧圈型握拍法

③削球型握拍法（图9-3）。拍前大拇指弯曲紧贴在拍柄的左侧，并用力压拍，拍后其他四指自然分开，托住拍的后面。正手削球时，前臂旋后使球拍后仰，反手削球时，拍后四指灵活地把球拍抖起，使拍柄向下。

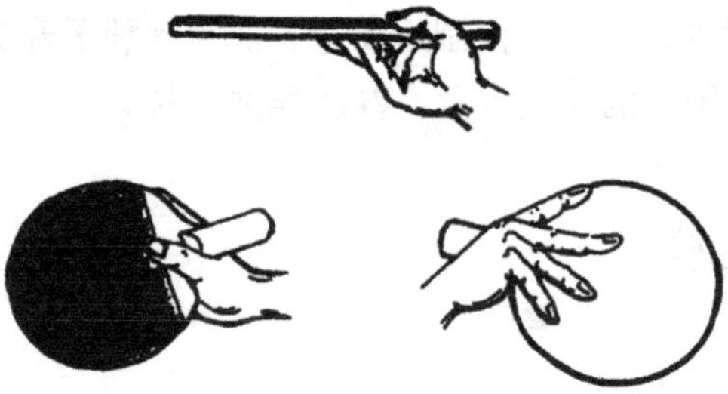

图9-3　削球型握拍法

（2）横拍握拍法

如同握手一样，中指、无名指、小指自然弯曲握住拍柄，大拇指在球拍正面靠近中指，食指自然伸直，斜放于球拍背面。正手攻球时，食指稍向上移动，反手攻球时，拇指稍向上移动（图9-4）。

图9-4　横拍握拍法

（二）步法

由于来球的落点不断变化，要准确地还击每个来球，除必须具备快速的反应和良好的身体素质之外，还需要正确、灵活的步法。

1. 单步

单步是以一脚的前脚掌为轴，另一脚向前、后、左、右某个方向移动一步的步法，在来球角度不大、小范围内移动时使用。

2. 跨步

跨步是以一脚向来球方向跨出一大步，另一脚跟着移动的步法。常用来对付来球急、角度大、离身体稍远的球。

3. 跳步

跳步是指一脚用力蹬地，使两脚离开地面，同时向左向右或前后跳动的步法。快攻型打法用它来侧身。

4. 并步

并步是指来球远侧方的脚先向近侧方靠一步，然后近侧方的脚再向来球方向迈一步的步法。在小范围内移动时，常使用此步法。

5. 交叉步

交叉步是指离球远的脚朝来球方向跨出一大步，并从前面超过另一脚形成交叉状，另一脚再向来球方向移出一步的步法。主要用于快攻，在侧身进攻后扑挡常用此步法。

（三）发球

发球时，不受对方的制约，可以选择自己最适合的站位，按照自己的意图，把球发到对方球台的任何位置上去，先发制人，直接得分或为自己的进攻创造有利条件。

1. 平击发球

发球时持球手将球轻轻抛起，同时持拍手（右手为持拍手）向后引拍，当球从高点下降到低于球网时，持拍手以肘部为轴心，前臂向右前方横摆击球，向前挥拍时，拍面前倾，击球中上部。击球后第一落点在球台的中区。

2. 正手发加转下旋球与不转球

发加转下旋球时，左脚在前，右肩侧对球台，持球向上抛球，同时，持拍手臂将拍引至后上方略比肩高，肘部后移，带动手腕旋内，球拍呈横向拍面垂直，身体重心后移。当球回落时，肘关节加速运动，前臂带动手腕猛然加力旋外，在胸腹前偏右一前臂距离处，拍形后仰用球拍下部靠左的部位，触球正后位底部，加大力臂摩擦球体，击球后，随势将身体重心移至前脚。“切”球越薄，发球越转。发不转球与发加转下旋球的主要区别在于球拍触球瞬间，突然减慢手臂前进速度，并减小拍形后仰角度，用球拍中部偏右的地方去碰撞球的中下部，使作用力接近球心，力臂小造成力矩小，因而旋转不明显或成不转球。

（四）接发球

首先，必须根据对方发球的位置来决定自己的位置，然后注意对方发球时挥臂动作和球拍移动方向，根据对方发球时摆臂振幅大小和手腕用力的不同程度来判断来球落点的远近和旋转强弱。根据来球的飞行弧线和速度来判断旋转性能。接发球的方法一般是由点、拨、拉、搓、削、摆、扑、撇、侧等技术组成。接发球和发球是常常结合在一起进行练习的，通常从简单的固定旋转和落点开始，然后过渡到复杂的综合发球与接发球。

（五）推挡球

推挡球是乒乓球技术中的基本技术之一，其特点是站位近、动作小、变化多。推挡球包括挡球、快推、快拨、加力推、减力挡、推下旋。以下主要介绍快推、加力推和减力挡。

1. 快推

站位靠近球台，击球时，小臂前推，手腕外旋，食指压拍，拇指放松，使拍前倾，在球上升期击球中上部。

2. 加力推

站位离台 30 ~ 40 cm，小臂后收，使球拍稍提高。在球的上升后期或高点期，击球中上部。

3. 减力挡

在触球瞬间，球拍前移的动作骤然停止，也可将球拍稍微后移，以减弱来球的发弹力。

（六）攻球

攻球是乒乓球的一项重要技术，也是得分的重要手段，按身体方位有正手攻球、反手攻球、正手快拉球、直拍反面攻球、侧身攻球；按站位有近台快攻、中台快攻、远台快攻；按动作有快抽、拉抽、扫抽、扣杀。以下主要介绍正手攻球、反手攻球和正手快拉球。

1. 正手攻球

左脚稍前站位，当来球时，前臂外展将球拍后引至身体右侧稍后，当来球从台面弹起时，上臂带动前臂向左前上方快速挥动，击球的中上部，身体重心从右脚移至左脚，球拍挥至头部高度。

2. 反手攻球

站位近台，右脚稍前。引拍时，前臂与台面平行，将球拍引至腹前偏左位置。击球时，前臂旋外向右前上方挥动，手腕同时配合做伸和旋外转腕的动作，拍面前倾，上升期击球的中上部，击球后，随势将球拍挥至右肩前，身体重心从左脚移至右脚。

3. 正手快拉球

站位比快攻稍远，击球前，整个手臂放松，前臂略下沉。拉球时，以前臂发力为主，在来球高点期或下降期，手腕同时向前向上用力转动球拍摩擦来球，制造上旋弧线。拉球时，要判断好来球下旋程度，调整用力大小和方向，调节拍面角度和触球部位。

（七）搓球

搓球是近台还击下旋球的一种基本技术，搓球可分为反手搓球和正手搓球、慢搓和快搓、加转搓球和搓不转球。

（八）弧圈球

弧圈球是速度与旋转相结合的一种进攻技术，于 20 世纪 50 年代由日本运动员最先发明，当时被称为“弧圈型上旋球”。20 世纪 70 年代，弧圈球在欧洲取得很大突破，形成了以弧圈球为主的打法类型，现已成为一种流行于世界的先进技术。弧圈球有加转弧圈球、前冲弧圈球、反手弧圈球、正手右侧弧圈球等，特点是攻击力大，使用率高，稳健性强。

1. 加转弧圈球

加转弧圈球又称“高吊弧圈球”。正手击球时，左脚在前，身体向右扭转，右肩略低于左肩。引拍时，执拍手臂自然下垂，将球拍置于靠近臀部的位置。击球时，上臂带动前臂快速向前上方挥动，拍面垂直，在来球下降后期摩擦球中部或中下部，特点是上旋力强，弧线高，着台后突然下坠。

2. 前冲弧圈球

击球前，将球拍引至身体右侧偏后，约与台面同高，拍面稍前倾。击球时，前臂在上臂的带动下迅速内收，手臂向前上方挥拍，在来球的高点期或下降前期击球的中上部，拍面前倾角度较大，约为 60°，特点是球速快，弧线低，前冲力和上旋力强。

三、主要战术

（一）推攻

特点：主要运用正手攻球和反手推挡的速度和力量，并结合落点变化和节奏变化来压制和调动对方，以争取主动或得分。推攻战术是左推右攻打法对付攻击型打法的主要战术，有反手推挡能力的两面攻运动员、攻削结合运动员等也常使用它。

方法：①左推右攻；②推挡侧身攻；③推挡、侧身攻后扑正手；④左推结合反手攻；⑤左推、反手攻、侧身攻后扑正手。

（二）两面攻

特点：主要利用正、反手攻球技术的速度和力量压制对方，争取主动和创造扣杀机会。两面攻技术是两面攻打法对付攻击型打法的主要战术。

方法：①攻左扣右；②攻打两角，猛扣中路。

（三）拉攻

特点：连续运用正手快拉创造进攻机会，然后采用突击和扣杀来作为得分手段。拉攻战术是快攻打法对付削球类打法的主要战术。

方法：①正手拉后扣杀；②反手拉后扣杀。

（四）拉扣吊结合

特点：由拉攻与放短球相结合而成，是快攻型打法对付削球打法的常用战术。

方法：①在拉攻战术的扣杀或突击后放短球；②在拉攻战术中放短球后，结合扣杀或突击。

（五）搓攻

特点：主要运用“转、低、快、变”的搓球控制对方，以寻找战机，然后采用低突、快点或拉攻等技术展开攻势并连续进攻；在搓球中遇到机会球时进行扣杀，常常带有突然性，往往可以直接得分。搓攻战术是乒乓球各种打法都不可缺少的辅助战术。

方法：①正、反手搓球结合正手快拉、快点、突击或扣杀；②正、反手搓球结合反手快拉、快点、突击或扣杀。

（六）削中反攻

特点：由削球和攻球结合而成，常以逼角加转削球为主，伺机反攻；或以转、低、稳、变等削球，迫使对手在走动中拉攻，以从中寻找机会，予以反攻。这种战术有“逼、变、凶、攻”的特点，是攻、削结合打法的主要技术。

方法：①正、反手削球逼角，结合正手攻或侧身攻反攻对方右侧空当；②正、反手削两大角长球，结合正、反手反攻。

（七）发球抢攻

特点：发球抢攻战术是以旋转、线路、落点以及速度不同的发球来增加对方回击的难度，使其出现机会球，或降低回球质量，然后抢先进攻，以争取主动或直接得分，这是乒乓球所有打法特别是进攻型打法的主要战术和得分手段。

方法：①发下旋转与“不转”抢攻；②发正、反手奔球抢攻；③发正、反手侧上、下旋球抢攻。

（八）接发球抢攻

特点：由某一单项攻球技术所形成，进攻性强，可变接发球的不利地位为主动地位，也可直接得分，是乒乓球运动各种打法特别是进攻型打法的主要战术。

方法：用快点、快攻或中等力量突击进行接发球抢攻。

四、主要规则

（一）发球、接发球和方位的选择

①选择发球、接发球和场地的权利应通过选择硬币的正反面来决定。选对者可以选择先发球或先接发球，或选择先在某一方。

②当一方运动员选择了先发球或先接发球或选择了场地后，另一方运动员应有另一个选择的权利。

③在每发球两次之后接发球方即成为发球方，依此类推，直到该局比赛结束，或者直至双方比分都达到 10 分实行轮换发球法，这时发球和接发球次序仍然不变，而且每人只轮发一分球。

④一局中在某一方位比赛的一方，在该场的下一局应换到另一方位。单打决胜局中当有一方满 5 分时应交换方位。

（二）合法还击

对方发球或还击后，本方运动员必须击球，使球直接越过或绕过球网装置（包含触及球网装置）后，再触及对方台区。凡属上述情况，均为合法还击。

（三）重发球

不予判分的回合出现下列情况，应判重发球：

①如果发球员发出的球，在越过或绕过球网装置时触及球网装置，此后成为合法发球或被接发球员或其同伴阻挡。

②如果发球员或同伴未准备好时球已发出，而且接发球员或其同伴均没有企图击球。

③由于发生了运动员无法控制的干扰，如灯光熄灭等原因，而使运动员未能合法发球、合法还击或未能遵守规则（运动员与同伴相撞或者被挡板绊倒而未能合法回击，则不能判重发球）。

④裁判员或副裁判员宣布的暂停比赛。

（四）判一分

回合中出现重发球以外的下列情况，应判失一分：未能合法发球；未能合法还击；阻挡；连续两次击球（如执拍手的拇指和球拍连续击球）；除发球外，球触及本方台区后再次触及本方比赛台面；用不符合规定的拍面击球；双打中，除发球或接发球外运动员未能按正确的次序击球；裁判员判罚分。

（五）一场比赛

一场比赛应采用七局四胜制或五局三胜制。一场比赛应连续进行，但在局与局之间，任何一名运动员都有权要求不超过两分钟的休息时间。

五、乒乓球比赛的欣赏

当今，乒乓球比赛的场面正通过电视走进千家万户，吸引着越来越多的人为其如痴如醉如狂，观赏乒乓球比赛已成为人们余暇生活中的重要内容。乒乓球运动需快速、旋转、节奏、力量等。我国优秀选手刘国梁打球时，出手速度相当快，直板反手横打相当有威力，让欧洲的选手防不胜防，体现了速度与力量的变化。王励勤的打法是板板带凶，属快凶均衡型打法，特别是在形成弧圈球对攻相持局面时，速度、旋转、节奏、短线路、中远台相持变化，让人叫好。在乒乓球比赛中，心理素质也是获胜非常重要的因素，平时技术熟练而在比赛中却未必能发挥出强劲的水平，往往就是心理素质欠佳造成的。在乒乓球比赛中，在球触及台面上边缘时为擦边球，而球触及台面上边缘以下的侧面为出界球。球是否擦边，可根据击球路线、反弹情况及着台声音等进行判断。

观赏乒乓球比赛不仅丰富了人们的余暇生活，更使人们从中受到教育。当人们为运动员顽强拼搏的意志品质和不断超越自我的体育精神所感动时，人们已经在接受着勇敢、顽强、无私、团结、友爱、公正等道德、伦理、思想和法律方面的教育，而这些又正是现代文明的重要内容。

第二节　羽毛球

一、羽毛球运动简介

现代羽毛球运动诞生在英国。1873 年，在英国格拉斯哥郡的伯明顿镇有一位叫鲍弗特的公爵，在他的领地开游园会，有几个从印度回来的退役军官向大家介绍了一种隔网用拍子来回击打毽球的游戏，人们对此产生了很大的兴趣。因这项活动极富趣味性，很快就在上层社会社交场上风行开来。“badminton”即成为羽毛球的英文名字。1893 年，英国 14 个羽毛球俱乐部组成羽毛球协会。18 世纪时，印度的蒲那城出现类似今日羽毛球活动的游戏，以绒线编织成球形，上插羽毛，人手持木拍，隔网将球在空中来回对击，但这种游戏流行的时间不长。羽毛球运动约于 1920 年传入我国，中华人民共和国成立后得到迅速发展。20 世纪 70 年代，我国羽毛球队已跻身于世界强队之列，当时国际羽毛球坛是印度尼西亚与我国平分秋色。20 世纪 80 年代，优势已转向我国，说明我国羽毛球运动已达到世界先进水平。羽毛球在 1992 年巴塞罗那奥运会上被列为正式比赛项目，设男女单打和男女双打及混合双打共 5 项比赛。其余羽毛球比赛也很多，像汤姆斯杯、尤伯杯以及世界羽毛球锦标赛等。中国羽毛球队是中国体育军团的王牌之师。中国羽毛球队在世界大赛上多次夺得尤伯杯、汤姆斯杯、苏迪曼杯和奥运会冠军，团队综合水平处于世界领先地位。

二、基本技术

羽毛球技术主要包括握拍法、发球、接发球、击球、步法，每一个技术之间有着紧密的联系，缺一不可。

（一）握拍法

1. 正手握拍法

技术要点：用左手拿住拍面与地面垂直的拍杆，张开右手成握手状，把拍柄握住，虎口对着拍柄窄面内侧的小棱边，使手掌小鱼际部分靠在球拍握柄底，掌心不要紧贴拍柄，有利于手腕和手指力量的发力及灵活运用（图 9-5）。

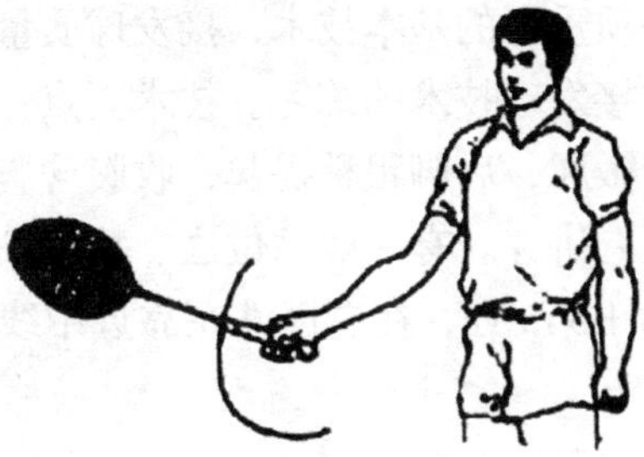

图 9-5　正手握拍法

2. 反手握拍法

技术要点：在正手的基础上，将球拍外转，拇指直贴在拍柄宽面上，其余四指并拢，手心留有空隙（图 9-6）。

图 9-6　反手握拍法

（二）发球

发球是比赛前三拍技术之一，发球的好坏直接影响比赛的质量，羽毛球发球种类按球在空中飞行弧线分为发高远球、发平高球、发平快球、发网前球。下面着重介绍正手发高远球与发网前球。

1. 发高远球

技术要点（以右手发球为例）：身体左肩侧对球网，左脚在前，右脚在后，站在离前发球线 1.2 ~ 1.5 m 靠近中线处。右手持拍向右后侧举起，肘部微屈，左手拇指、食指、中指夹紧球托与羽毛连接处位于身体右前侧。发球时，左手将球自然放下，同时，右手持拍，由上臂带动前臂，从后沿身体向前挥动，并用手腕爆发力向上方将球击出，随后，球拍顺势向左上方缓冲。

2. 发网前球

技术要点：发网前球的准备动作同发高远球。击球时，握拍要放松，上臂动作要小，主要靠前臂带动手腕向前“切送”。用力要轻，拍面角度要控制好，使发出的球尽量贴网而过并落在前发球线附近。

（三）接发球

接发球是羽毛球运动中一项重要的基本技术，接发球质量往往直接影响到一个回合开始的主动与被动，应充分重视接发球技术的练习。技术要点：左脚在前，右脚在后，侧身对网，重心放在前脚，膝关节微屈，后脚跟稍提起，收腹含胸，注视对方发球的动作。双打站在靠前发球线，比单打更有讲究。有一般站位法、抢击站位法、稳妥站位法、特殊站位法。单打站位离前发球线约 1.5 m 处，在右区站在靠近中线位置，在左区则站在中线与边线的中间位置上。

（四）击球

后场高空击球也称后场上手击球，即在尽可能高的击球点上，还击对方向底线附近击来的高球。它具有主动性强、击球力量大等特点，可以牵制对方，以便寻找最佳时机，进行攻击。当一方处于被动时，利用后场高空击球可以迅速调整自己的位置，由被动转为主动。

1. 高远球

技术要点：判断来球方向和落点后，侧身后退至球下，左肩对网，左脚在前，右脚在后，重心在右脚上。右手持拍，手臂自然弯曲举至右肩上方。击球时，上臂后引，随之肘关节上提明显高于肩部，持球拍引至头后，自然伸腕，然后在后脚蹬地、转体和腰腹的协调用力下，以肩为轴、上臂带动前臂快速向前上方甩腕，在手臂伸直的最高点击球。随后球拍顺惯性往前下方挥动并收拍至体前。与此同时，左脚后撤，右脚向前迈出。

2. 吊球

吊球可用正手、反手、头顶击球技术来完成。初学者首先要学好正手上手吊球，然后再学反手及头顶吊球技术。技术要点：击球前其动作同正手击高远球一样。吊球时，拍面正面向内倾斜，手腕做快速切削下压动作，用力要轻。若吊斜线球，球拍切削球托的右侧；若吊直线球，则拍面正对前方，向前下方做切削球。

3. 杀球

杀球是进攻的主要技术，它可用正手、反手、头顶技术来完成。杀球击球法是把对方击来的后场高球，用较大的力量和速度，以向下的弧度将球回击到对方的中后场区。技术要点：准备姿势和击球动作与正手击高远球一样，不同的是最后用力的方向朝下，而且充分利用蹬地、转体、收腹以及手臂和手腕的爆发力全力将球向下击出。击球的一刹那要紧握球拍。

4. 前场网前击球

网前球是调动对方、寻找战机的重要手段。因它的技术动作轻松而细巧，运用力量要控制适度。技术要点：网前球分正手搓球与反手搓球两种，球的路线有直线和对角线。正手搓球的动作要领如下：右脚在前，左脚在后，两脚的距离比肩略宽，右手握拍，自然将球拍前举在胸前，身体向前微微倾斜、收腹。搓球时，击球瞬间，前臂外旋，手腕由后伸至稍前，使球拍在手腕和手指的用力下，搓切来球的右下底部，使球旋转翻滚过网。

（五）步法

羽毛球步法是一项很重要的基本技术，它和手法相辅相成，取长补短，不可分割。羽毛球步法分为上网步法、后退步法和两侧移动步法，根据运动员在场上的中心位置和来球的远近，可采用一步到位击球或二步、三步移动到位击球。右手握拍者，到位击球时的最后一步一般都是右脚在前，而左脚总是靠近中心位置，以下主要阐述上网步法、后退步法。

1. 上网步法

上网步法是完成上网搓球、推球、勾球、扑球及挑球的步法，它包括跨步上网、垫步加蹬跨步上网、前交叉步加蹬跨步上网、后交叉步加蹬跨步上网、蹬跳步上网。

（1）跨步上网步法

①二步跨步上网步法：左脚先向来球方向跨出一步，后右脚向前跨出一大步到位击球；

②三步跨步上网步法：右脚先向来球方向跨出一小步，接着左脚向前跨出第二步，最后，右脚跨出一大步到位击球。

（2）垫步加蹬跨步上网步法

右脚先向来球方向迈出一步，紧接着左脚垫一小步，同时右脚抬起，利用左脚的蹬力蹬跨出一大步，到位击球。

（3）前交叉步加蹬跨步上网步法

右脚先向前迈出一小侧步，紧接着右脚抬起，利用左脚的蹬力蹬跨出一大步，到位击球。

（4）后交叉步加蹬跨步上网步法

右脚先向前迈出一小侧步，接着左脚向右脚后迈出第二个侧步，最后，右脚抬起，利用左脚的蹬力蹬跨出一大步，到位击球。

（5）蹬跳步上网步法

站位稍靠前，判断对方要重复打网前球时，利用双脚蹬地，迅速跳向网前，采用扑球技术击球。要注意防止因前冲力过大而触网或过中线犯规。

2. 后退步法

后退步法是完成后退回击高球、吊球、杀球、后场抽球的步法，它包括正手后退步法、头顶后退步法、反手后退步法等，以下只介绍前两种步法。

（1）正手后退步法

正手后退步法可采用并步后退步法和交叉步后退步法，以及并步加跳步后退步法。

①并步后退步法：右脚向右后侧身退一步，并带动髋部右后转，接着左脚用并步靠近

右脚，右脚再向后转至到位，左脚跟进一小步，成为左脚在前，右脚在后，侧身对网的击球准备动作。

②交叉步后退步法：右脚向右后侧身退一步，并带动髋部右后转，接着左脚从右脚后交叉后退一步，成为左脚在前，右脚在后，侧身对网的击球准备动作。

③并步加跳步后退步法：与并步后退步法的第一、二步后退步法相同，第三步采用侧身双脚起跳各侧后到位击球，后双脚落地。

（2）头顶后退步法

头顶后退步法可采用头顶并步后退步法、头顶交叉步后退步法和头顶侧身步加跳步后退步法。

①头顶并步后退步法：髋关节及上体快速向右后方转动的同时，右脚向后退一步，接着左脚用并步靠近右脚，右脚再向后移至到位，左脚跟进一小步，成为左脚在前、右脚在后、侧身对网的击球准备动作。

②头顶交叉步后退步法：髋关节及上体在快速向右后方转动的同时右脚向后退一步，接着左脚从右脚后交叉后退一步，右脚再向后移至到位，左脚跟进一小步，成为左脚在前、右脚在后、侧身对网的击球准备动作。

③头顶侧身步加跳步后退步法：一种快速突击抢攻打法的后退步法。髋关节及上体在快速向右后方转动的同时右脚向后退一步，紧接着右脚向后方蹬地跳起，上身后仰，角度较大，并在凌空中完成击球动作，此时，左脚在空中作一个交叉动作后先落地，上体收腹使右脚着地时重心落在右脚上，便于左脚迅速回动。

三、基本战术

（一）压后场底线

对羽毛球初学者来说，这是较有威胁的基本打法。它的特点是通过高球把对方推到后场底线，使对方回球不到位，伺机扣杀或打出短球。这种打法主要以力量制胜，也就是较量后场高、吊、杀技术的高低。运用这种打法首先自己的高球必须打到对方底线，同时也要有和对方进行后场对抗的能力。

（二）攻四方球控制落点

攻四方球是攻击对方场区的 4 个角落，以快速击球和准确的落点，调动对方前后左右奔跑，打乱对方阵脚，待其来不及回中心位置或回球质量较差时，向其空当部位发动进攻。这种打法，要求运动员本身具有快速、灵活的步法，稳健的防守，以及准确控制落点和强有力的进攻能力。

（三）快拉快吊控制网前

快拉快吊控制网前是最常用的一种积极主动、快速进攻的打法。它的特点是：以进攻性的平高球快压对方于后场两底角，而后吊球或劈杀引对方上网，再迅速上网控制网前，以网前搓球结合推后场底线使对方回击困难，从而创造中后场大力扣杀的机会。它要求运动员有较全面的技术，能攻善守，步法、手法快速灵活，特别是要有较细腻的控制网前的技术。学习者通常在掌握了较全面的技术后使用。

（四）后场下压，上网搓、推

后场下压，上网搓、推的特点是在后场通过下压击球（扣杀、劈杀或吊球）的进攻技术，快速上网搓或推球取得前场攻势，使后场、前场的进攻紧密衔接，提高攻击的威力。

（五）守中反攻

守中反攻是从运动员身材较矮但较灵活这个特点出发的，它以防御为主结合反攻（扣杀、吊球），这里包含着让对方多失误、自己尽量少失误的策略思想。怎样才能让对方多失误呢？这要求自己善于控制落点、球路，调动对方在移动中勉强进攻，急于求成出现失误，或给自己制造反攻的机会。那么，怎样才能使自己尽量少失误呢？这要求自己有快速灵活的步法，能在场区任何一个角落抢救来球，守住对方的强攻；同时抓住有利的战机，进行出击。

四、基本规则

（一）羽毛球站位规则

1. 单打

①发球员的分数为 0 或双数时，双方运动员均应在各自的右发球区发球或接发球。

②发球员的分数为单数时，双方运动员均应在各自的左发球区发球或接发球。

③如再赛，发球员应以该局双方总得分数来确定站位。若总分为单数，双方运动员均应在各自的左发球区发球或接发球；若总分为双数，双方运动员均应在各自的右发球区发球或接发球。

④球发出后，双方运动员击球就不再受发球区的限制，运动员的站位也可以在自己这方场区的界内或界外。

2. 双打

①一局比赛开始，应从右发球区开始发球。

②只有接发球员才能接发球；如果他的同伴接球或被球触及，发球方得一分。

③任何一局的接发球方得一分时，接着由接发球方运动员之一发球，如此交换发球权。注意，交换发球权时双方 4 位运动员都不需要变换站位。

④运动员不得有发球错误和接发球的错误，或在同一局比赛中有两次发球。

⑤一局胜方的任一运动员可在下一局先发球，负方中任一运动员可先接发球。

⑥球发出后，双方运动员击球就不再受发球区的限制，运动员的站位也可以在自己这方场区的界内或界外。

（二）合法发球

①发球时任何一方都不允许延误发球。

②发球员和接发球员都必须站在各自发球区内发球和接发球，脚不能触及发球区的界限；两脚必须都有一部分与地面接触，不得移动，直至将球发出。

③发球员的球拍必须先击中球托，与此同时整个拍框必须低于发球员的腰部。

④击球瞬间拍杆应指向下方，从而使整个拍框明显低于发球员的整个握拍手部。

⑤发球开始后，发球员的球拍必须连续向前挥动，直至将球发出。

⑥发出的球必须向上飞行过网，如果不受拦截，应落入接发球员的发球区。

（三）重发球

①遇不能预见或意外的情况，应重发球。

②除发球外，球过网后，球挂在网上或停在网顶，应重发球。

③发球时，发球员和接发球员同时违例，应重发球。

④发球员在接发球员未做好准备时发球，应重发球。

⑤比赛进行中，球托与球的其他部分完全分离，应重发球。

⑥司线员未看清球的落点，裁判员也不能做出决定时，应重发球。

⑦重发球时，最后一次发球无效，原发球员重发球。

（四）死球

①球撞网并挂在网上，或停在网顶上。

②球撞网或网柱后开始在击球这一方落向地面。

③球触及地面。

④违例或重发球。

（五）发球区错误

①发球顺序错误。

②从错误的发球区发球。

③在错误的发球区准备接发球，且对方球已发出。

（六）比赛中的出界

①单打的边线是内侧边线的外沿。

②双打的边线是外侧边线的外沿。

③单打的前发球线是最靠近球网且平行球网的一条线。

④单打的后发球线就是底线。发球区位于前发球线和后发球线之间。

⑤双打的前发球线和单打一样，都是最前面一条。

⑥双打的后发球线是底线前的那一条线。发球区位于前发球线和后发球线之间。

五、赛事欣赏

目前，国际羽联管辖下的世界羽毛球大赛有：汤姆斯杯（即男子团体），每两年一届；尤伯杯（即女子团体），每两年一届；世界锦标赛（即五个单项比赛），每年举办一届；苏迪曼混合团体赛，1989年开始，每两年举办一届。从1992年第25届奥运会开始，羽毛球被列入奥运会正式比赛项目。

（一）欣赏技战术

羽毛球战术是运动员在比赛中用高超的竞技水平战胜对手而采取的计谋和行动。先进的战术可以积极地促进技术、身体素质、心理素质的提高和发展。在选择战术时，要根据自己的技术水平、实际情况、打法、战术特点、身体条件、身体素质、心理素质等情况以及对方的情况，在回球一瞬间，选择对自己有利的回击球路。

（二）欣赏双打比赛

双打比赛是快速的较量，球速很快，球的来回次数很多，让人看得眼花缭乱。双打发球的战术意识很强，它和单打的发球抢攻战术有同等重要的意义。发球质量好坏直接影响到主动或被动，是得分与失误的重要环节，双打比赛时，发球队员站在发球线附近发球，准备接半场球或网前球，同伴队员站在发球队员身后中线中间准备接后场球。当对方在后场进攻时，发球方两队员应退至后场各管半场区域的球。双打队员中力量大的队员着重负责后场球，另一队员负责网前球。

第三节　网　球

一、网球运动简介

网球是一项优美而激烈的体育运动，网球运动的由来和发展可以用四句话来概括：孕育在法国，诞生在英国，开始普及和形成高潮在美国，现在盛行全世界，被称为世界第二大球类运动。现代网球运动的历史一般认为是从1873年开始的。那年，英国人沃尔特·克洛普顿·温菲尔德将早期的网球打法加以改进，使之成为夏天在草坪上进行的一项体育活动，并取名“草地网球”。此后网球便成为一项室内、户外都能进行的体育项目。同时英国各地建立了网球运动俱乐部。在20世纪，网球在世界各地得到广泛发展，并成为一项世界性的体育运动。最受关注的网球比赛是每年举办的网球四大满贯赛事。

网球运动的广泛开展和比赛活动的日益频繁，没有统一的规则当然是不行的。于是在1876年，由一些地区的著名网球运动俱乐部派出代表，一起开会研究和讨论制定一个全英统一的网球规则。经过多次协商，各方代表终于对网球运动的场地、设备、打法和比赛等方面取得了一致的意见，并形成了一个统一的规则。大约在1878年以后，英国大多数网球俱乐部逐渐按照新的打法开展活动，并进行训练和比赛。

1945年至20世纪60年代，网球趋向职业化。1963年，开始举办女子团体赛——联合会杯赛。1968年，温布尔登首先实行不区分业余选手和职业选手的参赛制度。1972年，国际男子职业网球选手协会成立。1973年，国际女子网球协会成立。中国网球协会于1953年成立，并于1981年7月加入国际网联，其任务是：根据《中华人民共和国体育法》和中国政府制定的体育方针、政策，统一组织、指导、协调全国网球运动的发展，推动网球项目的普及和提高；通过开展必要的经营活动，为本项目的事业发展筹措、积累资金，以保障网球运动持续发展的需要。

二、基本技术

网球基本技术包括：

①握拍法。有东方式、大陆式和西方式三种。

②发球。有平击、切削和旋转三种。

③接发球。有抽球、削球、挑高球、放短球等。

④击球。有正手、反手、双手反手、截击球、挑高球、放短球、高压球和反弹球等。

（一）握拍法

握拍的方法与击球动作有着密切的关系。俗语说：球拍是击球者手臂的延伸和手掌的扩大。每个击球动作都是由手臂、手腕、手指相互配合用力来完成的，所以握拍的好坏对技术的提高和全面发展有较大的影响。作为初学者，必须按正确的方式握拍，使拍面以正确的部位和角度与球接触。起初可能会有不习惯、不舒服之感，但坚持一段时间后就会领会到正确握拍法的好处。

1. 东方式握拍法

①东方式正手握拍法：握拍时，用右手掌根与拍柄右上斜面紧贴，拇指垫握住拍柄的左垂直面，五指紧握拍柄，食指下关节压住拍柄垂直面（图9-7）。

②东方式反手握拍法：从东方式正手握拍把右手向左转动四分之一，手掌根贴在拍柄左上斜面，拇指贴在拍柄左垂直面上，食指关节压住拍柄右上斜面（图9-8）。

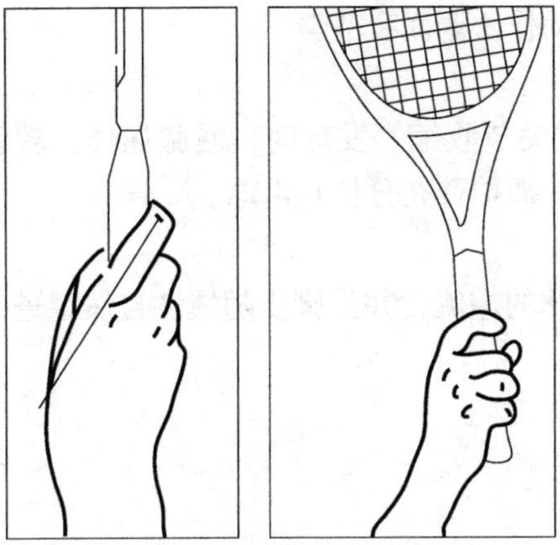

图 9-7 东方式正手握拍法

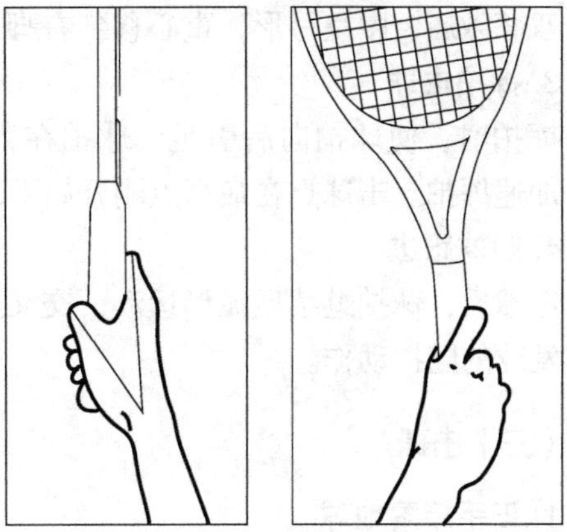

图 9-8 东方式反手握拍法

2. 大陆式握拍法

大陆式握拍法介于东方式正手握拍法与反手握拍法之间。握拍时，使大拇指与食指形成的虎口放在拍柄的上平面与左上斜面交界线上，使大拇指底部贴在拍柄上面，大拇指包卷拍柄，食指第一指节贴在拍柄的右斜面上（图 9-9）。

3. 西方式握拍法

握拍时，大拇指直伸压住拍上平面，食指下关节握住右上平面，与拍底平面对齐，大拇指与食指几乎成直角（图 9-10）。

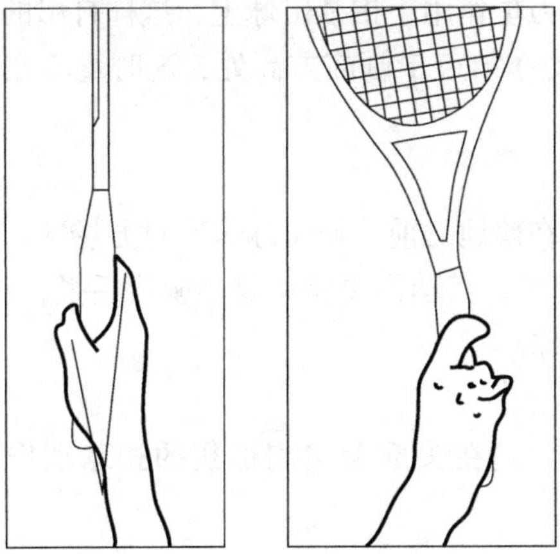

图 9-9 大陆式握拍法

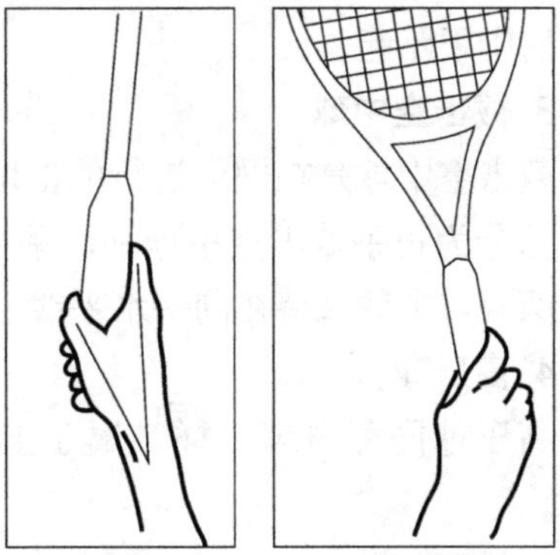

图 9-10 西方式握拍法

（二）发球

1. 站位

站在端线后，身体自然放松，两脚开立与肩同宽，前脚与端线呈 45°，左肩侧对发球方向。拿起球和球拍，放在与胸同高的位置上，观察对方是否做好接发球准备。

2. 抛球与引臂

抛球手沿垂直于地面的直线上举抛球，同时，持拍臂大弧度地环绕向后引拍，抬肘外展，双膝微屈，腰呈弓形，重心移到右脚，两臂动作协调而有节奏。

3. 挥拍击球

挥拍时，使球拍向后引足，球拍在背后，肘关节收缩。发球时，屈膝屈体，转动球拍，加速挥拍。击球点在最高点刚开始下落瞬间，握拍臂充分伸直击球。

4. 随球跟进

击球后，球拍继续做弧形运动，交叉经过身体的左侧，并且脚步随惯性自然跟进，以完成发球的随挥动作。

（三）击球

1. 正手接落地球

身体前倾，双膝微屈，呈半蹲状，两脚分开与肩同宽，两眼注视来球，当判断球朝正手方向来时，左手离开球拍，肩向后转，身体侧向球网，两脚前后开立，重心落在右脚上，随着转体应快速平稳地向后摆动球拍。球拍与身体平行，高度齐膝，挥拍击球时让球反弹至齐腰高度。完成击球动作时，球拍略高于肩部，手腕要绷紧，球拍应随惯性做随球的动作。

2. 反手接落地球

侧身站立，双脚开立，全身放松，两眼注视来球。当对方来球处在你反手方向时，向左转肩，采用反手握拍法，球拍向后摆动，且球拍要平稳。挥拍前，右脚向球网方向跨出一步。击球时，身体前倾，将转体力量连同挥拍力量作用于拍弦击球上，这样打出的球稳定有力。进行随球动作时，转体约 45° ，随球动作结束于侧前方高处，这时重心在前脚上，后脚跟踮起。

3. 截击空中球

截击空中球是在网前进行的击球方法，当球在落地之前，便将球击回对方场区。截击空中球分为正手截击空中球和反手截击空中球两种，其动作要领均是小幅度后摆，球拍、头和两眼与来球保持在同一水平线上，在体前击球。

4. 高压球

高压球同截击球一样，属于上网击球技术，是在头部上空用迅猛的扣球动作扣击来球。

5. 挑高球

挑高球用于进攻和防守。防守挑高球的弧线很高，常从这边的端线放到另一边的端线附近。进攻性挑高球采用突然袭击方式，将球挑到对方后场较深区，使对方难以到位救球，从而达到得分的目的。

6. 放短球

放短球时，多用手腕动作，带有削击，把球刚好“吊”过网，迫使对手从底线上网，又够不到球，而疲于奔波。

7. 落地反弹球

打反弹球时，后摆稍短，身体重心要低一些，把注意力更多地集中在击球时机上，把刚落地弹起的球击回去。

三、主要技巧

（一）发球

发球最重要的是要抛好球。有的人不是抛高了就是抛低了，其实，每个人都有最适合自己的抛球高度，以及最适合自己的击球点，这和身高是没有关系的。当然，高个子发球天生就有优势，因为他发球点高。一般来说，你把球拍垂直举高，比你垂直举球拍的高度高一点的就是你的标准抛球高度了。抛球一般要往球场里抛一点。抛球时另一只发球的手要呈 90° 地往后张开，然后屈腿，跳跃，击球。屈腿时也要脚尖着地，才好飞出去。击球时手臂伸直击出球，击球时还要压手腕。下落时，抛球的那只手可以做出环绕腹部的动作。这样不会影响自己的下一拍，也不会被球拍打到。

（二）高压球

高压球也是网球里一项看似简单，实则不好掌握的技术。打高压球时，不拿拍的那只手要指着球，让球下落时可以竖直地抓住那只球，就是让球竖直地落在你手上。拿拍的那只手像发球一样，90° 向后张开，等球落到你的击球点时拿拍的手就伸直地压下去。击球时手要伸直，还要向外压手腕，这样可以使击球时力量大些。如果是近网高压球，角度要打开。如果是接近底线的高压球，则要打深，就是也要打到对方底线的位置去。这样对自己最有利。还有非常重要的一点就是，面对空中飞来的高球时，千万别正对着球仰着往后退，一定要用交叉步指着球往后退。高压球其实最重要的不是力量，而是角度。

（三）网前截击

网前截击无疑是网球中一项非常重要的技术，对于初学者来说，也不容易掌握，因为它容易让人进入误区。首先，当对方球回得浅时，可以用切削球把球削回对方底线去，尽量深点，角度开点。很多人截击时都是弯着腰去够球，去截击，这是错误的，截击时应该屈腿，但腰要挺直，而且脚尖要着地，步伐是用脚尖摩擦地面，就像跳绳一样。

四、基本规则

（一）发球前

发球员在发球前应站在端线后、中点和边线的假定延长线之间的区域里。每局开始先从右边发球区发球，比分之和为单数时在左边发球，双数时在右边发球。

（二）发球时

队员不得通过行走或跑动改变原来站的位置，必须用手将球向上抛起，在球落地前挥拍击出，发出球须从网上越过，落在对角的对方发球区或周围的线上。

（三）发球失误

发球失误包括：发球员发球时，违反上述发球站位的规定；未击中球；发出的球落地前触及固定物（球网、中心带、网边白布除外）。

（四）发球无效

发球无效包括：发球触网后仍落在对方发球区内；接发球队员未做好接发球准备。发球无效，应重新发球。

（五）发球次序

第一局比赛结束，接球员成为发球员，发球员成为接球员。以后每局终了，均依次交换，直至比赛结束。

（六）交换场地

双方应在每盘第一、三、五等单数局结束后，以及每盘结束双方局数之和为单数时交换场地。

（七）失分

失分包括：在球第二次着地前未能还击过网；还击的球触及对方场区界线外的地面、固定物或其他物件；还击空中球失败；在比赛进行中，运动员故意用球拍拖带或接住球，或故意用球拍触球超过一次；活球期间队员的身体、球拍或穿戴的其他物件触及球网、网柱等，或对方场区以内地面；过网击球；抛拍击球；比赛中，队员故意改变其球拍形状。

（八）压线球

比赛中，落在线上的球都算界内球。

（九）双打发球次序

每盘第一局开始时，由发球方决定由何人先发球，对方则同样在第二局开始时决定何人先发球。第三局由第一局发球方的另一球员发球，第四局由第二局发球方的另一球员发球，该盘比赛以下各局均按此次序发球。

（十）双打接球次序及还击

双方在第一、二局中，分别决定由何人接发球，第三、四局由前两局中未接发球的队员接发球，该盘比赛以下各局均按此次序接发球。接发球后，双方应轮流由其中任何一名队员还击。

五、赛事欣赏

网球比赛有单打和双打两种形式。比赛项目有男、女团体；男、女单打；男、女双打及混合双打七项。比赛时双方各站在网的一方，发球方先从右区端线后将球抛起，球落地前将球击入对方右发球区为发球有效。双方可在球反弹一次后击球，也可直接将球击回（接发球除外）。网球计分的最小单位是分，然后是局，最后是盘。

（1）胜一局

运动员每胜一球得一分，胜第一分记 15 分，胜第二分记 30 分，胜第三分记 40 分，先得四分者胜一局，如遇双方各得三分时，则为平分。平分后，一方先得一分时，为该运动员占先，占先后再得一分，才算胜一分。如一方占先后，对方又得一分，则仍然为平分，以此类推，直至一方在平分后净胜两分结束该局。

（2）胜一盘

一方先胜六局为胜一盘。如遇双方各得五局时，一方必须净胜两局才算胜一盘。为了控制比赛时间，近 10 年普遍采用平局决胜制，即当局数 6 ∶ 6 时，则再打一局来决胜负，先赢得七局者为胜该盘。

（3）胜一场

男子比赛一般采用五盘三胜制，即先胜三盘者为胜该场比赛。女子采用三盘两胜制，即先胜两盘者为胜该场比赛。

网球比赛发球和接发球是运动员必须掌握的技术之一。网球比赛中，在两名或两队队员实力相差不大的情况下，发球和接发球质量是取胜的关键，优秀运动员须掌握全面的技术技能，如一般发球、大力击球、旋转发球（发上旋、下旋、侧上旋和侧下旋）、正手击球、反手击球、挑高球，目前的正、反及中路截击和网前高压、后场高压、跳起高压，还要掌握必需的放短球、随球、反弹球和接发球技术。比赛是双方运动员体力、斗志、心理、智慧和基本功的较量。每当你坐在球场或电视机前，欣赏着激动人心的世界网球大赛，看到球星高超的球艺表演时，你工作一天的疲劳会消逝，你紧张一天的精神会放松，你遇到的一切烦恼就会忘却，尤其是运动员那时而长抽、时而短吊，时而大角拉锯、时而上网突击，时而翻身鱼跃抢救险球、时而纵身腾空、时而高压扣杀，时而龙飞虎跃的多彩雄姿、时而机智灵活的战略技术，会令你全神贯注、神采飞扬，并给你带来沁人心脾的温馨和愉悦。

第十章

排　球

第一节　排球运动简介

排球运动 1895 年起源于美国，最初是在篮球场地上挂一张网，两队隔网站立，以篮球胆为球，在网上打来打去，不使其落地的一种游戏。后来美国马萨诸塞州霍利奥克城的基督教青年会干事摩根创造了排球比赛。斯普林菲尔德学院的霍尔斯泰德将其命名为 volleyball，意为“空中飞球”。

排球运动 1900 年左右自美国传入加拿大，1905 年传入古巴、巴西等国家，成为当时风靡美洲的一项时尚运动。随着排球市场化运作的需求，国际排联经过多年的调研，对排球规则进行了较大的改革。1998 年前后，为了提升自己的吸引力，室内排球开始进行了一些规则上的改进。首先是改发球得分制为每球得分制。这是为了有利于电视转播时间的掌控和防守也可以得分的需要。以往只有在本方发球的情况下才可得分，现在接发球一方获胜也可得分。其次是将比赛每局局分作了相应的更改。即比赛前四局每局比分为 25 分，最后一局比分为 15 分。如前四局比分达到 24 平，第五局比分达到 14 平以后，比分必须超过对方 2 分才能获胜。每局比分不封顶，也就是说，可以无限制地延续下去，直至某队领先 2 分获胜为止。再次是每局设两次技术暂停，其目的是插播电视广告，使赞助商的利益得到充分的体现。此项改革有利于排球赛事的全球推广。最后是“自由人”的设立，这是为了进一步提高排球比赛的观赏性，增加排球比赛中的攻防回合，加强防守，改变攻强守弱的倾向，使得比赛更加精彩。

据可查的资料记载，排球于 1905 年传入中国，成为排球运动在中国传播的最早记录。中国排球协会于 1953 年在北京成立，1954 年被国际排联接纳为正式会员国。在 1959 年第一届全国运动会上，上海男排和解放军女排获得了全国冠军。国家体育总局排球运动管理中心于 1996 年 11 月在北京成立。

第二节 排球基本技术和战术

一、基本技术

（一）准备姿势和移动

准备姿势和移动是排球运动中各项技术的基础。任何一项排球技术在比赛中运用的效果如何，在一定的程度上取决于准备姿势和移动技术正确掌握和合理运用与否。

1. 准备姿势

①两脚左右开立略比肩宽。站在左半场的队员，左脚在前约一只脚，右脚跟提起。站在右半场的队员，右脚在前，左脚在后。站在场中央的队员，两脚平行开立比肩稍宽。重心落在脚前掌上，膝关节保持一定的弯曲并内扣。

②上体前倾，两肩的垂直面超出膝部，膝部的垂直面超出脚尖。身体重心的着力点在前脚掌拇指根部。双目注视来球，注意力高度集中，全身保持“静中待动状态”。

③两臂放松自然弯曲，并置于胸腹之间，两手心相对，手指自然张开。

2. 移动

移动是接好球的重要条件，其目的是接近和调整好人与球之间的位置，以便于击球。通常采用的移动步法有以下几种：滑步法、跨步法、并步法、交叉步法、跨跳步法、跑步法、后退步法、综合步法。在快速移动后，由于惯性作用，身体会继续向前冲，只有采用制动技术，才能保持稳定的姿势，衔接下一动作。

（二）发球

发球方法有正面上手发球、正面下手发球、侧面下手发球、勾手发球等。以下叙述均以右手发球为例。

1. 正面上手发球

发球时，面对前场，左脚在前、右脚在后开立，左手持球，平稳地将球向右肩的前上方抛起，高度适中。抛球的同时，右臂抬起，并屈肘后引，肘与肩平齐，手掌自然张开，抬头、挺胸、展腹。击球时，后脚蹬地，带动上体向左转动，同时迅速收腹，以蹬地转体之力带动手臂向前挥动，重心随之移至左脚，伸直手臂在右肩的上方，以全掌或掌根击球的中下部，击球后迅速进场进行比赛。

2. 正面下手发球

发球时，面对球网，两脚自然开立，上体前倾，重心在后脚，左手持球置于腹前。左脚在前，右脚在后，两膝弯曲，上体前击球时，左手将球抛离至偏右侧肩 20 ~ 30 cm 处，同时，右脚蹬地，身体重心前移，伸直右臂，以肩为轴，向前摆动，用虎口、掌根或手掌击球的后下部，击球后迅速进场进行比赛。

3. 侧面下手发球

发球时，左肩对网，两脚左右开立与肩同宽，两膝微屈，上体稍前倾，左手持球置于腹前。击球时，左手平稳地将球向上抛离至身体正前方约一臂之远，离手高度约 30 cm，同时右臂摆至右侧后下方，利用右脚蹬地转体的力量，右臂迅速向前摆动，用虎口或全掌在腹前击球的后下方，随即入场比赛。

4. 勾手发球

发球时，左肩对网，两脚左右开立与肩同宽，两膝微屈，重心在两脚之间，左手持球于胸前。击球时，双手将球垂直而平稳地抛至头的左前上方，高约 1 m。抛球的同时，右腿弯曲，重心移至右脚上，上体向右倾斜并转动，右臂同时向右后侧摆动，抬头看球。随着右腿用力蹬地，利用挺胸及转体的动作，带动手臂向上挥击。

（三）垫球

正面双手垫球是各项垫球技术的基础，是运用最多的一种动作，适合接力量大、速度快、落点低的各种来球。

①准备姿势：正面对准来球，做好准备姿势。

②垫球手型：分为叠掌式、抱拳式和互靠式三种。两臂自然伸直，前臂外展，两手腕紧靠下压，形成腕关节以上前臂部位击球平面。

③击球动作：击球时，手臂迅速插入球的下方，含胸收肩，两臂相夹，压腕抬臂，蹬腿提腰，将来球准确地垫在前臂的平面上。同时，身体和两臂要自然随球前送，以控制球的落点和方向。对于球速快、力量大的来球，手臂应顺势后撤缓冲，使球速得以缓冲而垫出。

④击球角度：根据垫球距离和入射角等于反射角的原理，适当调整两手臂的角度以控制球的方向、弧度和落点。

（四）传球

传球是排球运动的基本技术之一，是进行比赛与战术组织的基础。其特点是准确性较高，容易控制球的落点和方向，是防守转为进攻的桥梁，因此二传显得尤为重要。

1. 正面上手传球

①准备姿势：正对来球，两脚开立，两膝稍屈，上体挺起，眼睛注视来球，两臂屈肘抬起，两手成传球手型。

②手型：两手自然张开微屈成半球形，手腕后仰，小指在前，拇指相对成八字形置于额前。

③击球：传球时，利用蹬地、伸膝和伸臂的动作，通过球压在手指上的反弹力，以拇指、食指、中指和手腕的紧张度协调力量将球传出，用力一定要协调一致。传球距离

较近时，用手指、手腕的弹力较多；传球距离较远时，必须加强蹬地展体的力量，才能控制好球。

2. 背传

在比赛过程中，使用背传能迷惑对方，达到出其不意的效果。背传是指通过蹬地、展腹、伸肘和指腕的弹力将球传出。

（五）扣球

1. 准备姿势

两臂自然下垂，两脚开立，两膝微屈，眼睛注视来球，随时向各种方向起动助跑。

2. 判断助跑

判断一传、二传的情况，根据二传的方向、弧度、速度和落点来确定起跳的地点和起跳时间。助跑的目的是提高起跳的高度，选择起跳地点和时间。助跑的方向、速度和步数取决于来球的方向、弧度和速度。助跑的步法一般有两步、三步等。以两步助跑为例，左脚自然放松跨出一步，接着右脚跨出一大步，以脚跟先着地，两臂由体前经体侧摆至体后下方，右脚由脚后跟过渡到全脚掌着地，左脚迅速并上，落在右脚的前面。两膝弯曲内扣降低重心，眼睛注视来球，准备起跳。

3. 起跳

起跳时，两脚迅速有力地踏跳，同时快速展腹，带动身体腾空而起，两臂由体后下方向体前上方挥摆。

4. 空中击球

起跳后，上体要挺胸展腹，稍向右转，右臂屈肘抬起，以迅速转体收腹动作带动手臂猛烈挥击。击球时，手臂要伸直，用全手掌击球的中上部，手腕带有鞭状击打。

5. 落地

以前脚掌落地过渡到全脚掌着地，并以屈膝收腹缓冲下落的力量，立即准备做下一动作。

（六）拦网

拦网是反攻的重要环节，使本队由被动转为主动。通过拦网可以减轻本队防守的压力，同时也是一道防线，可以拦死对方扣球直接得分。拦网技术动作由准备姿势、移动、起跳、空中动作和落地五个互相衔接部分组成。拦网时，要有准确的判断，要选择准确点及时起跳，两臂伸直，手掌成勺形压腕包住球并压在对方扣球路线上。拦网分为单人拦网和集体拦网，其个人技术是相同的，集体拦网时，要注意队员相互间的配合。

二、基本战术

排球战术可分为个人战术和集体战术两大类。集体战术又进一步分为接发球及其进攻（一攻），接扣球及其进攻（防反），接拦回球及其进攻（保攻），接传、垫球及其进攻（推攻）四个战术系统。下面主要介绍进攻战术和防守战术。

（一）进攻战术

进攻战术是指在接对方发过来、扣过来、拦过来和传、垫过来的球后，全队所采取的有目的、有组织的配合进攻行动。进攻战术又可分为进攻战术阵形和进攻战术打法两方面。

1. 进攻战术阵形

进攻战术阵形即进攻时采取的阵形。进攻时所采用的阵形是基本一致的，不外乎有“中一二”“边一二”“插上”三种阵形。

（1）“中一二”进攻战术阵形

3 号位队员作二传，将球传给 4、2 号位队员进攻的组织形式。其优点是一传向网中 3 号位垫球比较容易，因而有利于组织进攻，适合初学者采用；二传队员在网前接应一传的移动距离近，向 2、4 号位传球的距离较短，容易传准。其缺点是战术变化少，对方容易识破进攻意图。

（2）“边一二”进攻战术阵形

2 号位队员作二传，将球传给 3、4 号位队员进攻的组织形式。其优点是右手扣球者在 3、4 号位扣球比较顺手，战术变化较多。其缺点是 5 号位接一传时，向 2 号位垫球距离较远；一传垫到 4 号位时，二传传球较为困难。

（3）“插上”进攻战术阵形

二传队员由后排插上前排作二传，把球传给前排 4、3、2 号位队员进攻的组织形式。其优点是能保持前排三点进攻，战术配合变化多，并能利用网的全长组织进攻。其缺点是对插上二传队员的要求较高。

2. 进攻战术打法

进攻战术打法是指二传队员与扣球队员之间所组织的各种进攻配合，包括强攻、快攻和两次球进攻三种基本打法。每种打法中又有若干不同战术的配合。所有这些打法又都可以在“中一二”“边一二”“插上”三种进攻战术阵形中具体运用。

（1）强攻

强攻是指在没有同伴掩护和在对方有准备拦防的情况下，实施强行突破的进攻。强攻的二传球较高，根据不同的二传球位置，可以分为集中进攻、拉开进攻、围绕进攻、调整进攻等，后排队员的高球进攻也属于强攻的打法。

（2）快攻

快攻是指扣二传传出的各种平快球，以及用这些平快球作掩护所组成的各种战术配合，可以分为平快球进攻、自我掩护进攻、快球掩护进攻三类。平快球进攻常用的有前快、背快、短平快、平拉开、背溜、调整快、远网快、后排快、单脚起跳快等。自我掩护进攻包括时间差、位置差、空间差的进攻。快球掩护进攻包括各种交叉进攻、夹塞进攻、梯次进攻、前排快攻掩后排进攻的本位进攻等。

（3）两次球进攻

两次球进攻是指一传来球较高，又在网前适合扣球的位置上，前排队员跳起来直接进行扣球，如遇拦网，就在空中改作二传，把球转移给其他前排队员进攻。

（二）防守战术

排球的防守战术是组织进攻或反攻的基础，没有严密的防守，进攻就无从组织，而一切防守战术都应从积极为进攻和反攻创造条件的角度进行设计和考虑。

1. 接发球

当对方发球时，本方处于防守地位，也是组织第一次进攻的开始。事先站好位置，摆好阵形，是接好发球的基础。站位的阵形，不仅要有利于接球，也要有利于本方所采用的进攻战术。同时，还要根据对方发球的特点，采取不同的阵形。通常多采用 5 人接发球和 4 人接发球的站位阵形。

（1）5 人接发球站位阵形

除 1 名二传员站在网前或从后排插上准备二传不接发球外，其余 5 名队员都担负一传任务的接发球站位阵形。其优点是队员均衡分布，每人接发球的范围相对减小；接发球时，已站成了基本的进攻阵形，组织进攻比较方便，适合接发球水平不太高的球队。其缺点是一传队员从 5 号位插上时距离较长，难度大；3 号位队员接球时，不便组成快攻战术；不利于队员间的及时换位；队员之间的交界点相应增多，即接球的三角地带较多，配合不默契时，容易互相干扰。

（2）4 人接发球站位阵形

插上二传队员与同列的前排队员均站在网前不接发球，其他 4 人站成弧形接发球的站位阵形。其优点是便于后排插上与不接发球的前排队员及时换位；其缺点是对接发球的 4 人要求有较高的判断能力和移动能力，以及要求有较好的接发球技术。

2. 接扣球

接扣球的防守与组织反攻是密不可分的，只有防守成功才能有效地反攻。接扣球的防守战术是前排拦网与后排防守的整体配合，根据对方进攻情况、本队队员特长、防守后的反攻打法，一般可分为不拦网、单人拦网、双人拦网和 3 人拦网的防守阵形。

（1）不拦网的防守阵形

在对方进攻较弱，没有必要进行拦网时，可以采用不拦网的防守阵形。这种阵形与 5 人接发球站位阵形相似，前排进攻队员要撤到进攻线后，准备防守和防守后的反攻；后排队员后退，准备防后场球；二传队员留在网前，准备接吊到网前的球和组织进攻。

（2）单人拦网的防守阵形

当对方扣球威胁不大、扣球路线变化不多、轻打中吊球较多时，可以主动采用单人拦网的防守阵形。拦网队员拦扣球人的主要进攻路线，不拦网队员及时后撤防守前区或保护拦网人，后排队员后撤加强后场防守。

（3）双人拦网的防守阵形

对方水平较高、进攻力量较强、进攻路线变化较多时，多采用这种防守阵形，即两人拦网、4 人接球。通常分为边跟进和心跟进两种。①边跟进。多在对方进攻较强、吊球较少时采用。当对方 4 号位队员进攻时，我方 2、3 号位队员拦网，其他 4 个队员组成半圆弧形防守。如遇对方吊前区，由边上 1 号位队员跟进防守。其优点是加强了拦网，缺点是边上的队员既要防直线，又要跟进防前区，比较困难。②心跟进。多在本方拦网能力强、对方采取打吊结合时采用。当对方4号位队员进攻时，我方2、3号位队员拦网，后排的6号位队员在本方拦网时跟在拦网队员之后进行保护，其余3名队员组成后排弧形防守。其优点是加强了前区的防守能力，缺点是后排防守队员之间的空当较大。

（4）3人拦网时的防守阵形

对方主要扣球手进攻实力很强，不擅吊球的情况下可采用3人拦网、3人后排接球的防守阵形。这种阵形加强了网上力量，但后方的空隙也相对增大。3人拦网时，后排防守的6号位队员可以跟进到进攻线附近保护，也可以退至端线附近防守。

3. 接拦回球

本方扣球时必须加强保护，积极防守被拦回来的球，并及时组织继续进攻。由于拦网人可以将手伸过网拦网，拦回的球通常速度快、角度小，因而接拦回球的保护阵形应形成多道防线的弧形状，且第一道防线紧跟在扣球人身后。以我方4号位队员进攻，其他5人保护为例，5号位队员向前移动和向左后方移动的3号位队员形成第一道防线，1号位队员保护后场形成第二道防线，其他位置进攻时，保护的阵形也可按同样道理布阵。

4. 接传、垫球

当对方无法组织进攻，被迫用传球、垫球将球击入本方时，我方的防守便称为接传、垫球的防守，这种情况在初学者中出现较多。由于来球的攻击性小，我方的防守阵形与不拦网情况下的防守阵形相同，即前排除二传队员外，其他的队员都迅速后撤到各自的位置，准备接球后组织进攻。需要注意的是在后撤和换位的过程中，动作要迅速并随时做好接球的准备。

第三节　排球运动的基本规则

一、位置

球员通常不需要掌握全部六种技术，而是根据球队的战术，以其中的一种或多种为专长。最常见的位置分配包含三种位置：攻手（分为主攻手和副攻手）、二传手和自由人（专职防守的球员）。为了有效阻挡对方的进攻，并在对方有足够反应时间之前将球以陡峭的角度高速弹回对方场地，一般来说由身材较高且弹跳力好的球员担当攻手。主攻手：主攻手是在靠近标志杆的位置进攻的球员，主攻手还需要掌握一传技术，因为在对方发球时他们通常作为自由人以外的第二一传点。副攻手：副攻手是经常在靠近二传手的位置打出快攻的球员。副攻手专职拦网。通常副攻手是队中最高的球员，且要求有很好的防守技术。二传手：二传手的职责在于组织全队的进攻，他们负责在二传时将球送至让攻手最适宜扣球的位置。二传手必须有能力和扣球队员组合出多种变化以破坏对方的防守。移动快速、传球精准是一个二传手的必备素质。自由人：自由人是专职防守的球员，负责接发球和扣球（救球）。通常自由人具有全队最快的反应速度和最好的一传技术。

二、技术动作的要求

（一）发球

获得发球权的一方须先轮转，1号位队员在裁判员鸣哨后 3 s 内将球击出。发球离手后，如果球在中途触及发球队场上队员、标志杆或其他障碍物，发球不过网或球落在对方界外均为发球失误，失发球权。在本队未失误前，发球队员连续发球。

（二）触球

队员可用身体任何部位触球，但不得停留，如出现捞、捧、推、掷球的情况则被判为持球。每队最多触球 3 次（拦网除外），如果 1 个队员连续触球多于 1 次（拦网除外），被判为连击。

（三）进攻性击球

直接向对方场区的击球为进攻性击球。前排队员可在本场区对任何高度的球作进攻性击球。后排队员在进攻线前的前场区只能作整个球体不高于球网上沿的进攻性击球，但在进攻线后起跳则可击任何高度的球。

（四）过网

队员不得过网击球，但击球点在本场区，球离手后手随球过网不判过网犯规。对方击球前，拦网队员手触及对方场区上空的球，判拦网队员过网犯规。当对方队员击球后，可在对方场区拦网。

（五）过中线

队员身体任何部位越过中线触及对方场区地面即判过中线犯规。但一脚或双脚的一部分踏过中线，而另一部分踏在中线上或在中线上空则不判犯规。队员可伸手在网下击球，但不得阻碍对方队员。

（六）拦网

只准前排队员进行单人或集体拦网。在 1 次拦网中，球连续触及 1 个或几个拦网队员的手、头或腰部以上身体任何部位均算 1 次拦网。拦网后本队可再击球 3 次。拦网手触球后，球落在界外为触手出界，判失误。

第十一章

武　术

第一节　武术概述

一、武术的产生和发展

武术在我国有着悠久的历史，它的产生源于我国远古祖先的生产劳动。在原始社会生产力极为低下的社会条件下，人们为了生存的需要，必须依靠群体力量同自然界搏斗。这些原始形态的攻防技能虽然是低级的，还没有脱离生产技能的范畴，却是武术技能形成的物质基础。到了氏族公社时代，部落之间经常发生战争，使用武力就成为掠夺财富的主要手段这一。经过漫长的发展，到中华人民共和国成立后，武术成为社会主义文化和人民体育事业的一个组成部分，得到了蓬勃发展。

二、武术的形式

武术内容丰富多彩，按其运动形式可分为三大类：功法运动、套路运动、搏斗运动。

（一）功法运动

功法运动是以单个武术动作作为主体练习，以达到健体或增强某方面体能的运动。例如，专习浑圆桩可以调心、调身、调息，长时间站马步桩可以增强腿力等。

（二）套路运动

套路运动是武术动作以攻守进退、动静疾徐、刚柔虚实等矛盾运动的变化规律编成的整套练习形式。其主要内容包括拳术、器械、对练、集体表演。

1. 拳术

拳术是徒手练习的套路运动。它的种类很多，主要有长拳、太极拳、南拳、形意拳、八卦掌、通背拳、象形拳等。

（1）长拳

长拳以拳、掌、勾为其主要手形，以弓步、马步、仆步、虚步、歇步为其基本步型，并由蹿蹦跳跃、闪展腾挪、起伏转折和跌扑滚翻等动作和技术组成的姿势舒展、动作灵活、快速有力、节奏鲜明的拳术。它是在总结传统的查拳、华拳等拳术的基础上形成的，主要有各种适应普及的初级套路和中级套路，以及适应竞赛的规定套路和自选套路。

（2）太极拳

太极拳是一种柔和、缓慢、轻灵的拳术。它以掤、捋、挤、按、采、挒、肘、靠、进、退、顾、盼、定为基本十三势，动作轻柔圆活，处处带有弧形，运动绵绵不断，势势相承。传统的太极拳有陈式、杨式、吴式、孙式和武式等较有影响的流派，各式太极拳还有大架、小架、开合、刚柔相兼等各自不同的特点。原国家体育运动委员会推陈出新，先后整理推广了二十四式简化太极拳、四十八式太极拳以及八十八式太极拳等。

（3）南拳

南拳是一种流传于我国南方各省的节短势烈的拳术。南拳的拳种和流派颇多，各自又有不同的特点。其动作朴实刚劲，步法稳固，拳势激烈，常以发声吐气助长发力。

（4）形意拳

形意拳是以三体式为基本姿势，以劈、崩、钻、炮、横五拳为基本拳法，并吸取了龙、虎、猴、马、鸡、鹞、燕、蛇、鼍、骀、鹰、熊等12种动物的动作与形态而组成的拳术。其动作整齐简练，发力沉着，朴实明快。

（5）八卦掌

八卦掌是一种以摆扣步走转为主，包括推、托、带、领、搬、截、拦等掌法变换内容的拳术。它的特点是沿圈走转，势势相连，身灵步活，随走随变。

（6）通背拳

通背拳是以摔、拍、穿、劈、钻5种手法为主要内容，通过圈、揽、勾、劫、削、摩、拨、扇等八法的运用，而生化出许多动作的拳术。它的动作大开大合、放长击远，发力起自腰背，甩膀抖腕，讲求冷、弹、脆、快。

（7）象形拳

象形拳是模拟各种动物的特长和形态，以及表现某些古代人物的搏斗形象和生活形象的拳术。鹰爪拳、螳螂拳、猴拳、蛇拳、鸭形拳以及八仙醉酒、鲁智深醉跌、武松脱铐等，都属于象形拳。象形拳分象形、取意两种。前者是以模仿动物和人物的形态为主，缺少或很少有技击的动作；后者则以取意动物的搏击特长为主，以动物的搏击特长来充实技击动作的内容。

2. 器械

器械的种类很多，分为长器械、短器械、双器械、软器械。刀、枪、剑、棍是长、短器械的代表。目前在武术竞赛中，刀、枪、剑、棍也是重点竞赛项目。

（1）刀术

刀属于短器械，由刃、背、尖、护手盘和刀柄等构成。刀的长度是以直臂垂肘抱刀的姿势为准，刀类不得低于本人的耳上端。运动方法以缠头裹脑和劈、砍、斩、撩、扎、挂、戳、刺等基本刀法，并配合各种步法、跳跃等动作构成套路练习。它的特点是勇猛快速、刚劲有力。

（2）枪术

枪属于长器械，由枪头、枪缨和枪杆所组成，多用白蜡杆做枪杆。枪法以拦、拿、扎为主，还有崩、点、穿、挑、云、劈等。练习枪术，持枪要稳活，扎枪要平正迅速，力达枪尖，拦拿缠绕圆转，劲力适当，方法正确，身法灵活多变，步法轻灵稳健。

（3）剑术

剑属于短器械，由剑刃、背、锋、护手、柄等部分组成。长度以直臂垂肘反手持剑的姿势为准，剑尖不低于本人的耳上端。以刺、点、劈、撩、挂、崩、截等剑法，配合步法等构成套路。它的特点是刚柔相济、吞吐自如、轻快潇洒、矫健优美。

（4）棍术

棍属于长器械，最低长度同本人身高。它以劈、扫、戳、挑、撩、拨等棍法为主，并配合步法、身法等构成套路。练棍要求手臂圆熟，身棍合一，体现出勇猛、快速有力、棍打一大片的特点。

3. 对练

对练是在单练基础上，由两人或两人以上，在预定的条件下进行攻防的假设性实战练习，包括徒手对练、器械对练、徒手与器械对练等。

①徒手对练，是运用踢、打、摔、拿等方法，按照进攻、防守、还击的运动规律编成的拳术对练套路，如对打拳、对擒拿、南拳对练、太极拳对练、八极拳对接等。

②器械对练，是以器械的劈、砍、击、刺等技术组成的对练套路。它主要有长器械对练、短器械对练、长与短对练、单与双对练、单与软对练、双与软对练等多种形式，常见的有单刀进枪、三节棍进棍、双匕首进枪、对刺剑等。

③徒手与器械对练，是一方徒手、另一方持器械进行的攻防对练，如空手夺刀、空手夺棍、空手进双枪等。

4. 集体表演

集体表演是 6 人以上的徒手或器械集体演练，可变换队形与图案，采用音乐伴奏，要求队形整齐、动作协调一致。

（三）搏斗运动

搏斗运动是两人在一定条件下按照一定的规则进行斗智较力的对抗练习形式。目前，武术竞赛中开展的搏斗运动有散打、推手、短兵三项。

1. 散打

散打是两人按照一定的规则使用踢、打、摔、拿等方法制胜对方的竞技项目。

2. 推手

推手是两人遵照一定的规则，使用掤、捋、挤、按、采、挒、肘、靠等手法，双方粘连黏随，通过肌肉的感觉来判断对方的用劲，然后借劲发劲将对方推出，以此决定胜负的竞技项目。

3. 短兵

短兵是两人手持一种用藤、皮制作的短棒似的器械，在 5.33 m 直径的圆形场地内，按照一定的规则，使用劈、砍、刺、崩、点、斩等方法决出胜负的竞技项目。

三、武术的特点和作用

（一）武术的一般特点

武术寓技击于体育之中，具有内外合一、形神兼备的民族风格和广泛的适应性。

1. 寓技击于体育之中

武术作为体育项目，动作具有攻防技击性仍然是它的本质特性。无论何种套路，其共同点是以踢、打、摔、拿、击、刺等攻防动作构成套路的主要内容。虽然套路中不少动作的技术规格与技击原形有变化，或因连接贯串及演练技巧的需要穿插了一些不具备攻防意义的动作，但通过一招一式表现攻与防的内在含义仍然是套路的技术核心。

2. 具有内外合一、形神兼备的民族风格

既讲究形体规范，又追求精神传意、内外合一的整体观，是中国武术的一大特色。所谓“内”，指心、神、意等心志活动和气息的运行；所谓“外”，即手、眼、身、步等的形体活动。内与外、形与神是相互联系的、统一的整体，武术“内外合一、形神兼备”的特点主要通过武术功法和技法来体现。“内练精气神，外练筋骨皮”是各家各派练功的准则，如太极拳主张身心合修，要求“以心行气，以气运身”。武术套路在技术上往往要求把内在精气神与外部形体动作紧密相合，完整一气，做到“心动形随”“形断意连”“势断气连”，以“手眼身法步，精神气力功”八法的变化来锻炼心身。这一特点充分反映了武术作为一种文化形式在长期的历史演进中深受中国古代哲学、医学、美学等方面的渗透和影响，形成独具民族风格的运动形式和练功方法。

3. 具有广泛的适应性

武术的练习形式、内容丰富多样，有竞技对抗性的散打、推手、短兵，有不同的拳种和器械，有不同的动作结构、技术要求、运动风格和运动量，分别适应不同年龄、性别、职业、体质人群的需求，人们可以根据自己的条件和兴趣爱好进行选择练习。同时，它对场地、器材的要求较低，俗称“拳打卧牛之地”，练习者可以根据场地的大小变化练习内容和方式，即使一时没有器械，也可以徒手练拳、练功。一般来说，其受时间、季节的限制也很小，较之其他体育运动项目，具有更为广泛的适应性。武术能在广大民间历久不衰，与这一特点不无关系，利用这一特点可以为现代群众性体育提供方便，使武术进一步社会化。

（二）武术运动独有的锻炼特点

1. 内外相合的高度协调

武术运动动作变化多端，方向复杂，重复配合，还要求躯体运动与内在精、神、意、气的协同一致。武术中有“内三合”（心与意合、意与气合、气与力合）和“外三合”（即肩与胯合、肘与膝合、手与足合）之说，即手、眼、身法、步、精神、气、力、功八法缺一不可，这种高度协调的要求艺无止境。所谓“行家一出手，便知有没有”，炉火纯青的武术家一个极简单的动作也能显示出不凡的功力和神韵，这正是一种超群的协调，是千锤百炼的结果。

2. 刚柔相兼的劲力方法

中国武术在用力方式上主张亦刚亦柔。许多西方体育项目追求外显的力量、速度，强调极大限度的力量动员。武术则取其中，取其内，认为“纯柔纯弱，其势必削；纯刚纯强，其势必亡”，只有取刚之中和，才会生出极其丰富的劲力表现，所谓“刚柔相推而生变化”。中国各家拳法或刚中含柔，或柔中寓刚，或先刚而后柔化，或先柔而后刚发，发劲中讲究调集全身，发于一点。中国武术的劲力变化使人琢磨不尽，玩味不厌，充满力的内蕴技巧。

3. 运气调息贯注动作

中国武术也十分重视运气和调息的锻炼。武术在调息中注意动作起伏变化的配合，所谓“提、托、聚、沉”，是说腾起时提气，站起时托气，发劲时聚气，低势时沉气。更重要的是重视运气，讲究“以心行气”“以气运身”，运动时“行气如九曲珠”，遍体活泼，以养刚中之气、浩然之气，贯于脊中而收于丹田；发力时则从脊而发，达于四梢。任何运动都离不开气息的运行，西方体育在运动中也注意调整呼吸，使运动持久，或加深加快呼吸以助发力和加快动作频率。中国武术则重视养气、练气、运气，使气在意念引导之下运转，与动作相合，做到“心为令，气为旗”，以意导气，使力从心。

4. 气势连贯的整体意识

中国武术在拳路中十分强调动作与动作的内在联系，在练法上讲究势势相承、一气呵成。整套动作最忌“断”字，要求气脉不断，动作与动作连接并非不允许间歇停顿，而是强调一招一式之间做到“形断意连”“势断气连”，要善于运用内在的心志活动，即心、神、意、气将动作有机地连接起来，表现出生动的气韵，如虹的气势，贯一的气质。在格斗中也讲究“拳打一气连，兵战杀气勇”“不招不架就是一下，犯了招架就是十下”，势势相承，连环成招，贯串一气，令对手防不胜防。

（三）武术的作用

1. 壮内强外

中国人民千百年的习武实践和近年来进行的科学研究都说明武术注重内外兼修，对身体有着多方面的良好影响，经常练习能收到壮内强外的效果。例如，长拳类套路，包括屈伸、回环、跳跃、平衡、翻腾、跌扑等动作，加上内在神情的贯注和呼吸的配合，人体的各个器官都参与了活动，尤其坚持基本功训练能提高人体的肌肉力量和伸展性，提高关节运动的幅度，有效地发展柔韧性。散打对抗中的判断、起动、躲闪格挡或快速还击等，对人体的反应速度、力量、灵巧、耐力都有良好的促进作用。太极拳和许多武术功法练习注重调息行气和意念活动，长期练习对治疗多种慢性疾病和调节人体内环境平衡均有良好的医疗保健作用。

2. 防身自卫

无论是套路运动还是格斗运动，技击动作均是其主要内容。套路虽然以演练的形式出现，但它包含了许多攻防中可用的拳法、掌法、腿法、擒拿法及快摔法，经常训练不仅能使动作熟练，而且机能和素质也能得以提高，如果再增强对距离、时机的判断能力，还可起到防身自卫的作用。散打、推手的技术与实践十分接近，许多动作可以直接体现防卫效果。散打和推手中的一些战术也有益于增强防身自卫的能力。

3. 修身养性

在几千年绵延的历史中，武术一向重礼仪，讲道德。“尚武崇德”成为学武之人的一种传统教育，诸如尊师重道、讲礼守信、见义勇为、不凌弱逞强、学之有恒、精益求精等。经常习武，可以培养和陶冶高尚的情操。将激烈的攻防技击与人生修养相结合，西方人可能不理解，但体现了中国武术的伦理观念。初学武术十分艰苦、枯燥，“冬练三九，夏练三伏”，对人的意志品质是很好的磨炼。武术为“终身不尽之艺”，艺无止境，更需要人们具有永不自满、砥砺精进的品质。经过长期训练，可以培养人们刻苦、坚韧、勇于进取、虚心好学等优良品质。

4. 娱乐观赏，丰富文化生活

武术运动具有很高的观赏价值，套路运动动迅静定的节奏美，踢、打、摔、拿、跌巧妙结合的方法美，内外合一、形神兼备的和谐美，非常引人入胜。搏斗对抗中双方激烈的争夺、精湛的攻防技巧、敢打敢拼的斗志，都可以给人一种武术美的享受。群众性武术活动“以武会友”，通过习武的共同爱好，可以切磋技艺，扩大交往，交流思想，增进友谊，丰富人民群众的业余文化生活。武术在世界范围内的广泛传播，还会增进世界各国人民的友好情谊。

第二节 长 拳

一、长拳概述

（一）概念

长拳的概念详见本章第一节。

（二）运动特点

各种长拳之间虽然风格各异，但概括起来，其共同特点是：姿势舒展、动作灵活、快速有力、节奏鲜明，并包括蹿蹦跳跃、闪展腾挪、起伏转折和跌扑滚翻等动作和技术。

（三）锻炼价值

长拳的动作舒展，关节活动范围较大，对肌肉和韧带的柔韧性、弹性等都有较高的要求。因此，练习长拳能够发展肌肉的弹性、关节的灵活性，以及脊柱伸屈的灵活性及柔韧性。长拳的动作大多数是由大肌肉群来进行活动的，要求肌肉的活动量大，而且肌肉活动速度快，对肺活量的要求也较高，因此对提高心脏血液循环系统和呼吸系统的机能，能起到积极的作用。长拳的结构也较复杂，有伸屈、回环、平衡、跳跃、翻腾及跌扑等动作，这些较为复杂的动作，对中枢神经系统、内脏器官以及神经与肌肉的协调机能都提出了较高的要求，既增强了这些系统的机能，又全面地提高了身体素质。

（四）长拳技术讲究“四击”“八法”“十二形”

1.“四击”

“四击”是指武术中的踢、打、摔、拿 4 种技法。

2.“八法”

“八法”是手、眼、身法、步、精神、气、力、功。具体来说，就是拳如流星，眼似电，身法要灵活，步要稳，精神要充沛，气要沉，力要顺达，功要深厚。

3.“十二形”

长拳在运动时，有动势、静势、起势、落势、站势、立势、转势、折势、轻势、重势、快势、缓势 12 种动静之势。动如涛、静如岳、起如猿、落如鹊、站如松、立如鸡、转如轮、折如弓、轻如叶、重如铁、快如风、缓如鹰，总称为“十二形”。

二、基本动作

（一）手形

1. 拳

要点：拳握紧，拳面平，直腕。

要领：四指并拢卷握，拇指梢节屈压于食指中节上。拳心朝上（下）为平拳，拳眼朝上（下）为立拳。

2. 掌

要点：掌心开展，竖指。

要领：四指伸直并拢，拇指梢节屈扣于虎口处。手腕伸直为直掌；向拇指侧伸，掌指朝上为立掌。

3. 勾

要点：掌心开展，竖指。

要领：五指尖捏拢在一起，屈腕。

（二）步型

1. 弓步

要点：挺胸、塌腰、沉髋，前脚与后脚跟内侧呈一直线。

要领：前脚微内扣，全脚掌着地，屈膝半蹲，大腿呈水平，膝部约与脚面垂直。另一腿挺膝伸直，脚尖里扣斜向前方，全脚掌着地。上体正对前方，两手抱拳于腰间。

2. 马步

要点：挺胸、塌腰、直背，膝微内扣。

要领：两脚平行开立（约脚长的 3 倍），脚跟外蹬，屈膝半蹲，大腿呈水平姿势，膝部不超过脚尖。两手握拳分别抱于腰间，目视前方。

3. 仆步

要点：挺胸、塌腰、直背，膝微内扣。

要领：两脚平行开立（约脚长的 4 倍）。右腿屈膝全蹲，大腿和小腿靠紧，臀部接近小腿，脚尖和膝关节稍外展；左腿挺膝伸直平仆于地面，脚尖内扣。两脚全脚掌着地，两手握拳分别抱于腰侧，目视左前方。

4. 虚步

要点：挺胸、塌腰，虚实分明。

要领：两脚前后开立。右脚外展 45°，屈膝半蹲，大腿接近水平；左脚脚跟离地，脚面绷平，脚尖稍内扣并虚点地面，膝微屈。重心落于后腿，两拳分抱于腰侧，目视前方。

5. 歇步

要点：挺胸、塌腰，两腿靠拢贴紧。

要领：两脚交叉全蹲。左脚全脚掌着地，脚尖外展；右脚全脚掌着地，膝部贴近左膝外侧，臀部坐于右腿接近脚跟处。

（三）手法

1. 冲拳

要点：挺胸、收腹、拧腰、顺肩，快速有力。

要领：两脚并步站立，两手握拳分别抱于腰侧，拳心向上，肘尖向后，目视前方。左拳从腰间向前推出，当肘关节离开身体一侧时，左前臂内旋并加速用力，力达于拳面，臂伸直，高与肩平。同时右肘向后牵拉，目视前方。

2. 劈拳

要点：松肩、直臂、臂抡成立圆，力达拳轮。

要领：两脚并步站立，两手握拳分别抱于腰侧，拳心向上，肘尖向后，目视前方。右拳向左、向上经头上方向右下快速挥落，臂伸直，高与肩平，目视右拳。

3. 推掌

要点：挺胸、收腹、立腰、拧腰、顺肩，出掌快速有力，力达掌外沿。

要领：预备姿势同冲拳。左拳变掌，由腰间向前立掌推出（当肘关节离开身体一侧时，前臂内旋并加速前伸），臂伸直，高与肩平。同时右肘向后牵拉，目视前方。

4. 亮掌

要点：挺胸、收腹、立腰、抖腕。

要领：并步站立。右拳变掌，由腰间向右、向上划弧至头部右上方，前臂内旋，肘微屈，臂呈弧形，虎口朝下，掌指朝左，掌心朝前上方，目视前方。

5. 架掌

要点：架掌时前臂内旋，松肩，上架以掌外沿为力点。

要领：并步站立，与冲拳相同。右拳变掌，自腰间向左经胸前、面前向头上方旋臂架起，臂微屈，虎口朝下，掌心朝前上方，目视前方。

6. 挑掌

要点：沉腕要快速有力，力达掌指。

要领：并步站立，与冲拳相同。右拳变掌，自腰间经右向上弧形摆起，当摆至将近水平时，使掌抖腕竖起呈立掌，掌指朝上，掌外沿朝右，目视右侧。

（四）腿法

1. 正踢腿

要点：挺胸、收腹、立腰；腿上摆过腰后加速用力，收腹，收髋，上体正直。

要领：两脚并步站立，两臂呈侧平举，立掌，目视前方。左腿支撑，右腿挺膝，脚尖勾起向前额处快速摆起，目视前方。

2. 单拍脚

要点：收腹、立腰，击拍脚要脆、快、响。

要领：两脚前后站立，左手握拳抱于腰间，右拳在头上方举起，掌心朝前，目视前方。左腿支撑，右腿挺膝，脚尖绷直，向前上方快速摆起，当脚摆踢至面前时，右掌迎击脚面，目视前方。

3. 弹腿

要点：挺胸、立腰、收髋，弹踢要有寸劲。

要领：左腿支撑，右腿屈膝提起接近水平，两拳抱于两腰侧，目视前方。上动不停，小腿猛力向前甩摆、挺膝、力达脚尖，大小腿水平呈一条线，目视前方。

第三节　散　打

一、散打概述

散打是一项徒手搏击格斗的技术，它的母体是中华民族传统体育的瑰宝——武术运动。武术是以技击为主要内容的民族传统体育项目，而散打是武术运动的对抗性形式，更是武术运动的最高表现形式，是武术的精髓。现代散打运动是以踢、打、摔、拿为主要技击内容，在比赛规则的限制下互以双方格斗搏击动作为转移的斗智、较技的对抗性体育竞赛项目。它是格斗双方智力、体力、技术和心理意志的综合抗衡，具有高度的攻防实战性和激烈对抗性。

二、散打基本拳法和摔法

（一）基本拳法解析

散打拳法主要包括冲拳、贯拳、抄拳、劈拳、扣拳、鞭拳、弹拳 7 种，其中以冲、贯、抄为主体。

1. 拳法的技术要求

①出拳力量主要来源于后脚的蹬地，然后转髋带动转（压）肩，送臂出拳，要在击中对方的瞬间制动。

②出拳时切记肩关节的垂直线任何时候都不能超过自己前腿的脚踝关节，以免失去重心，被对手反击。

③出拳时击中对手的瞬间才突然握紧拳，击中与未击中都应迅速放松，以免动作僵硬。

④出拳后无论击中还是未击中，都应迅速收回，做好防守或再次进攻的准备。

2. 基本拳法

（1）左冲拳

动作要领：由实战姿势开始，即由左脚、左手在前的正架姿势开始，右脚微蹬地面，重心微向前脚移动，上体微右转。同时左肩由屈到伸并内旋 90°，发力于腰，力达拳面。

易犯错误及纠正方法：

①撩拳。由于冲拳前肘先于拳而动，形成拳往下撩的错误。纠正时，强调以拳领先，勿先动肘；或由同伴帮助以一手拉拳、一手按肘，慢慢体会要领。

②只动前臂。冲拳时不是以肩催臂，而是前臂屈伸。纠正时，强调肩先动，催肘送拳。

（2）右冲拳

动作要领：由实战姿势开始，右脚微蹬地，并以前脚掌向内转，转腰送肩，上体左转。同时右臂由屈到伸并内旋 90°，直线向前冲出，力达拳面。

易犯错误及纠正方法：

①上体过于前倾。冲拳时，上体向前移动过多，腰没有向左拧转。纠正时，多体会腰绕纵轴方向拧转的要领，克服向前俯身的毛病。

②翻肘撩拳。冲拳时前臂、肘关节先动并外翻，形成撩拳错误。纠正时，由教练员或同伴帮助，或面对镜子做慢动作练习。

③先后引拳，预兆明显。这是学习拳法的常见错误。纠正时，面对镜子或由同伴监

督，用慢速放松练习，以体会出拳路线。

（3）左贯拳

动作要领：由实战姿势开始，上体微向右转，同时左拳向外（约 45° ）、向前、向内呈平面弧形横击，臂微屈，拳心朝下。同时转腰发力，力达拳面或偏于拳眼侧。

易犯错误及纠正方法：

①左拳向外绕行。纠正时，面对镜子，不追求用力，重点体会拳的运行路线。

②抄拳发力时上体后仰、挺腹。纠正时，重点体会蹬地转腰的要领及内力的运用。

③重心上提、歪胯。纠正时，由同伴帮助，一手按头，一手扶胯，边练习边提示。

（4）右贯拳

动作要领：由实战姿势开始，右脚微微蹬地并以前脚掌向内转，合胯并向左转腰，右拳向外（约 45° ）、向前、向内呈平面弧形横击。同时上体左转，腰胯发力，力达拳面或偏于拳眼侧。

易犯错误及纠正方法：参考左贯拳。

（5）左抄拳

动作要领：上体微左转，重心略下沉，腰迅速向右转，发力于腰，左拳由下向前上方勾击，上臂和前臂夹角为 90° ~ 110° ，拳心朝里，力达拳面。

易犯错误及纠正方法：

①左拳向外绕行。纠正时，面对镜子，不追求用力，重点体会拳的运行路线。

②抄拳发力时上体后仰、挺腹。纠正时，重点体会蹬地转腰的要领及内力的运用。

③重心上提、歪胯。纠正时，由同伴帮助，一手按头，一手扶胯，边练习边提示改进。

（6）右抄拳

动作要领：由实战姿势开始，右脚蹬地，扣膝合胯，腰微右转。同时右拳向下、向前、向上勾击，上臂与前臂夹角为 90° ~ 110° ，拳心朝里，力达拳面。

易犯错误及纠正方法：

①右拳后拉。练习者想加大动作力度，右拳先后拉再上勾，出现严重预兆。纠正时，应消除单纯用劲心理，着重体会用劲路线和全身协调配合。

②身体向上立起。练习者没有体会合胯转腰的用力方法，过分追求蹬地伸髋。纠正时，由同伴协助控制重心的起伏，如一手按头、一手给靶（保持正确的高度），体会力从腰发的要领。

（二）基本摔法解析

“拳加跤，艺更高”，散打摔法可分为主动贴身摔和防守反击摔（接招摔）两类。贴身摔包括夹颈、抱腰、抱腿的各种贴身摔法，接招摔包括接住对方进攻的各种拳法和腿法之后运用夹臂和抱腿的摔法。散打中的摔法很多，不同的方法有不同的技术要领。

1. 摔法的技术要求

（1）借势

借势是指在运用各种摔法时，借助对手重心不稳或将要失去平衡的姿势，稍加力量将其摔倒。如甲方连续使用拳法追击，乙方在步步退守的情况下突然下蹲后倒，使用“蹬枝”方法将甲方摔下擂台，此招就是借助了对手连续打拳而突然击空，重心前倾的不利姿势，使用“蹬枝”的方法既省力，效果又好。再如，甲方以右边腿攻击，乙方在抄抱其腿的一刹那，快速上步切掌将其击倒，或者在接腿的瞬间用摇涮的方法将其击倒，这两招也是借助了对手鞭腿身体向斜后侧的姿势。借势，关键是掌握好时机。一般来说，在动作发力的瞬间一旦击空，身体就会处于失衡状态，如果能在此时顺其失衡的同侧方位稍加外力，效果极佳。还有，在对手动作发力的同时，如果顺其发力的方向稍加外力，也会收到事半功倍的效果。

（2）掀底

掀底是指采用摔法（尤其是接腿摔法）时，为破坏对方的支撑而采用掀、拉、摇、托等方法，将对方摔倒。如甲方被乙方抱住右腿后，乙方尽量向上或向左右掀托其右腿，甲方必然会因左腿（底部）失去支撑能力而摔倒。值得注意的是，对于下肢柔韧性较差的运动员，产生掀底效果较快；而对柔韧性较好的运动员来说，必须以掀至对方摔倒为止，不见效果不脱手。

（3）别根

别根是指通过自己身体的某一部位别绊对方支撑重心的根部（脚踝处），达到摔倒对方的目的。如接腿别腿、抱腿搂腿、折腰搂腿、接腿勾踢、接腿挂腿等摔法，正是运用了别根的要领，使摔法更加省力和巧妙。

（4）靠身

靠身是指通过身体向前挤靠的办法将对方摔倒。如抱腿摔法，除运用抱腿和搂腿的技法外，必须配合身体向前挤靠对方，效果才会更好。

散打中的摔法，除少数一些距离摔法（如接腿摇涮）外，绝大多数是主动进身抱摔和接腿、接拳的摔法。每一种摔法，尽管有其独特的关键性技术，如接腿勾踢摔主要是勾腿（即别根），接腿上托摔主要是掀底，抱腿前顶主要是靠身，但如果把借势、掀底、别根、靠身 4 种技巧结合运用，突出散打摔法“快”的特点，那么效果会更好。

2. 基本贴身摔法

（1）抱腿前顶

动作要领：双方由实战姿势开始，上左步，身体下潜闪躲，然后两手抱对方双腿膝窝下部，两手用力回拉。同时用左肩前顶对方大腿根部或腹部，将对方摔倒。

易犯错误及纠正方法：

①抱不住双腿。纠正时，注意下潜接近对手。

②摔不倒对手。纠正时，应强调两臂后拉与肩顶配合协调。

（2）抱腿旋压

动作要领：右脚蹬地，上左步，身体下潜，重心移至左腿。同时左手抄抱对方大腿内侧，右手抱住对方小腿后，以左脚掌为轴，身体向右后方旋转，以右手提、左肩压的合力，将对方摔倒。

易犯错误及纠正方法：

①抱腿不紧。纠正时，应强调以胸、腹部贴紧对方腿部内侧。

②摔不倒对手。纠正时，应强调提、拉、顶与转腰配合一致。

（3）抱腿搂腿

动作要领：上步，身体下潜闪躲，然后左手抱对方右后腰，屈肘；右手抱其左膝窝用力回拉，使对方的左腿离地。左腿抬起前伸，由前向后搂挂对方的支撑腿，同时用左肩向前顶靠对方肋部将其摔倒。

易犯错误及纠正方法：

①抱腿不紧。纠正时，应强调近身马上破坏对方的重心，抱起对方的前腿使其单腿支撑。

②摔不倒对方。纠正时，应强调搂腿、手拉和肩顶用力一致。

（4）折腰搂腿

动作要领：下闪，两臂抱住对方腰部，右腿抬起，并以小腿由前向后搂挂对方左小腿。同时两手抱紧对方腰，上体前压其胸，使其后倒。

易犯错误及纠正方法：搂不倒对方。纠正时，强调抱腰要紧并向回拉，上体前倾压胸和搂腿动作一致。

（5）压颈搂腿

动作要领：双腿被对方抱住后，立即俯身屈髋并向左转腰，以左手压推对方后颈部，右手向上搂托对方左膝关节，将对方向前翻滚倒地。

易犯错误及纠正方法：对手不能倒地。纠正时，强调下蹲要及时，压推颈与搂托膝要用力一致。

3. 基本接招摔

（1）抱腰过背

动作要领：对方用左贯拳攻击头部时，立即向左闪身，左脚向前上半步，同时左臂从对方右腋下穿过，搂抱对方后腰；右手挂挡对方左拳后迅速夹握对方左前臂。然后身体右转，右脚向后插半步，双腿屈膝，臀部抵住对方小腹。继而两腿蹬伸，弓腰，头向右转，将对方背起后摔倒。

易犯错误及纠正方法：摔不倒对方。纠正时，应强调上步、转身、屈膝、低头、弓腰、伸腿、转头动作快速连贯，用力完整、充分。

（2）夹颈过背

动作要领：对方用左贯拳攻击头部时，立即以右手挂挡对方左拳后迅速夹握对方左前臂，同时左臂从对方右肩穿过后，屈臂夹住对方颈部。右脚向后插半步与左脚平行，两腿屈膝，臀部抵住对方小腹。然后身体右转，两腿蹬伸，弓腰，头向右转，将对方背起后摔倒。

易犯错误及纠正方法：

①夹颈不牢。纠正时，应强调身体贴住对方屈臂夹颈，屈臂夹颈要夹紧。

②背不起对方。纠正时，应强调以背部横贴对方胸腹部，插步、转身、低头、弓腰、

蹬伸要快速、协调、连贯。

（3）穿臂过背

动作要领：对方用左贯拳攻击头部时，立即向左闪身，同时左脚向前上半步，右手挂挡对方左拳后迅速夹握对方左前臂，同时左臂从对方左臂下穿过并上挑至肩上，身体右转，右脚向后插半步屈膝，臀部抵住对方小腹。继而两腿蹬伸，弓腰，头向右转，将对方背起后摔倒。

易犯错误及纠正方法：

①抱不住对方的左臂。纠正时，应强调插步转身要快，双手上下配合一致。

②两腿蹬伸不直。纠正时，应增加转身、屈膝和伸腿的辅助练习。

（4）接腿前切

动作要领：当对方以左踹腿或左鞭腿进攻时，立即用里抄抱腿方法，抄抱起小腿后，左脚即向前上步，换右臂掀抱其小腿，以左前臂下端外侧为力点向前切压对方的胸部或面部，使其摔倒。

易犯错误及纠正方法：摔不倒对方。纠正时，应注意上步与前臂的切压和后手上掀相配合，充分破坏对方的重心，使其向后倒地。

（5）接腿下压

动作要领：当对方用左边腿进攻时，立即以里抄抱其腿后，右腿立即向后撤步，上体右转，左手回拉。同时躯干前屈，用肩胸下压对方左腿内侧，将对方摔倒。

易犯错误及纠正方法：摔不倒对方。纠正时，应注意撤步转身、肩胸下压及右手上掀协调配合，充分破坏对方的重心，使对方后倒。

（6）接腿挂腿

动作要领：当对方用右腿进攻肋部时，立即以左腿抢先进步，用左手外抄抱其右小腿，右腿抬起前伸，以小腿由前向后搂挂其支撑腿。同时右手用力向前，向下推压其右肩，将其摔倒。

易犯错误及纠正方法：

①抱腿不紧。纠正时，要求接抱腿时抄抱对方腿的膝关节以上部位，并贴近自己肋部，使其不能逃脱。

②摔不倒对方。纠正时，强调搂挂腿和右手推压抱腿上掀动作用力一致。

通过散打基本拳法、摔法和腿法的解析，掌握了单个进攻技术动作环节，就掌握了散打攻防的基本手段。但要想在实战中克敌制胜，基本技术远远不够，还需要结合步法、防守技术和组合技术练习。

第十二章

跆拳道

第一节　跆拳道概述

一、跆拳道简介

跆拳道运动是一项起源于朝鲜半岛的古老而又新颖的竞技体育运动，是朝鲜民族在生产和生活基础上发展起来的一项运用手、脚技术和身体能力进行自身修炼和搏击格斗的传统体育项目。说它古老，是因为它在有记载的朝鲜民族史上已有 3 000 多年的历史；说它新颖，是因为跆拳道自 20 世纪 50 年代中期在朝鲜半岛重新崛起到现在，半个多世纪以来，努力向世界传播，已经风靡全球，成为一项新颖的竞技体育项目。

跆拳道的内容十分丰富，但主要包括品势修炼（动作组合）、搏击格斗和功力检验三大部分。跆拳道的“跆”字，意为像台风一样猛烈地、强劲地跳踢的“脚”；“拳”字意为拳头，是用来进攻的武器；“道”是指人生的正确道路，在这里寓意使用手脚的方法和原理。跆拳道运动要求练习者不仅学习跆拳道的技术，更注重对跆拳道礼仪、道德修养的学习和遵从，每一次练习都要求“以礼始，以礼终”，培养人的礼仪、忍耐、谦虚和坚韧不拔的精神，这对青少年尤其具有特殊的教育意义。跆拳道练习者身穿专用的白色跆拳道道服，腰系代表不同段位的腰带进行训练和比赛。跆拳道的水平高低是由练习者的级别和段位体现的，水平越高，其段位也就越高。跆拳道的段位分为初级的十级至一级和高级的一段至九段。跆拳道的比赛是分男女两个组别按体重分级进行的。跆拳道运动是以腿法为主要进攻手段，因而比赛时气氛紧张激烈，双方斗智斗勇，拳来腿往，高难动作精彩纷呈，充分展示了人的斗志，鼓舞人奋发向上的精神，陶冶人的道德情操，同时可以使人享受到击打艺术的美妙感觉。

1973 年 5 月，世界跆拳道联合会（WTF）在汉城（今首尔）成立，金云龙当选为主席。1975 年，世界跆拳道联合会被国际体育联合会接纳为正式会员。1980 年，国际奥委会正式承认了世界跆拳道联合会。在世界跆拳道联合会（以下简称“世界跆联”）被正式公认后的10多年中，跆拳道运动在全球得到了空前的发展，现在风行全球150多个国家和地区，参与练习者多达7 000万人，而且在洲际和世界各级各类大赛上都可看到跆拳道的影子。现在，世界上基本形成了以世界跆联为主体倡导的竞技跆拳道，其鲜明特点是以竞技为主，品势练习为辅。还有一种是国际跆联倡导的以品势修炼为主，竞技实战为辅的跆拳道运动。

中国跆拳道协会经中华人民共和国民政部正式批准，于2004年在北京成立。中国跆拳道协会的宗旨：在遵守国家宪法、法律的前提下，团结中国跆拳道工作者、运动员和跆拳道爱好者，在中国推广和普及跆拳道运动，增强中华民族的身体素质；提高跆拳道运动技术水平，攀登世界跆拳道高峰；增进同各国家和地区跆拳道人士的友谊，加强与世界跆拳道联盟和亚洲跆拳道联盟等国际体育组织以及世界各国跆拳道协会的联系与合作。

二、跆拳道的特点与作用

（一）跆拳道的特点

1. 以腿为主，手足并用

跆拳道技术方法中占主导地位的是腿法，腿法技术在整体运用中约占3/4，因为腿的长度和力量是人体中最长最大的，其次才是手。腿的技法有很多种形式，可高可低，可近可远，可左可右，可直可屈，可转可旋，威胁力极大，是比赛时得分和实用制敌的有效方法。其次是手法，手臂的灵活性很好，可以自如地控制完成防守和进攻动作，同时也可以变化为拳、掌、肘、肩的多种用法，进行实战。在竞赛规则以外的跆拳道实战中，人体的一些主要关节部位也可以用作进攻的武器或防守的盾牌，这是跆拳道技术的本质，如人体的手、肘、膝、脚等关节部位，都是跆拳道实战中较常用、有效的击打武器。

2. 方法简练，刚直硬打

不论是在比赛时还是在实战中，跆拳道的进攻方法都是十分简捷而实效的。对抗时双方都是直接接触，以刚制刚，用简练、硬朗的方法直接击打对方，或拳或腿，速度快，变化多；防守的动作也是以直接的格挡为主，随即是连续的反击动作。防守时很少使用躲闪防守法，追求刚来刚往，硬拼硬打，尽可能保持或缩短双方间的距离，以增加击打的有效性，在近距离拼斗中争取比赛或实战的胜利。

3. 内外兼修，功法独特

跆拳道理论认为，经过专门训练，人的关节部位能产生不可思议的威力，特别是拳、肘、膝和脚四个部位。长期专门练习跆拳道，可以使人达到内外合一的程度，即内功和外力达到统一的巅峰。由于无法确定人体关节部位武器化的威力和潜力到底有多大，因此只有通过对木板、砖瓦等物体的击打来测量练习者的功力水平。

4. 以击破为测试功力的手段

跆拳道在向外推广时，大多是以这种击破的方式向人们展示其威猛无比的功夫，这种方法是用拳、掌或脚分别击碎木板、砖瓦，以此检验和测试练习者的功力程度。这种独特的方法现已成为跆拳道训练、晋级升级、表演比赛的一个主要内容。

5. 强调气势，发声扬威

无论品势还是竞技跆拳道，都要求在气势上给人以威严，多以发出洪亮并带有威慑力的声音来显示自己的能力。尤其是在竞技跆拳道比赛中，双方练习者都会以规则允许的发声来提高自己的斗志，借以在气势上压倒对手，甚至在出击时配合击打效果使裁判得以认可，争取在心理上战胜对手。所以，跆拳道练习者都要进行专门的发声练习。

6. 礼始礼终，培养良好道德品质

跆拳道给人们留下的较深印象是跆拳道练习者始终是在不同的场合行礼鞠躬。这是因为跆拳道练习者始终把“礼”作为训练内容，强调“礼始礼终”，即练习活动都要从礼开始，以礼结束，并突出爱国主义。跆拳道练习者在练习技术的同时，在道德修养方面也要不断提高自己。通过用行礼的方式向长辈、教练、老师、队友鞠躬施礼，使跆拳道练习者养成发自内心的行礼习惯，以养成恭敬谦虚、友好忍让的态度和互相学习的作风，并培养其坚韧不拔的意识品质。

（二）跆拳道的作用

练习跆拳道能够改善和增强体质，提高防身自卫能力，磨炼意志，培养道德情操，丰富文化生活，具有健身、防身、修身养性、娱乐观赏等多方面的作用，是人们增强体质振奋精神的一种好手段。

1. 修身养性，培养道德情操

“文以评心，武以观德”说明武德在中华武术文化方面的重要地位。武术以“尚武崇德”作为教育的基本原则，“尚武”，能培养“自强不息”的精神，通过长期的跆拳道训练，练出了强健的体魄，磨炼出克服困难的坚强意志，这是“自强不息”的精神基础。“崇德”，即崇尚道德修养，与人为善，宽厚处事，豁达胸怀，通过跆拳道训练，磨炼出吃苦耐劳的意志品质，树立尊师爱友、诚实守诺、团结互助的集体主义观念，培养高尚的道德情操和自强不息的精神，达到修身养性的教育作用。

2. 防身自卫

跆拳道的最大特点就是具有技击性，其所练习的每一个动作都是围绕着技击而展开的，千百年来人们以练武防身为目的，所以掌握跆拳道这门防身自卫的技能，能在危难时刻保护自己及亲人的生命财产安全。

3. 强身健体，增强体质

练习跆拳道时人体各部位都在运动，对人体的锻炼是全方位的、多层次的，长时间进行武术训练不但能使人体在速度、力量、耐力、柔韧性等身体素质方面得到很大提高，而且还能调节体内阴阳平衡，调养气血，改善人体机能，提高机体抵抗力和免疫力，纠正青少年的含胸、弓背等不良身体姿态，并且对现在青少年过于肥胖、消瘦、厌食等现象都有非常好的改善作用。

4. 锻炼意志品质

跆拳道对人意志品质的考验是多面的，通过练习要有“冬练三九，夏练三伏”、常年有恒、坚持不懈的意志品质。要克服枯燥关，培养吃苦耐劳、永不自满的品质，锻炼勇敢无畏、坚韧不屈的意志，经过长期锻炼，可培养练习者勤奋、刻苦、果断、顽强、虚心好学、勇于进取的良好生活习性和意志。

第二节 跆拳道基本技术与战术

一、跆拳道基本技术

跆拳道以其变幻莫测、优美潇洒的腿法闻名于世，被世人称为踢的艺术，这是跆拳道区别于其他格斗术的一个重要特点。跆拳道的腿法讲究变化多样和灵活多端，对人体的柔韧性、大脑反应的灵敏性、身体运动的稳定性都有很高的要求，它是对人体机能和体能的综合考验。跆拳道实战中脚踢进攻时一般使用的部位包括脚前掌、脚趾、脚背、脚刀、脚后跟、脚后掌（脚跟底部）。利用这些部位可以进行站立踢、跳动踢、助跑踢、转身踢和飞踢等不同形式的进攻，而且每种踢法踢击的部位各有不同。实战过程中，运用脚踢时要根据具体情况，如对方所处位置、暴露的部位、防守的姿势以及双方的距离，选择不同的踢法。

（一）准备姿势

准备姿势也称实战姿势或预备姿势，是竞赛跆拳道比赛中双方开始时的基本站立姿势。准备姿势应便于进攻和防守反击以及步法的移动。

1. 动作过程

①两脚开立与肩同宽，两臂垂于体侧。

②左脚或右脚向另一脚的前方迈出，两脚相距一步距离前后站立，使身体侧对对方，同时两手半握拳，沉肩，两臂屈肘自然垂放（左脚在后是左架准备姿势，右脚在后是右架准备姿势）。

③重心落在两脚之间，膝部略弯曲，眼睛平视对方面部，下颚微收。

2. 要领

①两臂所放位置不是固定的，也可以一臂下垂或两臂下垂。

②两脚之间的距离和重心的高低可根据具体情况进行调整，原则上是在移动时能最快调整好身体重心。

③若重心下降，大小腿之间的夹角几乎等于 90° 时，则为低位姿势。

3. 准备姿势的理论基础

在跆拳道比赛中，运动员身体侧对对手，在前面的脚称前脚，在后面的脚则称后脚；

同样，在前面的腿称前腿，在后面的腿则称后腿。一般来说，运动员做出准备姿势，或是准备进攻，或是准备防守反击，此时运动员心理和身体都要放松，重心的高低取决于自己是否能以最快速度向各个方向移动。在比赛中，双方运动员经常有一个互不进攻的短暂时间，即双方都保持着准备姿势，原因是：等待对方进攻，自己准备反击；自己直接进攻得点的把握不大，犹豫不决；进行短暂的休息，调整体力；在比分领先的情况下拖延时间；其他战术的需要。此时运动员不一定站在固定位置上，有经验的运动员往往会主动后撤或向一侧移动几步，使对方也不得不随自己而调整准备姿势，而此时却是对方进攻自己的较好时机，运动员应在平时训练中进行这方面的专门练习。由于生活中的习惯，一般运动员是将右腿作为优势腿。一般习惯使用前腿旋踢得分的运动员常将优势腿放在前面，如左腿是优势腿，则运动员常以右架准备姿势站立；而经常使用后腿旋踢得分的运动员就往往将优势腿放在后面，如右腿是优势腿，则常以右架准备姿势站立。

（二）准备姿势的基本步法

准备姿势的基本步法，是指在准备姿势站立后，向不同方向移动的方法。在跆拳道技术体系中，步法是其中重要的一环，尤其在运动员刚开始接触跆拳道这项运动时，要用较多的时间来进行专门的步法练习。由于竞赛跆拳道规则的限制，在比赛中运动员主要是用腿攻击和防守反击，因此运动员的步法是否灵活，在一定程度上决定了他的进攻和防守或反击是否能够达到目的，这也使得步法训练在跆拳道训练中占据着重要地位。

1. 上步

①动作过程：右架准备姿势（以下简称“右架”）站立，右脚向前上一步，成为左架准备姿势（以下简称“左架”），反之左架亦然。

②要领：上步时通过向左拧腰转髋完成，两臂在体侧自然上下移动，重心不要上下起伏过大。

③实战使用：上步时，常用于逼迫对方后撤，或引诱对方进攻，而当对手使用上步时，自己可立即使用进攻技术进攻对方。

2. 后撤步

①动作过程：右架站立，左脚向后撤一步，成为左架，反之左架亦然。

②要领：后撤步时重心保持平稳移动，通过向左拧腰转髋完成，两臂在体侧自然上下移动。

③实战使用：后撤步时，常用在对方使用前旋踢时，当对方准备继续进攻时，可用前腿的侧踢或鞭踢或下压阻击对方。

3. 前跃步（前进步）

①动作过程：右架站立，两脚同时向前跃进一步，保持右架，反之左架亦然。

②要领：向前跃步时，重心不宜起伏过大，尽量使重心平稳移动，两脚稍离地即可。

③实战使用：前跃步时，常用在快速接近对方以使用旋踢或下压等进攻动作；当对方前跃步时，可用前腿的劈腿或后踢或后旋踢迎击对方，但有时对方使用前跃步是为了引诱自己反击后要调整重心时再进攻得点，因此，此时自己可随之后撤一步而不被对方所利用。

4. 后跃步（后撤步）

①动作过程：右架站立，两脚同时向后回撤一步，保持右架，反之左架亦然。

②要领：向后回撤时，重心不宜起伏过大，尽量使重心平稳移动，两脚稍离地即可。

③实战使用：后跃步常用在对方进攻，而自己需要快速与对方拉开距离时，此时由于自己有一个向后撤的惯性，再用进攻的动作就有一定难度，一般是使用迎击动作如后踢或后旋踢等。因此若对方使用后跃步时，自己要防止对方的阻击动作；如果自己使用组合动作，在对方后跃步时，自己一般使用侧踢、推踢或外摆下压等动作。

5. 原地换步

①动作过程：右架站立，两脚原地前后交换，由右架换成左架，反之左架亦然。

②要领：重心不宜起伏过大，尽量使重心平稳移动，两脚稍离地即可。

③实战使用：原地换步常用在对方与自己是闭式站位，自己为了与对方形成开式站位用以更有利于击打对方胸部时，或是为了不让对方的优势腿发挥威力，使对方感到别扭。而当对方原地换步时，可利用此时机强攻得点。

6. 侧移步

①动作过程：第一种步法是以前脚为轴，后脚向左（右）侧方向移动，用以改变与对手的站位方向；第二种步法是右架站立，右脚先向右（或向左）侧移动一步，随之左脚也迅速向右（或向左）侧移动一步。

②要领：一般是将身体重心移向前脚，以利于后脚进攻。

③实战使用：主动进攻时，对方反应速度快，则使用向一侧移动侧移步，诱使对方来不及调整身体重心而不能很好地反击；或是当对方进攻，自己不向后撤，而使用侧移步与对方贴近使用进攻动作。

（三）基本腿法

1. 前踢

实战姿势开始。右脚蹬地，髋关节向左旋转，双手握拳置于体侧；同时，右腿以髋关节为轴屈膝上提。当大腿抬至水平或稍高时，关节向前送，向前顶，小腿以膝关节为轴快速向前上方踢出，力达腿尖，整条腿踹直。踢击后迅速放松，右腿沿原路线弹回，将右脚放置在左脚前面仍成实战姿势。

动作要领：膝关节夹紧，小腿放松，要有弹性；往前送，高踢时往上送；小腿回收与前踢的速度一样快。主要攻击部位有面部、下颏、腹部、裆部。前踢也可用于防守。将前踢发力部位由脚尖改换为脚跟时，前踢动作就变为前蹬动作，动作方法要点相同，只是脚的形状发生了变化。

2. 侧踢

实战姿势开始。右脚蹬地，右腿以髋关节为轴屈膝提起，两手握拳置于体侧；随即左脚以前脚掌为轴外旋 180°，髋关节向左旋转，右腿以膝关节为轴向前蹬伸，右脚快速向右前上方直线踢出，力点在脚跟。发力后沿起腿路线收腿，放松，重心落下（原处或向前均可），再次回到实战姿势。

动作要领：起腿时大小腿、膝关节夹紧；踢出发力时头、肩、腰、髋、膝、腿和踝呈一直线；大小腿直线踢出，沿原路线收回。侧踢动作的主要攻击部位有膝部、腹部、肋部、胸部和头面部。

3. 后踢

实战姿势开始。转身后腿后撤，背对对方，重心后移至左脚，右脚蹬地后屈膝提起，右脚贴近左大腿，两手握拳置于胸前；随即左脚蹬地伸直，右脚自左大腿内侧向后方直线踢出，力达脚跟。踢击后右脚沿原路线快速收回，成实战姿势。

动作要领：起腿后上体和大小腿折叠收紧；后踢时动作延伸要长，用力延伸；转身，提腿，出脚动作连续一次性完成，不能停顿；击打目标在正后偏右。后踢动作的主要攻击部位有膝部、腹部、裆部、胸部和头面部。

4. 下劈

实战姿势开始。右脚蹬地，重心前移至左脚。同时，右腿以髋关节为轴屈膝上提，两手握拳置于胸前；随即充分送髋，上提膝关节至胸部，右小腿以膝关节为轴向上伸直，将右腿伸直举于体前，右脚过头。然后放松向下以右脚后跟（或脚掌）为力点劈击，一直到地面，成实战姿势。

动作要领：腿尽量往高、往头后举，要向上送髋，重心往高起；脚放松往前落，落地要有控制；起腿要快速、果断；踝关节要放松。劈腿的主要攻击部位有头顶、脸部和锁骨。

5. 勾踢

实战姿势开始。右脚蹬地，重心前移，右腿以髋关节为轴屈膝上提，两手握拳置于体侧；左脚以前脚掌为轴外旋 180°，右腿以膝关节为轴继续向前上方伸成直线，右脚的脚掌用力向右侧屈膝鞭打，顺鞭打之势上体右转，右腿屈膝回收，右脚落回原处，成实战姿势。

动作要领：提膝，伸直，右侧屈膝鞭打动作要连贯快速，没有停顿；击打点在体前偏右侧，以脚掌为击打点；左脚旋转支撑要保持平衡，踹击后迅速将腿收回。摆踢攻击的主要部位是头面部和腹胸部。

6. 后旋踢

实战姿势开始。两脚以脚掌为轴均内旋约 180°，身体随之右转约 90°，两拳置于胸前。上体右转，与双腿拧成一定角度。右脚蹬地，将蹬地的力量与上体拧转的力量合在一起，右腿继续向右后旋摆鞭打，同时上体向右转，带动右腿弧形摆至身体右侧，右腿屈膝回收；右脚落到右后成实战姿势。

动作要领：转身旋转，踢腿连贯进行，一气呵成，中间没有停顿；击打点应在正前方，呈水平弧线；屈膝起腿的旋转速度要快；重心在原地旋转 360°。后旋踢攻击的主要部位有面部和胸部。

7. 推踢

实战姿势开始。右脚蹬地，重心前移，右脚以髋关节为轴提膝前蹬，用右脚脚掌向前蹬推，力点在脚掌，推力向正前方。

动作要领：提膝后尽量收紧膝关节；重心往前移，利用身体的重量和力量；推的时候腿往前伸展，送髋；推的路线水平往前。推踢的主要攻击部位是腹部。

8. 横踢

实战姿势开始。右脚蹬地，重心前移至左脚，右脚屈膝上提，两拳置于胸前；左脚前脚掌碾地内旋，髋关节左转，左膝内扣；随即左脚掌继续内旋至180°，右腿膝关节向前抬至水平状态，小腿快速向左前横向踢出；击打目标后迅速放松收回小腿。右腿落回原地成实战姿势。

动作要领：膝关节夹紧，向前提膝，尽量走直线；支撑脚外旋180°；髋关节往前顺，身体与大小腿呈直线；严格注意击打的力点在正脚背；踝关节放松，击打的感觉是“面团”“鞭梢”。横踢攻击的主要部位有头部、胸部、腹部和肋部。

二、跆拳道基本战术

竞技跆拳道的基本战术种类可以分为以下几种。

（一）直接进攻方式

充分发挥自己的技术特长，使用确有把握的特长技术直接进攻对方，运用这种战术的较好时机是：对方的各项速度没自己快时；对方动作不够熟练时；对方体力不足时；当对方防守姿势出现空隙时；当与对方的距离适合攻击时。

（二）压迫式进攻

压迫式进攻也称猛攻，是一种先发制人的主动进攻，是有计划有准备的战术行动。这种战术的优点是直接掌握主动权，迫使对方只能防守，没有反攻的机会，在短时间内取得绝对胜利；缺点则是自己的体力也消耗得较快，使用这种战术，自己的力量、速度、耐力一定要强于对手，在技术或经验不如对方时，对方近战能力差时，对方耐力或心理素质差时，可以取得较为满意的有效进攻。

（三）引诱式进攻

这种战术是跆拳道中最常用的基本战术之一，也是充分发挥假动作与真动作联合的较好手段。随着跆拳道运动员技术水平的日益提高，特别是当对手动作反应快、防守能力强时，直接进攻很容易被对手反击，经验丰富的选手常常使用假动作，“声东击西”“指上打下”，有时也会故意露出破绽，引诱对方进攻。使用假动作的目的是促使对方对自己的虚假动作产生某种反应，而改变正确的防守姿势，或使其失去平衡，然后加以利用并进行攻击。在使用引诱式进攻时，自己的动作一定要快于对手，否则不易成功。

（四）反击战术

当对方正面猛烈进攻时，适当地移动步法，既可避免锋芒，又可制造战机，还可趁对手进攻时，在防守的过程中反击对方。

（五）克长战术

一般来说，每个运动员都有自己擅长的技术，在比赛中要能及时发现对方擅长使用的方法，然后及时调整自己的战术，采用相应的方法，克制对方的技术专长，使其不能正常发挥。

（六）打短战术

几乎每个运动员都有自己的弱点和短处，应当在比赛中进行观察，对对手的弱点迅速做出判断，及时调整自己的战术，集中精力专门攻击对方的弱点，同时，自己也要不断地变换方法，以免被对手察觉到自己的战术意图后故意引诱自己进攻，使对方反击成功。

（七）针对习惯性动作的抢攻战术

许多运动员在比赛中存在着一些无意识的习惯性动作，针对对手自然产生的习惯动作，应当善于观察和及时捕捉这些战机并准备好，一旦对方出现习惯动作，则立刻发动进攻。

（八）边线进攻

当对方故意越出边界线时，主裁判应当判罚对方警告一次。这时应当利用跆拳道规则，通过边线进攻逼迫对手出界。一种方法是利用主动进攻，有目的地将对方逼迫出界。另一种方法是自己被对手逼迫到边线，要及时贴身转动，使对手来不及调整而被迫出界。还有一种方法是自己将对方引诱至边线，运用贴身转动，将对手逼迫出界。

（九）体力战术

跆拳道比赛体力消耗大，采用体力战术，就是合理分配体力，每一局用多少体力要根据对手而定。如果对方技术较弱，那就保持体力以技术获胜；如果对方技术好，可以消耗体力的打法取胜；如果对方实力相当，还应有打持久战的准备；如果对方耐力差，应连续进攻，不给对手喘息之机，迫使对方体力迅速下降，以此取胜。

竞技跆拳道的各项战术是互相矛盾互相克制的，正如每个进攻方法都有反攻一样。由于跆拳道比赛过程情况复杂，变化多端，对手多种多样，运动员应根据比赛中随时变化的情况，灵活机动地运用一种或多种以及综合战术，从而达到预定的比赛目的。

第三节　跆拳道竞赛规则

为了增强跆拳道比赛的观赏性和公正性，备战国际大赛，依据世界跆拳道联盟最新颁布的竞赛规则及解释，结合国内跆拳道竞赛的实际情况，以及我国跆拳道运动员参与国际大赛竞争的需要，2010 年中国跆拳道协会对现行的竞赛规则及解释进行了修订，正式颁布了新的《跆拳道竞赛规则及解释（竞技）》，其主要内容如下。

一、比赛区

由中国跆协指定的国内赛事，要求比赛场馆至少应有 3 000 个座位，场馆地面面积至少为 40 m × 60 m，能给观众和运动员提供最佳的视觉和听觉效果。场馆地面到天花板的高度应在 10 m 以上。场馆内照明应为 1 500 ~ 1 800 lx，由场馆顶部直接照射到比赛场地。比赛区应为 8 m × 8 m、水平、无障碍物、正方形、有弹性且不易打滑的垫子，或由中国跆协批准使用的其他规格的比赛场地。比赛区应铺设经中国跆协监制或指定的专用比赛垫。必要时，比赛区可根据实际需要置于一定高度的平台上。为保证运动员的安全，比赛场地边界线外应有与地面夹角小于 30° 的斜坡。

二、比赛服装和护具

①运动员穿着和佩戴的道服和护具必须由中国跆协指定或认可。

②运动员比赛时须佩戴护具，包括护胸、头盔、护裆、护臂、护腿、护齿、手套、感应脚套（使用电子护具的情况）。其中护裆、护臂、护腿应戴在道服内；除了头盔，头部不得佩戴其他物品。与宗教信仰相关的物品，应提前获得许可并佩戴在头盔或道服内。

③跆拳道比赛道服、护具及其他装备的具体要求应分别指定。

④教练员在赛场执教时，必须穿着规范的运动服、运动鞋。严禁穿着与比赛不相适应的衣着入场执教。

⑤赛事组委会应负责准备好所有比赛所需装备，中国跆协应提前提供所需比赛装备的数量。

三、比赛时间

比赛时间是指每场比赛为 3 局，每局比赛 2 min，局间休息 1 min；比赛时间也可根据实际情况，由比赛技术代表决定调整为比赛 3 局，每局 1 min 或 1.5 min 或者比赛 2 局，每局 2 min。

四、允许使用的技术和攻击的部位

1. 允许使用的技术

①拳的技术：紧握拳头并使用正拳进行正面攻击的技术。

②脚的技术：使用踝关节以下脚的部位进行攻击的技术。

2. 允许攻击的部位

①躯干：允许使用拳和脚的技术攻击躯干部位被护胸包裹的部分，但禁止攻击后背脊柱。

②头部：锁骨以上的部位，只允许使用脚的技术攻击。

五、得分

①使用允许的技术，准确、有力地击中得分部位时得分。
②得分部位（图 12-1）。
a. 躯干：护胸上蓝色或红色部分覆盖的躯干部位。
b. 头部：锁骨以上的头颈部位（包括颈部、双耳和后脑在内的整个头部）。

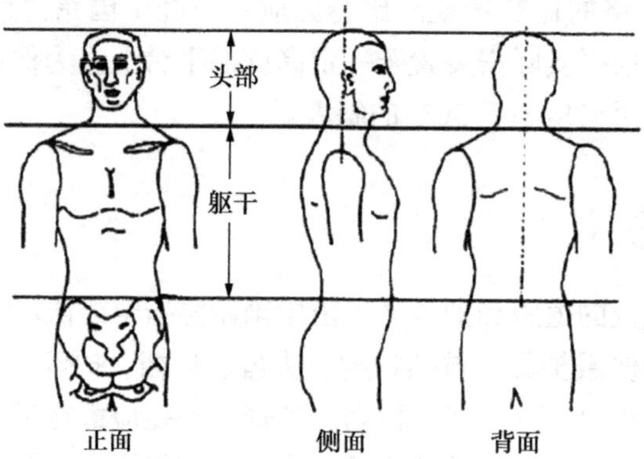

图 12-1　得分部位：头部和躯干

六、犯规行为的判罚

（一）以下行为将被判罚“警告”

①双脚越出边界线；
②逃避或拖延比赛；
③倒地；
④抓、搂抱或推对方运动员；
⑤攻击对方运动员腰以下部位；
⑥用膝部顶撞或攻击对方运动员；
⑦用拳攻击对方运动员头部；
⑧教练员或运动员有任何不良言行；
⑨提膝阻碍或逃避对方运动员的攻击。

（二）以下行为将被判罚“扣分”

①主裁判员发出“分开”（Kal-yeo）口令后攻击对方运动员；
②攻击已倒地的对方运动员；
③抓住对方运动员进攻的脚将其摔倒，或用手推倒对方运动员；

④故意用拳攻击对方运动员头部；

⑤教练员或运动员打断比赛进程；

⑥教练员或运动员使用过激言语、出现严重违反体育道德的行为；

⑦每局比赛开始前，主裁判员应该检查双方运动员的电子护具和感应脚套，观察运动员是否有任何操纵电子计分系统，增加感应脚套敏感性或者其他违规方式的企图。如发现有故意违规操纵的行为，主裁判员保留给予该名违规运动员“扣分”判罚的权利，同时根据运动员违规的严重程度，主裁判员也保留判罚该名运动员犯规败的权利。

七、加时赛和优势判定

3 局比赛结束后比分相等，加赛 1 局，时间为 2 min，由“突然死亡”或“优势判定”确定胜负。比赛前 3 局的得分和警告判罚全部清零，第 4 局比赛的结果为比赛的最终结果。

1.“突然死亡”

①任何一方运动员先得分，则比赛结束，先得分者获胜；

②因犯规造成对方运动员得 1 分，则比赛结束，得分者获胜。

2.“优势判定”

①加时赛结束时，双方运动员均未得分，进行“优势判定”；

②该场比赛裁判员填写“优势判定卡”，按少数服从多数原则进行判定；

③“优势判定”的依据是加时赛中运动员表现出的主动性。

八、获胜方式

裁判员等技术官员依据本规则对比赛胜负进行判定。获胜方式包括以下 8 种：

①击倒胜（KO 胜）；

②主裁判员终止比赛胜（RSC 胜）；

③比分胜（PTF 胜）；

④分差胜（PTG 胜）；

⑤优势判定胜（SUP 胜）；

⑥弃权胜（WDR 胜）；

⑦失去资格胜（DSQ 胜）；

⑧主裁判员判罚犯规胜（PUN 胜）。

九、击倒

运动员在比赛中受到合法的强有力攻击后，出现以下三种情况之一，判定为“击倒”：除双脚以外的身体任何部位触地；身体摇晃，丧失继续比赛的意识和能力；主裁判员判定被攻击的运动员不能继续比赛。

第十三章

健美操

第一节　健美操运动概述

一、健美操的兴起与发展

健美操的起源应追溯到两千多年前古希腊人对人体美的崇尚。19 世纪末 20 世纪初，欧洲出现了许多体操流派。20 世纪 60 年代初，则是健美操的萌芽时期。健美操最早是由美国太空总署的医生库帕博士为太空人设计的体能训练内容。而 20 世纪 80 年代初，随着遍及全球的健身热和娱乐体育的发展，健美操以其强大的生命力风靡世界。

世界性的健美操热传到中国，是在 1983 年至 1984 年。1984 年，北京体育学院成立了健美操研究组。1987 年，我国第一家健美操健身中心“利生健康城”面向社会开放，首次将健美操这项新的体育运动介绍给广大人民群众。尤其是在北京、广州、上海等大中型城市，人们的观念更加开放，追求健康、追求美成为时尚，并且随着生活水平的不断提高，为健康投资逐渐深入人心，因此千千万万的人热衷于健身，热衷于健美操。另外，电视媒体中健美操节目的大量出现也对社会健美操热的持续升温起到了推波助澜的作用。

二、健美操的概念与分类

（一）健美操的概念

健美操是一项融合体操、舞蹈、音乐为一体，以有氧练习为基础，以健、力、美为特征的体育运动。它既是健身美体、陶冶情操的大众健身方式，又是竞技运动的一个项目；同时也是一种新兴的娱乐性、观赏性体育项目。

（二）健美操的分类

健美操是体育中的一个综合性的边缘学科。随着健美操运动的不断发展，出现了种类繁多的类型。为了便于区分和运用，有必要对这些健美操进行合理的分类。目前，常用的健美操分类依据主要包括目的、性别、年龄、练习方式、人体解剖结构、参加人数等。参照这些依据，本书对健美操采用如下分类：

①依据目的不同，分为健身性健美操和竞技性健美操。健身性健美操包括：徒手健美操（传统有氧健美操、形体健美操、爵士健美操、搏击有氧健美操、拉丁有氧健身操、瑜伽健美操）、器械健美操（踏板操、哑铃操、花球操、皮筋操、健身球操）、特殊场地健美操（水中健美操、功率自行车、联合器械操、垫上健身操）。竞技性健美操包括：男子单人、女子单人、混合双人、三人（男三、女三、混合三人）、混合六人（男三、女三）。

②依据性别不同，分为女子健美操和男子健美操。

③依据年龄不同，分为老年健美操、中年健美操、青年健美操、幼儿健美操。

④依据练习方式不同，分为徒手健美操和持轻器械或专门器械的健美操，如健美球操等。

⑤依据人体解剖结构不同，分为颈部健美操、腹部健美操、腿部健美操等。

⑥依据参加人数不同，分为个人健美操和集体健美操。

在创编某种健美操的过程中，应根据上述主要特征确定其分类位置并予以命名。对于一些采用某人名或某事物名称命名的健美操，如简·方达健美操、迪斯科健美操等，应按照上述依据进行分类。

三、健美操的特点及功能

（一）健美操的特点

健美操与其他体育项目相比较，其主要特点在于高度的艺术性、强烈的节奏性、广泛的适应性和不断的创新性。

（二）健美操的功能

健美操具有增进健美、塑造形体美、缓解精神压力、娱乐身心、医疗保健等功能。

第二节　健美操基本技术

一、健美操基本技术动作分类

健身健美操的基本动作是根据身体的各部位而确定的，它包括头颈动作、肩部动作、上肢动作、胸部动作、腰部动作、髋部动作和下肢动作，具体请扫描以下二维码。

二、健美操基本步法及训练

（一）无冲击力步伐及其组合训练

1. 无冲击力步伐概念及其分类

无冲击力步伐是指两腿始终接触地面的动作，主要包括并腿和分腿两大类。

（1）并腿类

动作描述：这类动作两腿始终接触地面，并且两脚始终并拢，脚尖朝前。

技术要点：膝关节要有弹性地屈伸，把握好弹动的技术。

①膝弹动

动作描述：两腿并拢，膝关节有弹性地屈伸。

技术要点：膝关节由弯曲到还原，还原时膝关节应处于微屈状态。

②踝弹动

动作描述：两腿伸直或屈膝，踝关节有弹性地屈伸。

技术要点：脚尖或脚跟抬起时，保持身体的稳定性和踝关节的弹性。

（2）分腿类

动作描述：这类动作是指两腿分开，膝关节要有弹性地屈伸。

技术要点：膝关节屈伸要有较好的弹性，重心移动要平稳自如。

①半蹲

动作描述：两腿有控制地屈和伸，可分为并腿半蹲和分腿半蹲。

技术要点：分腿半蹲时，两腿左右分开稍大于肩，脚尖稍外开，膝关节角度不小于90°，方向与脚尖方向一致，臀部向后45°方向下蹲，上体保持直立。

动作变化：并腿半蹲、迈步半蹲、迈步转体半蹲。

②弓步

动作描述：两脚前后分开，平行站立，下蹲。

技术要点：半蹲时，后腿膝关节向下，大腿垂直于地面；重心在两脚之间，前腿膝关节弯曲不能超过90°，膝关节不能超过脚尖。

动作变化：原地前后弓步、原地左右弓步、转体弓步。

③移动重心

动作描述：由两腿开立为初始动作，两腿屈膝下蹲之后，身体向右侧移动重心，然后两腿伸直，右脚全脚掌着地，左脚脚尖点地。

技术要点：身体重心的移动要保持平稳。

动作变化：左右移重心、前后移重心。

2. 无冲击力步伐组合训练

无冲击力步伐组合是由一些简单无冲击力步伐组编而成的，其中包括膝关节弹动、踝关节弹动、半蹲、弓步、迈步移重心等步伐。整个组合由8个8拍组成，分为左右两个方向完成动作，右边完成4个8拍之后，再完成左边4个8拍，动作左右对称，方向相反。这个组合简单易学，是在无冲击力步伐的基础上，加上手臂的多种形式变化以及身体不同方向的变化组合而成的。这个组合训练能够使上下肢得到基本的锻炼，提高关节的灵活性和上下肢的协调性，反复练习还能够达到基本的热身效果。这个组合适合于刚刚参加健美操锻炼的人群，是进入基本步伐组合的一个基础练习。

（二）低冲击力步伐及其组合训练

1. 低冲击力步伐概念及其分类

低冲击力步伐是指在做动作时一脚着地，另一脚离地的动作。低冲击力步伐是目前健身健美操编排运用最多的动作类型，主要有踏步类、点地类、迈步类和抬腿类4种类型。

（1）踏步类

注意两腿的相对位置以及脚尖膝盖的朝向，做动作时注意膝关节、踝关节有弹性地缓冲，另外，根据动作的需要，躯干部分要有适当的起伏变化，与基本步伐协调。

①踏步

动作描述：两腿原地依次抬起，依次落地。

技术要点：下落时，踝、膝、髋关节依次有弹性地缓冲。

动作变化：踏步转体、踏步分腿、踏步并腿、弹动踏步。

②走步

动作描述：迈步向前走时，脚跟先落地，过渡到全脚掌；向后走时则相反。

技术要点：落地时，踝、膝关节有弹性地缓冲。

动作变化：向前向后走步、向侧前和侧后走步、向左右转体或弧线走步。

③一字步

动作描述：一脚向前一步，另一脚并于前脚，然后依次还原。

技术要点：向前迈步时，脚跟先着地，过渡到全脚掌；前后均要有并腿过程；每一拍动作膝关节始终有弹性地缓冲。

动作变化：向前向后的一字步、转体的一字步。

④V字步

动作描述：一脚向前侧方迈一步，另一脚随之向另一方迈一步，成两脚开立，屈膝，然后依次退回原位。

技术要点：两腿膝、踝关节始终保持弹动状态，分开后成分腿半蹲，重心在两腿之间。

动作变化：倒V字步、转体V字步、跳的V字步。

⑤漫步

动作描述：一脚向前迈出，屈膝，重心随之前移，另一脚稍抬起，然后原地落下；或向后撤一步，重心后移，另一脚稍抬起，然后原地落下。

技术要点：两脚始终保持交替落地，身体重心随动作前后移动，但始终在两脚之间。

动作变化：转体的漫步，跳的漫步。

（2）点地类

整个动作过程中，膝盖要有弹性的屈伸，包括动作完毕时，两腿膝盖也应处于微屈状态，而不应过分伸直，从而破坏健美操特有的弹性。

①脚尖点地

动作描述：一腿稍屈膝站立，另一腿伸出，脚尖点地，然后还原到并腿姿势。

技术要点：支撑腿始终保持屈膝站立，并且随动作有弹性的屈伸。

动作变化：脚尖前点地、脚尖侧点地、脚尖后点地。

②脚跟点地

动作描述：一腿稍屈膝站立，另一腿伸出，脚跟点地，然后还原到并腿姿势。只可做向前和向侧的脚跟点地。

技术要点：支撑腿始终保持屈膝站立，并且随动作有弹性的屈伸。动作始终保持高度的弹性和节奏感。

动作变化：脚跟前点地、脚跟侧点地。

（3）迈步类

一条腿迈出一步，重心移到这条腿上，另一条腿用脚跟、脚尖点地或吸腿、屈腿、踢腿等，然后向另一个方向迈步的动作。

①并步

动作描述：一脚迈出，另一脚随之并拢屈膝点地；再向反方向迈步。

技术要点：两膝保持弹动，动作幅度和力度依动作风格而定。

动作变化：左右并步、前后并步、向两侧并步、转体并步。

②迈步点地

动作描述：一脚向侧迈一步，两脚经屈膝移重心，另一腿在前、侧或后用脚尖或脚跟点地。

技术要点：两腿有弹性地屈伸，重心移动轨迹呈弧形；上体不要扭转。

动作变化：左右迈步点地、前后迈步点地、迈步转体点地。

③迈步后屈腿

动作描述：一脚迈出一步，另一腿后屈，然后向相反方向迈步。

技术要点：经过屈膝半蹲，支撑腿稍屈膝，后屈腿的脚跟靠近臀部。

动作变化：侧迈步后屈腿、前后移动后屈腿、转体后屈腿。

④迈步吸腿

动作描述：一脚迈出一步，另一腿屈膝抬起，然后向反方向迈步。

技术要点：经过屈膝半蹲，还原时支撑腿稍屈膝。

动作变化：向前迈步吸腿、向侧迈步吸腿、向侧前迈步吸腿、转体的吸腿。

⑤侧交叉步

动作描述：一脚向侧迈一步，另一脚在其后交叉，随之再向侧迈一步，另一脚并拢，屈膝点地。

技术要点：第一步脚跟先落地，身体重心快速随着脚步而移动，保持膝、踝关节的弹动。

动作变化：左右的交叉步、转体的交叉步。

（4）抬腿类

这一类动作要求支撑腿有控制的屈膝弹动，另一腿以各种形式抬起，同时收腹、立腰。

①吸腿

动作描述：一腿屈膝抬起，落下还原。

技术要点：支撑腿保持屈膝弹动，大腿上抬至水平，小腿自然下垂，绷脚尖，上体保持正直。

动作变化：向前吸腿、向侧吸腿、向侧前吸腿、转体的吸腿。

②踢腿

动作描述：一腿稍屈膝站立，另一腿抬起，然后还原。

技术要点：抬起腿要有控制，保持上体正直。主力脚脚跟不能离地，膝关节微屈缓冲。踢腿的幅度因人而易，避免受伤。

动作变化：前踢、侧踢。

③摆腿

动作描述：一腿稍屈膝站立，另一腿做摆动，然后还原成并步。

技术要点：摆腿时上体顺势前倾、后倒或侧倾。主力腿屈膝缓冲，摆动腿抬起时幅度不要过大且要有控制。

动作变化：向前摆腿、向侧摆腿。

④弹踢

动作描述：一腿站立（跳起），另一腿先向后屈，再向前下方弹踢，还原。

技术要点：腿弹出时要有控制，两膝盖紧靠，弹踢腿，脚尖伸直保持上体正直。

动作变化：向前弹踢、向侧弹踢、转体的弹踢、移动弹踢。

2. 低冲击力步伐组合训练

低冲击力步伐组合是在低冲击力步伐的基础上，配以上肢动作的变化和身体姿态的变化组编而成的。低冲击力步伐是健美操基本步伐中内容很丰富的一种，在此我们创编了两个低冲击力步伐组合作为动作素材以供参考。第一个组合主要由踏步类和点地类组成，第二个组合主要由迈步类和单脚抬起类组成。同样每个组合都是由 8 个 8 拍组成，分为左右两个方向完成动作，右边完成 4 个 8 拍之后，再完成左边 4 个 8 拍，动作左右对称，方向相反。低冲击力步伐组合相对无冲击力步伐组合而言，动作对地面的冲击力加大，动作强度和动作复杂程度也进一步加强。通过低冲击力步伐组合的练习，能够进一步熟悉和巩固健美操的基本步伐，同时也能够激发练习者的锻炼兴趣，提高身体的协调性和节奏感。

（三）高冲击力步伐及其组合训练

1. 高冲击力步伐概念及其分类

高冲击力步伐是指在做动作时，两脚都离地的动作，即为平常所说的跳类动作。主要包括单脚起跳、两脚起跳、迈步起跳和跑步 4 大类。

（1）单脚起跳类

此类动作是指先抬起一腿，另一腿跳起的动作。

①吸腿跳

动作描述：一腿屈膝抬起，落下还原，另一脚离开地面，向上跳起。

技术要点：支撑腿保持屈膝弹动，大腿上抬至水平，上体保持正直，注意身体的稳定性。

动作变化：向前吸腿跳、向侧吸腿跳、向前侧吸腿跳、转体吸腿跳。

②屈腿跳

动作描述：一腿站立（跳起），另一腿向后屈膝，放下腿还原。

技术要点：支撑腿保持弹性，两膝并拢，脚跟靠近臀部。屈膝腿的膝关节不宜超过支撑腿的膝关节，落地时注意缓冲。

动作变化：左右依次后屈腿跳、转体后屈腿跳。

③弹踢腿跳

动作描述：两腿起跳，单腿落地，另一腿小腿后屈，然后小腿前踢伸直。

技术要点：两脚落地的过程，弹踢腿脚尖伸直，上体保持正直。

动作变化：向前弹踢腿跳、向侧弹踢腿跳、转体的弹踢腿跳、移动弹踢腿跳。

④摆腿跳

动作描述：一腿自然摆动，另一腿向上跳起，落地时两腿屈膝缓冲。

技术要点：保持上体正直。主力腿屈膝缓冲，摆动腿抬起时幅度不要过大且要有控制。

动作变化：向前摆腿、向侧摆腿。

（2）两脚起跳类

这类动作是指两脚起跳、两脚落地的动作。两腿的动作基本一致，两脚需要腾起一定高度，落地时注意屈膝缓冲。

①并腿跳

动作描述：两腿并拢同时跳起，屈膝，然后落地缓冲。

技术要点：起跳时，两脚同时用力，落地缓冲有控制。

动作变化：向前并腿跳、向后并腿跳、向侧并腿跳。

②开合跳

动作描述：由并腿跳起，分腿落地，再由分腿跳起，并腿落地。

技术要点：分腿屈膝蹲时，两脚自然外开，膝关节沿脚尖方向屈，夹角不小于 90°，膝关节有弹性地缓冲，脚跟落地。

动作变化：原地开合跳，转体开合跳。

③弓步跳

动作描述：并腿向上跳起，前后成分腿姿势落地，接着再向上跳起，并腿落地。

技术要点：落地时，膝关节有弹性地缓冲，分腿落地时双脚的脚尖都朝前方，并且基本在一条直线上。

动作变化：左右弓步跳、前后弓步跳、侧弓步跳。

（3）迈步起跳类

①并步跳

动作描述：以右脚起步为例。右脚迈出，随之蹬地跳起，左脚并右脚，并腿落地。

技术要点：身体重心随身体迅速移动，落地时注意缓冲。

动作变化：向前并步跳、向后并步跳、向侧并步跳。

②迈步吸腿跳

动作描述：右脚向前迈出一步，之后身体重心跟进，同时左腿抬起，抬起至90°时，两脚起跳。

技术要点：跳起时，上体保持正直，收腹立腰。

动作变化：向前迈步吸腿、向侧迈步吸腿。

③迈步后屈腿跳

动作描述：一腿侧迈一步，另一腿向后屈膝，同时两腿起跳，缓冲落地。

技术要点：两腿跳起时，屈膝腿脚尖绷直，落地时，两腿膝关节微屈，不宜伸直。

动作变化：向前迈步后吸腿、向侧迈步后吸腿。

（4）跑步类

两腿腾空，依次落地缓冲，两臂屈肘摆臂。落地屈膝缓冲，脚跟尽量落地。

①后踢腿跑

动作描述：两脚依次经过腾空后，一脚落地缓冲，另一腿小腿后屈，两臂配合下肢前后摆动。

技术要点：膝、踝关节有弹动地缓冲，落地时由前脚掌着地。

动作变化：原地跑、向前跑、向后跑、弧线跑、转体跑。

②小马跳

动作描述：以右脚起步为例。左脚蹬地跳起，同时右脚向侧迈步落地，随之左脚并右脚点地，随后反方向做一次，动作相同，方向相反。

技术要点：两脚轻松蹬地，身体重心随之平稳移动，注意膝踝的弹动。

动作变化：原地小马跳、向前小马跳、向侧小马跳、向后小马跳、转体小马跳。

第三节　健美操竞赛要求与动作编排

一、健美操竞赛要求

（一）竞赛资格

健身健美操：所有符合具体竞赛要求的人员都可以参赛，有老年人健身操、幼儿健身操等。

竞技健美操：运动员所属组织、年龄有严格规定。例如，参加世界健美操锦标赛的运动员其所属组织必须为国际体联的会员协会，参加成人赛事的运动员年龄必须是参赛当年为 18 周岁等。

（二）运动员要求

健身健美操：参赛运动员年龄、性别、人数由具体赛事决定，自由度非常大。特殊情况需更换运动员时，持有效证明，经组委会批准即可。

竞技健美操：运动员年龄、性别、人数必须严格符合项目特征和规定，不允许自由搭配。因严重伤病问题要更换运动员，需在比赛 24 h 前以书面形式提出申请，且出具详细的医学诊断报告。

（三）着装要求

健身健美操：穿适合运动的健美操服和运动鞋，要求整洁、美观、大方，允许化淡妆。

竞技健美操：必须穿纯白色健美操鞋和袜，着装不含任何透明材料且不得露出内衣。男女着装设计有头发必须固定在头上，禁止用松散或附加的饰物；禁止佩戴首饰；禁止穿有描绘战争、暴力、宗教信仰为主题的服装。

（四）场地要求

健身健美操：比赛场地宽泛，根据比赛具体规定，例如，某些比赛为 10 m × 10 m 的地板或地毯，标记带为 5 cm 的红色或黑色带，标记带是场地的一部分。

竞技健美操：

单人、混双、三人：7 m × 7 m；集体六人：10 m × 10 m；标记带为 5 cm 宽的黑色带，标记带是场地的一部分。裁判席有严格规定。

二、健美操的动作编排

（一）健美操音乐的选编

音乐作为健美操的另一组成部分，在创编中不容忽视。健美操的音乐首先应符合健美操的特点，健美操音乐应当是节奏鲜明、热烈且具有蓬勃的精神。其次，根据创编的目标，选择音乐的风格。它可以突出个性和对锻炼者起到带动作用。接下来可以根据成套的结构或具体要求确定音乐的长短、起伏，或反之根据音乐的长短、起伏来确定成套的结构与动作。

在使用已出版的音乐作品时，往往要根据需要进行剪辑。在进行音乐剪辑时应尊重原有的音乐完整性，也就是说，当决定取舍音乐的某一部分时，不能破坏音乐的基本结构形式。如歌曲往往有这样的结构 A+B、A+B+A、（A+B）× 3、A+A+B，在剪辑时，可剪去某一整段或保留某一段。如果确定需要破坏乐段，应当注意音乐前后的连接要自然、完整。

音乐选配的方法：一种是先选音乐，后设计动作；另一种是先设计动作，后选音乐。

（二）健美操动作的创编

1. 创编健美操的原则

①确保健美操的有氧性及有益健康。

②全面发展身体的原则。

③合理的成套结构，鲜明的针对性。

④动作的有序性及规律性。

⑤合理的运动负荷。

2. 注意事项

创编者要想很好地运用舞蹈动作，应注意以下几个方面。

①应注意在一套操中舞蹈风格尽可能地统一，以便形成独特鲜明的风格。

②采用的舞蹈动作应与健美操的特点相结合。

③音乐的风格与动作风格应该统一。

第十四章

形体运动

第一节　形体运动概述

一、形体运动的概念

（一）形体

形体是指人的身体和形象，即人身体的形态。现在人们理解的形体大致由体格、体型、姿态三个方面构成。体格指标包括人的身高、体重、围度、宽度、长度等。其中，身高主要反映骨骼的生长发育情况，体重主要反映骨骼、肌肉、脂肪等重量的综合情况，因此身高、体重和围度被列为人体形态变化的三项基本指标。体型是指身体各部分的比例，如上、下身长的比例，肩宽与身高的比例，各种围度之间的比例等。姿态是指人坐、立、行等各种基本活动的姿势。

（二）形体运动

形体运动是一个外来语，有狭义和广义之分。狭义的形体运动是指形体美训练。广义的形体运动是指有形体动作的训练。这样各式各样的动作都可以称为形体运动。我们认为用形体美训练来定义形体运动比较确切，这也符合大多数形体训练者的意愿。他们花费大量的时间、金钱和体力进行训练，绝不仅仅是为了活动一下身体，娱乐和游戏更在其次，对自身体态美的塑造才是最终目的。

二、形体运动的特点和内容

（一）形体运动的特点

形体运动是指以人体运动科学为基础的形体动作训练。它具有以下特点：

1. 健康性

形体运动的根本目的是锻炼出健康的心理、生理和良好的体型。它是以人体运动科学为基础来进行以静力性、有氧性、周期性和控制力为主的训练。通过训练，练习者的骨骼、肌肉、内脏器官、神经系统均能得到正常发育；同时，有效提高了练习者的柔韧、协调、灵敏、力量等身体素质。

2. 审美性

形体运动总能给人赏心悦目的感觉，优美的身体动作配上优雅的音乐，总是给人以美的享受，大大地提高了人们对美的认识，增强了人们的审美能力。

3. 艺术性

形体运动是一项以自然性和韵律性动作为基础、以节奏为中心的运动，其练习内容符合学生的生理及心理特点，各类动作体现出优美性和艺术性的特征，能充分展现协调、韵律、柔美、优雅等健美气质，使人们的身体得到全面锻炼，并陶冶美的情操。健身操、健美操是以徒手体操为主体，以体操运动训练的方法为手段，以促进身体正确姿势和形态的形成，发展各关节灵活、协调、柔韧、力量、弹跳等基本素质以及调节神经和心理过程，达到全面发展身体、强身健体的目的。

4. 多样性

形体运动具有多种训练方法、不同表现形式、不同项目内容等特点。其针对的人群参差不齐，适用于各个年龄、不同水平的练习者，具有项目多样性的特点。

5. 综合性

形体运动是结合健康、审美、艺术，多样化地表现出的从心理到生理的健康发展、优美体形的一项运动，是结合体育、艺术、舞蹈、音乐等多种项目组合而成的一项体育运动，是在音乐的伴奏下，通过芭蕾、健美操、艺术体操、瑜伽等多种运动项目融合而形成的。因此，形体运动不仅包含体育学的理论支撑，也加入了美学、心理学等多种学科的知识，是一项综合性较强的运动。

（二）形体运动的内容

形体运动的内容包括形体素质训练、形体姿态训练、形态控制训练和综合性形体训练等方面，下面重点介绍形体素质训练。

形体素质通常包含柔韧性、耐力、协调性等方面。在形体素质训练中，要根据形体的项目特征来进行适当的训练。

1. 柔韧性

柔韧性是指人体关节活动幅度以及关节韧带、肌腱、肌肉、皮肤和其他组织的弹性和伸展能力，即关节和关节系统的活动范围。柔韧性可以分为主动柔韧性和被动柔韧性。主动柔韧性是指利用肌肉可以使关节活动的范围，被动柔韧性则单纯指关节活动的最大范围。影响柔韧性即关节活动范围的因素有关节骨结构，关节周围组织的体积，韧带、肌腱、肌肉和皮肤的伸展性。其中，最后一项对提高柔韧性影响最大。

柔韧不仅决定结构的改变，也决定神经对骨骼肌的调节，特别是对抗肌放松、紧张的协调。改善协调性可以保证动作幅度加大。提高柔韧性可采用拉长肌肉、肌腱及韧带等组织的方法，主要有爆发式（急剧地拉长）和渐进式两种。其中，渐进式可以放松肌肉，使肌腱缓慢地拉长，不易引起损伤。

2. 耐力

耐力是指人对紧张体力活动的耐久能力。具体来讲，耐力是衡量一个人长期做某一件事或者某一个动作能坚持多久的一个指标。一般可以从身体素质和意志方面来讲。

发展耐力素质的基本途径有两个：一是增强肌肉力量、提高肌肉耐力的训练；二是提高心肺的功能。可安排室外较长时间的走、跑、跳绳、爬山、游泳、滑冰、各种球类运动等。同时应注意量力而行，循序渐进，避免过度疲劳。

3. 协调性

协调性是指身体作用肌群之时机正确、动作方向及速度恰当，平衡稳定且有韵律性。在各项体能中，协调性训练可说是最困难的，因为影响协调性的除了遗传、运动员心理个性外，还有肌力与肌耐力、技术动作纯熟度、速度与速耐力关系、身体重心平衡（关系肌力与肌耐力）、动作韵律性（技术动作要纯熟方可）、肌肉放松与收缩，甚至还有柔软度等。

第二节　形体运动基本技术练习及指导

一、形体运动的基本标准

形体运动不仅在体育运动中以各种形式和动作表现出来，在生活中更是以人的言行举止表现出来，因此它的表现形式多种多样。要做到在生活中使形体变得优美，就要熟练掌握形体运动的基本技术。

（一）坐姿标准

上体正直，两肩自然下垂，颈部微前倾，两膝自然弯曲，大腿保持在水平部位，两脚掌均匀着地。

（二）立姿标准

上体正直，挺胸收腹，两肩平行于地面稍向后展开，两肩自然下垂，梗头，颈部保持正直微前倾，两膝伸直，两脚掌均匀着地。

（三）行姿标准

一腿自然弯曲向正前方抬起，落脚要正，膝关节伸直，后腿绷直，前脚掌蹬地使重心前移，两臂前后自然摆动。上体动作同立姿标准。

二、形体运动的基本动作训练

（一）坐姿训练

1. 端正式坐姿

收腹挺胸，开肩梗颈，双腿成并拢姿势，双手自然放于大腿之上，保持坐立的基本姿态；目视前方，面带微笑，双脚垂直于地面，上体略微前倾，挺腰、收腹、紧膝、并脚（图 14-1 ①）。

2. 双脚斜放式坐姿

收腹挺胸，开肩梗颈，双腿成并拢姿势，两小腿略微侧摆放，双手自然放于大腿之上，保持坐立的基本姿态；目视前方，面带微笑，双脚斜侧于地面，上体略微前倾，挺腰、收腹、紧膝、并脚（图 14-1 ②）。

3. 双脚交叉式坐姿

收腹挺胸，开肩梗颈，双脚脚踝交叉，两小腿略微侧摆放，双脚前端外侧着地，两膝并拢。双手自然放于大腿之上，保持坐立的基本姿态；目视前方，面带微笑，双脚斜侧于地面，上体略微前倾，挺腰、收腹、紧膝、并脚（图 14-1 ③）。

4. 交叉腿坐姿

收腹挺胸，开肩梗颈，双腿交叉，一腿放于另一腿之上并拢，两小腿略微侧摆放，双手自然放于大腿之上，保持坐立的基本姿态；目视前方，面带微笑，单脚斜侧于地面，上体略微前倾，挺腰、收腹、紧膝、并脚（图 14-1 ④）。

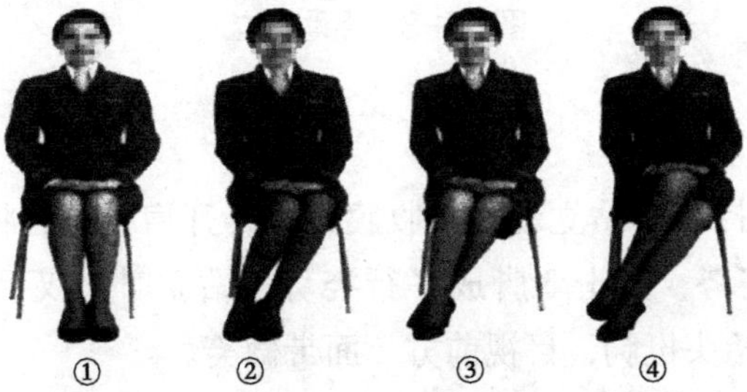

图 14-1　坐姿训练

（二）立姿训练

1. 自然站立

将两腿并拢，脚尖微分；站立时，双手自然下垂，提气沉肩，收腹夹臀；开肩梗颈，抬头挺胸，目视前方，面带微笑。

2. 提踵站立

保持自然站立动作，双腿可成自然直立姿势、开立姿势进行提踵练习。提踵练习时双踵要尽量提高，重心随上下双踵上下提落；尽量保持身体平稳，不要前后晃动，如图 14-2 所示。

图 14-2　提踵站立

3. 点地站立

双脚自然站立，至一脚站立、一脚向前（侧、后）绷脚擦地伸直，脚尖绷直点地，保持站立基本姿态；重心落在主力脚上，脚经过擦地向前（侧、后）延伸至点地姿势；脚面要向外打开，不得内扣，如图 14-3 所示。

图 14-3　点地站立

（三）行姿训练

行姿预备姿势：保持自然站立动作，收腹挺胸，开肩梗颈，将两腿并拢，脚尖微分；女士双脚可成 V 字形姿势，男士双脚成平行姿势；站立时，双手自然下垂，提气沉肩，收腹夹臀；开肩梗颈，抬头挺胸，目视前方，面带微笑。

1. 分解式动作

先从最基础的站、点地、出脚、迈步、移重心、落地、换脚等动作分解练习开始，根据肌肉的控制来控制形态，每一步都做到姿态标准、形态优美。分解动作时要注意练习中的重心问题，防止重心左右前后移动，出脚时步伐平稳自如，左右手摆臂幅度适中，上体姿态保持不变。

2. 连续式动作

练习比较熟练以后，在分解式动作的基础上进行连续式动作练习。把分解式动作完全连贯起来，可以很自如地行走，并且保持分解动作的标准性。连续式动作要注意重心的前后移动幅度，手臂的摆动幅度以及上体姿态的准确性，如图 14-4 所示。

图 14-4 连续式动作

3. 步幅和步速控制动作

步幅就是人行走一步的距离，以脚的中心算。你走一步后，两脚中心的距离就是你的步幅。那么步速，顾名思义是行步的速度。男士的步幅控制在 45 cm 左右，女士的步幅控制在 30 cm 左右；男士步速在 110 步 /min 左右，女士则在 120 步 /min 左右，如图 14-5 所示。

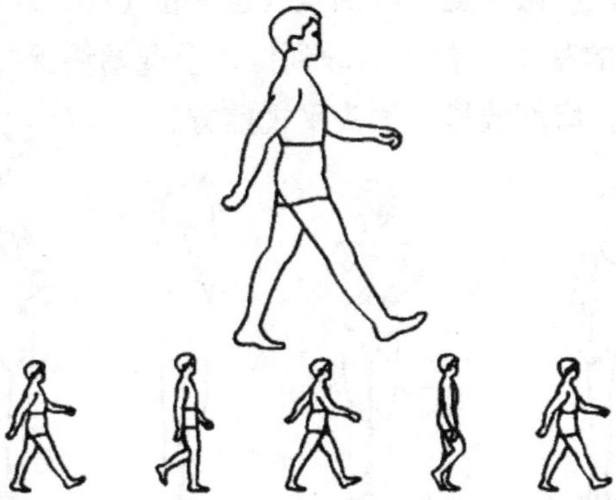

图 14-5 步幅和步速

4. 步位式动作

连续式动作练习比较熟练以后，在连续式动作的基础上进行步位式动作练习。把连续式动作连贯起来，再加上对行走时步位进行控制，男士走在“两点”、女士走在“一条线”的方法进行控制练习并且保持分解动作的标准性。连续式动作要注意重心的前后移动幅度、手臂的摆动幅度以及上体姿态的准确性。

5. 连贯式练习动作

连贯式练习就是把所有的动作都连贯起来进行练习，我们将前面所运用的一系列动作连贯起来并且配上口令或者是音乐进行反复练习，使练习者可以完全轻松、自如地掌握正确的身体姿态。

三、形体运动姿态训练

（一）芭蕾脚位训练

一位脚：两脚跟并拢，脚尖外侧打开，两脚呈一横线状；

二位脚：两脚跟相对，左右相距一脚，脚尖向两侧打开呈横线；

三位脚：脚尖向外侧打开，前脚外侧与后脚内侧重叠一半站立；

四位脚：两脚脚尖向外侧打开，前后平行，两脚间距约一脚位置；

五位脚：两脚脚尖向外侧打开，前后平行重叠相靠。

（二）芭蕾手位训练

一位：两臂位于体前呈弧形，掌心相对，指尖相对，手臂略微离开身体（图 14-6①）；

二位：两臂保持弧形前举，稍低于水平位置，掌心向内，指尖相对（图 14-6②）；

三位：两臂保持弧形上举，位置略微偏前，掌心向内（图 14-6③）；

四位：两臂呈弧形，一臂上举，一臂前举（图 14-6④）；

五位：两臂呈弧形，一臂上举，一臂侧举（图 14-6⑤）；

六位：两臂呈弧形，一臂前举，一臂侧举（图 14-6⑥）；

七位：两臂呈弧形侧举，掌心向前（图 14-6⑦）；

八位：两臂经七位手位略微上提，收回至一位手位（图 14-6⑧）。

动作要求：芭蕾手臂的基本位置要准确到位，手臂始终保持弧形姿态，手型呈圆形，身体挺拔，挺胸收腹夹臀，肩部放松，梗头平视前方。

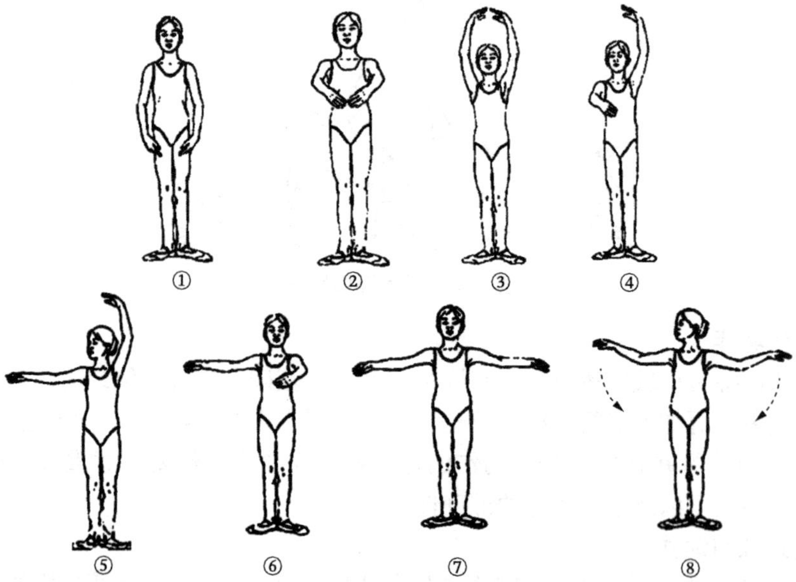

图 14-6　芭蕾手位

第三节　形体运动动作组合练习及指导

一、柔韧组合练习

（一）组合练习 1：从头与颈开始的全身柔韧拉伸组合

1. 头与颈左右、上下活动拉伸

使头与颈部位完全充分活动开（图 14-7 ①）。

2. 上臂与胸的拉伸

将双手依次交替贴紧头部弯曲小臂，一手扶于另一手肘关节处进行拉伸动作（图 14-7 ②）。

3. 上臂与腰部的拉伸

将双手依次交替贴紧胸前，一手直臂，另一手弯曲向身体后方进行拉伸动作（图 14-7 ③）。

4. 上肢与胸的拉伸

双手直臂上举放于耳朵后方，垂直向上伸展进行拉伸动作（图 14-7 ④）。

5. 腰与侧腹的拉伸

双腿开立，双手依次交替，一手弯曲扶于腰部，另一手直臂贴紧耳朵向反方向侧面上下摆动进行拉伸动作（图 14-7 ⑤）。

6. 脊椎与腰的拉伸

双腿交叉，双手屈臂弯曲扶于脑后，身体幅度尽量保持最大，依次向侧边拉伸摆动进行拉伸动作（图 14-7 ⑥）。

7. 髋关节的拉伸

双手叉腰，双腿开立，将髋关节按从右至左、从左至右的顺序进行绕圈运动来进行拉伸动作（图 14-7 ⑦）。

8. 膝关节的拉伸

双腿并拢，双手扶于膝盖，弯曲膝关节按从右至左、从左至右的顺序进行绕圈动作来进行拉伸动作（图 14-7 ⑧）。

9. 大腿内侧的拉伸

双腿呈侧弓步姿势分开，双手叉腰，重心左右移动进行大腿内侧的拉伸动作（图 14-7 ⑨）。

10. 小腿的拉伸

双手直臂前平举，双腿依次交替呈小弓步姿势，后腿蹬直进行小腿拉伸动作（图 14-7 ⑩）。

11. 大腿前侧的拉伸

将双腿依次交替弯曲后踢于体后，小腿伸直，手从体后扶于脚背向上进行拉伸动作（图 14-7 ⑪）。

12. 髋与下背的拉伸

将双腿依次交替屈膝，吸腿，小腿伸直，双手抱膝与胸前向上进行拉伸动作（图 14-7 ⑫）。

13. 拉筋 1

将双腿依次交替直腿放于高处，双手直臂前伸胸部下压贴腿进行拉伸动作（图 14-7 ⑬）。

14. 拉筋 2

将双腿依次交替呈大弓步姿势后腿伸直，双手屈臂扶于膝盖，重心向下进行拉伸动作练习（图 14-9 ⑭）。

图 14-7　从头与颈开始的全身柔韧拉伸组合

（二）组合练习 2：从前、后屈动作开始的全身柔韧拉伸组合

1. 前屈动作的拉伸

双腿开立分腿，双手直臂向下触地，低头直腰向下进行拉伸动作（图 14-8 ①）。

2. 后屈动作的拉伸

双腿开立分腿，双手直臂向身体后侧，抬头直腰向后进行拉伸动作（图 14-8 ②）。

3. 左侧屈动作的拉伸

双腿开立分腿，双手直臂左手扶膝、右手上举，重心向左倾斜进行拉伸动作（图14-8③）。

4. 右侧屈动作的拉伸

双腿开立分腿，双手直臂右手扶膝、左手上举，重心向右倾斜进行拉伸动作（图14-8④）。

5. 左转动作的拉伸

左腿在前呈弓步姿势，后腿伸直，双手叉腰，重心向下进行拉伸动作（图14-8⑤）。

6. 右转动作的拉伸

右腿在前呈弓步姿势，后腿伸直，双手叉腰，重心向下进行拉伸动作（图14-8⑥）。

7. 绕圈动作的拉伸

双腿开立分腿、双手直臂上举，身体侧倒由左至右、由右至左进行绕圈（图14-8⑦）。

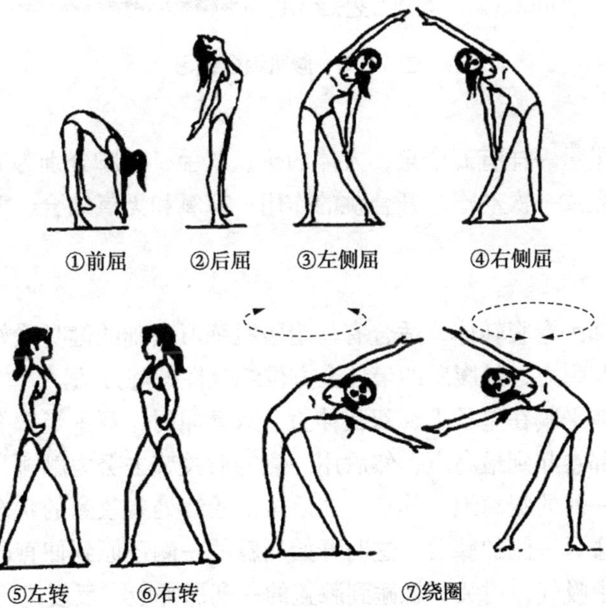

图14-8　从前、后屈动作开始的全身柔韧拉伸组合

二、腹肌组合练习

腹肌组合练习：开合跳50个—空中蹬车45 s—休息30 s—立卧撑20个—平板支撑60 s—侧动态支撑20 s/边—登山跑45 s—休息30 s—V字起（两头起）20个，如图14-9所示。

图 14-9　腹肌组合练习

1. 开合跳

开合跳，即像星星一样有五个角，人体的头、双手、双脚分别为五个角，通过双手双脚的开合跳动，算完成一次动作。开合跳的作用：有氧和无氧结合，能够更好地达到运动效果。

2. 空中蹬车

空中蹬车也称仰卧卷腹转体，适合有一定腹肌练习基础的健身爱好者。该动作可进一步提高腹部的力量和耐力，是腹肌的最佳全方位综合性锻炼方法。

动作要领：身体平躺在垫子上，双腿伸直，双臂屈肘，双手半握拳分别放到耳侧，然后深吸气，使得腹部卷起到最高点；然后用一侧的肘关节去努力触碰身体另一侧屈腿的膝盖，同时双腿中另一侧的腿离地、伸直，然后腹部始终处在收紧的状态；摆动身体，使另一侧的肘关节去触碰另一侧的膝盖，这时开始屈腿的一侧还原到伸直的状态，但要保持离地；在转体的过程中吸气，肘关节触碰到膝盖的一刹那呼吸。反复进行练习。

3. 立卧撑

简单地讲，就是先做一个俯卧撑，然后收腿、站起来。重复以上动作，趴下，俯卧撑一次，再站起来。别看就这么一个小小的变化，比起单纯的俯卧撑，立卧撑练的地方多得多，也累得多。单纯的俯卧撑，只能锻炼手臂、肩、背的力量，而立卧撑在收腿的时候，还要靠腹部、腿部肌肉收缩。因此，立卧撑是锻炼全身肌肉的好项目。

动作要领：首先做一个俯卧撑，然后收小腿呈半蹲姿势，再站起来。腿的姿势还可以有所变化，如交叉式立卧撑，两腿后摆在空中交叉，左右脚换位落地。回摆时，再恢复成并腿。

4. 平板支撑

平板支撑是一种类似于俯卧撑的肌肉训练方法，在锻炼时主要呈俯卧姿势，可以有效地锻炼腹横肌，被公认为训练核心肌群的有效方法。

动作要领：俯卧，双肘弯曲支撑在地面上，肩膀和肘关节垂直于地面，双脚踩地，身体离开地面，躯干伸直，头部、肩部、胯部和踝部保持在同一平面，腹肌收紧，盆底肌收紧，脊椎延长，眼睛看向地面，保持均匀呼吸。

5. 登山跑

登山跑的动作像一名利用全身攀爬山坡的登山者的动作。模拟登山动作，可以锻炼腿部肌群、肩膀的稳定性，以及重要的核心肌群。除了能训练各式肌群，它还能够配合高强度循环训练（HICT）、Tabata 等间歇运动，成为循环中的一个动作。

6. V 字起（两头起）

V 字起（两头起）是打造完美腹肌的最新方式，比仰卧起坐更费力，效果也更明显。但需要很大的力量，如果你的力量不够，建议你从仰卧起坐开始，再练两头起。平躺，两腿并拢自然伸直，两臂于头后自然伸直。起坐时，两腿两臂同时上举下压，向身体中间靠拢，以胯为轴使身体形成对折，然后恢复原状，再继续做两头起的运动。做两头起时四肢要自然伸直，不要弯曲膝盖，要同时动作，不要有先后；两头起时吸气，腿放下时呼气，不要有意憋气。

参考文献

[1] 杨乃彤，王建军. 新编体育与健康 [M]. 北京：人民体育出版社，2007.
[2] 邹继豪，孙麒麟. 体育与健康教程 [M]. 沈阳：辽宁大学出版社，2004.
[3] 王健，何玉秀. 健康体适能 [M]. 北京：人民体育出版社，2008.
[4] 李捷. 运动医学 [M]. 北京：人民体育出版社，2007.
[5] 郑吾真，陆保钟，等. 竞技体操训练学 [M]. 北京：北京体育学院出版社，1990.
[6] 王崇喜. 球类运动：足球 [M]. 3 版. 北京：高等教育出版社，2014.
[7] 黄汉升. 球类运动：排球 [M]. 3 版. 北京：高等教育出版社，2015.
[8] 尚晓峰. 自由搏击 [M]. 成都：成都时代出版社，2009.
[9] 颜天民. 体育学概论 [M]. 桂林：广西师范大学出版社，2006.
[10] 田麦久. 运动训练学 [M]. 北京：高等教育出版社，2006.
[11] 杨威，惠采莲，陈文estimated. 学跳交谊舞 [M]. 2 版. 上海：同济大学出版社，2000.
[12] 尹红松. 定向越野训练方法与手段 [J]. 体育文化导刊，2001（6）：34.
[13] 王海彬，周恺. 大学生体育健康意识与行为调查分析 [J]. 长春师范大学学报（自然科学版），2018，37（8）：114-117.
[14] 徐守良. 大学生体育与健康专业课程教学理论与方法研究：评《大学生体育与健康》[J]. 教育评论，2017（10）：167.
[15] 安维强. 实用性高职体育与健康教程编写探索：评《高职体育与健康教程》[J]. 中国教育学刊，2017（4）：115.
[16] 孟丽娜. 体育运动对高校大学生健康发展的影响：评《大学生体育与健康》[J]. 新闻战线，2017（6）：154.
[17] 薛冰睿，杨国良，侯曼，等. 健康体适能视角下创新大学《体育与健康促进》公选课的研究 [J]. 体育世界（学术版），2016（11）：100，102.
[18] 黄琪. 浅谈大学生体育健康习惯对体质的影响 [J]. 赤峰学院学报（自然科学版），2016，32（11）：83-84.
[19] 庄均. 浅析体育运动如何促进高校大学生健康发展：评《大学生体育与健康》[J]. 中国学校卫生，2016（7）：956.
[20] 季智杰. 以体育推动素质教育：评《大学生体育与健康》[J]. 高教发展与评估，2016，

32（2）：106.
[21] 刘硕，田禹. 体育健康教育前沿：评《大学体育与健康新教程》[J]. 高教发展与评估，2016, 32（2）：113.
[22] 宋海燕，宋海霞，宋海辉. 体育与健康教育对 90 后大学生心理健康的干预研究：以南华大学为例 [J]. 学周刊，2015（32）：144-145.
[23] 曹庆雷，李小兰. 北京市高校大学生体育健康促进模式研究 [J]. 青少年体育，2015（9）：120-121，115.
[24] 刘楠. 体育健康促进教学对大学生体适能的影响 [J]. 才智，2014（24）：85.
[25] 文瑾. 构建大学生体育与健康教育的新模式 [J]. 体育科技文献通报，2014，22（2）：54-55.
[26] 金文植，张海军. 普通高校体育与健康教育实践效果分析 [J]. 辽宁科技大学学报，2014，37（1）：100-103.
[27] 李晨. 大学生体育健康调查与体育课程结构研究的思考 [J]. 南昌教育学院学报，2013，28（11）：175，179.
[28] 吴晔，董继. 肥胖男大学生体育健康行为的现状调查 [J]. 湖北科技学院学报，2013，33（11）：125-126.
[29] 韩文华，翟一飞，苏煜. 体育与健康促进教学模式对大学生运动动机和健康的影响 [J]. 中国健康教育，2013，29（8）：710-712.
[30] 费书全. 江苏省高校大学生体育与健康素养现状研究 [D]. 苏州：苏州大学，2015.
[31] 余中民. 黄冈市高中生体育意识现状及对策的研究 [D]. 武汉：武汉体育学院，2007.

32 (23): 106.
[21] 刘[illegible]，田[illegible]. 体育[illegible] [J]. [illegible]，2016, 32 (2): [illegible].
[22] 宋[illegible]，[illegible]. [illegible] [J]. [illegible]，2015 (2): 14[illegible]-145.
[23] [illegible] [J]. [illegible]，2015，[illegible] 117-118.
[24] [illegible] [J]. [illegible]，2014，[illegible].
[25] [illegible] [J]. [illegible]，2014，32 (23).
[26] [illegible] [J]. [illegible]，2014，[illegible] (11): 100-102.
[27] [illegible] [J]. [illegible]，2013，[illegible]: 123.
[28] [illegible] [J]. [illegible]，2013，[illegible] (11): 124-125.
[29] [illegible] 体育 [illegible] [J]. [illegible]，2013，[illegible].
[30] [illegible]